Hans Kitzmüller

Weit weg von Wien

*in Santiago de Chile verlorengegangene Aufzeichnungen
in grüner Tinte,
an manchen Stellen ergänzt und größtenteils neu geschrieben*

Roman

Braitan

Originalfassung
Übersetzung aus dem Italienischen (ausgenommen deutsche Originaltexte):
Christine Casapicola

Eine geänderte und gekürzte Fassung des vorliegenden Werkes ist 2013
in italienischer Sprache unter dem Titel *L'altra regola del gioco*
bei Zandonai (Rovereto) Italien erschienen.

Erste Auflage 2014
©Edizioni Braitan Brazzano (Gorizia) 2014

Alle Rechte aus dieser Originalfassung vorbehalten, insbesondere das
der Übersetzung, des öffentlichen Vortrags sowie der Übertragung
durch Rundfunk und Fernsehen, auch einzelner Teile. Das Recht der
deutschsprachigen Aufführung oder Sendung ist nur direkt von
Edizioni Braitan 34071 Brazzano (Gorizia) Italien,
Kontakt www.braitan.at zu erwerben. Kein Teil des Werkes darf in
irgendeiner Form (durch Fotografie, Mikrofilm oder andere Verfahren)
ohne schriftliche Genehmigung des Braitan Verlags reproduziert oder
unter Verwendung elektronischer Systeme verarbeitet, vervielfältigt oder
verbreitet werden.

Covergestaltung: Silvia Klainscek

Druck: Poligrafiche San Marco Cormons
Printed in Italy

ISBN 978-88-86950-18-3

Weit weg von Wien

Momentan schreibe ich einige Erlebnisse auf, d. h. ich versuche zu schreiben, (…) denn ich soll es in amerikanischen Magazins veröffentlichen! Natürlich ist dies noch eine vage Sache – aber Du kennst mich ja gut genug, dass wenn ich was machen will – wird es auch gelingen. – Darf ich es zur Correktur Dir und Franzl einsenden? Ich wäre glücklich, wenn Ihr mir helfen würdet. Letzte Woche war Gisèle Freund hier und hat viele Bilder von Heini und mir gemacht zur Veröffentlichung in U.S.A. – *Vederemo!*

Aus einem Brief von Nora Gregor, aufgegeben in La Cumbre (Argentinien)
an Alma Mahler-Werfel in Kalifornien, datiert 15.11.1941

Viña del Mar, 1948

Ich denke oft an eine rauschende Ballnacht in Wien. Vierzehn Jahre sind seither vergangen. Vergleiche ich meine Gefühle von damals mit denen von heute, wird mir klar, wie fern jeder Realität ich gelebt habe. Damals erschien mir die Einladung zum Fest wie die x-te Bestätigung meiner erfolgreichen Karriere als Schauspielerin. Lange habe ich geglaubt, meine Verbindung zu Ernst sei der Grund, warum ich alles verloren habe. Doch allmählich begreife ich, dass ich mein erzwungenes und nun schon so lange dauerndes Exil hier in Südamerika noch jemand anderem verdanke. Der Krieg ist längst vorbei, meine Lage jedoch unverändert. Nach wie vor stehe ich ohne einen Groschen da und bekomme von der Burg auf meine wiederholten Anfragen regelmäßig Absagen. Nicht zuletzt ist auch Fritz Mandl daran schuld, dass es mich ans Ende der Welt verschlagen hat.

An jenem Abend Ende November 1934 war Wien dunkel und kalt, fast gespenstisch. Der Stephansplatz und die Gegend um die Kärntner Straße wirkten wie ausgestorben, keine Menschenseele war in den Gassen zu sehen. Nur ab und zu hallten die Schritte von Heimwehrpatrouillen durch die ansonsten sehr stille Nacht. Mein Unbehagen legte sich etwas, als mein Taxi vor einem großen beleuchteten Tor anhielt. Schon vor dem Eingang erahnte man dahinter ein lebhaftes Treiben, Stimmengewirr und Geigenmusik drangen bis auf die Straße heraus. Der Gegensatz zur übrigen Stadt hätte extremer nicht ausfallen können. Anderswo in Wien zog man sich stumm in die Häuser zurück, der Großteil der Bevölkerung war verarmt und litt Hunger. Im Gegensatz dazu war das grelle Funkeln der Luster im Palais Starhemberg wie aus einer anderen Welt.

Langsam schritt ich die hell beleuchtete Feststiege hinauf. Ich versuchte mir die Wirkung vorzustellen, die mein Erscheinen im Ballsaal – alleine, ohne männliche Begleitung – auslösen würde. Die Geigenklänge wurden zunehmend lauter, eine heitere, einnehmende Melodie plätscherte mir entgegen. Noch auf den letzten Stufen bekam ich einen ersten Eindruck vom Geschehen. Der Lärm der Stimmen und des Gelächters schwoll an. Vor mir wogten elegante Damen im Wirbel der Musik, mit Juwelen behängt und in Chinchillastolen gewickelt. Ehrwürdige Kellner in goldbestickten Livrees schoben in regem Hin und Her Servierwagen mit Champagner vor sich durch den Saal.

Als ich in der Tür auftauchte, richteten sich die Blicke von allen Seiten auf mich. Ödön von Horváth kam mir entgegen. Wir waren uns einig, dass er für den Rest des Abends mein Begleiter sein würde. Er machte mir Komplimente. Ein wenig übertriebene, aber ich hatte mir tatsächlich Mühe gegeben, möglichst elegant auszusehen. Ich trug ein langes, eng anliegendes Kleid und hatte mich mit größtmöglicher Sorgfalt geschminkt. Mein Auftritt machte schnell die Runde, immer mehr Menschen schauten in unsere Richtung.

Die Stimmung war gelöst und heiter. Es gab niemanden, der kein Lächeln im Gesicht hatte. Die Vielfalt und Fülle der Buffets sprengte jede Vorstellung, und der Champagner perlte in randvollen Kelchen. Das Klirren der Gläser, untermalt mit diskreter Walzermusik und dem Gemurmel von Menschen in bester Laune, unterstrich die feuchtfröhliche Stimmung. Es schien, als läge der Geist von Alt-Wien in seiner ganzen Pracht in der Luft ... als wäre nichts geschehen. Ödön schätzte, dass bereits rund hundertzwanzig Personen da waren. Nie zuvor hatte ich so viele schöne Frauen, so viele berühmte Männer und so viele Diamanten, Pelze sowie anderen Luxus und Tand auf einem Fleck gesehen. Was für eine spektakuläre Choreographie! Der Duft exotischer Parfums hing über den Köpfen und mischte sich mit dem mir nicht unangenehmen Rauch von Zigarren. Alle Anwesenden gehörten zweifellos der Crème de la Crème an, sie waren Teil der österreichischen und internationalen Oberschicht. Zu den prominentesten Gästen zählten Prinz Nicolaus von Griechenland, Prinz Gustav von Dänemark und der französische General Malleaux, erklärte Ödön, wobei er diskret auf die jeweilige Person zeigte. Während ich in die Menge sah, trafen mich immer wieder bewundernde Blicke, auf die ich mit einem Lächeln antwortete. Allerdings bemerkte ich schnell, dass ich nicht allein im Mittelpunkt der Aufmerksamkeit stand.

»Wer ist das Mädchen dort?«, fragte ich Ödön und zeigte auf eine außerordentlich schöne junge Frau, die mit einem reiferen Herrn tanzte. Sie war die weit und breit anziehendste Person, im wahrscheinlich extravagantesten Kleid ... und ohne Zweifel die jüngste von allen. Eine von jenen zauberhaften und sinnlichen Wesen, die von Männern als atemberaubend und von anderen Frauen als irritierend empfunden werden. Wunderschöne, schwarze Haare, blaue Augen, ein perfekt gezeichnetes Gesicht. Sie trug ein weißes, fließendes Kleid. Es stellte in seiner Schlichtheit ein wahres Kunstwerk dar. Auf der Brust saß ein Solitär – wie ich später erfuhr einer der größten und reinsten Diamanten Europas. Ihr Kavalier war deutlich älter als sie, ein großer stattlicher Mann mit strengen Zügen.

Auf meine Frage nahm mich Ödön zur Seite, um ungestört sprechen zu können. »Pass gut auf«, wisperte er und fragte: »Weißt du, was heute Abend hier passiert?« Ich schüttelte den Kopf. »Es ist die erste offizielle Begegnung zwischen dem Fürsten Starhemberg und Fritz Mandl nach ihrer Auseinandersetzung. Vielleicht wird heute Abend Geschichte geschrieben.«

Etwas genervt antwortete ich: »Politik interessiert mich nicht, ich will wissen, wer diese Frau dort auf dem Parkett ist. Also, wer ist sie?«

Ödön sah mich verwundert an. »Wie kann das sein ... du kennst sie nicht? Das ist Hedy Kiesler, die Hedy Kiesler, die vor ein paar Monaten Fritz Mandl geheiratet hat. Sie tanzt gerade mit ihm. Bis vor kurzem war sie angeblich mit dem Fürsten zusammen.«

Ich war mehr als erstaunt. Während meiner Abwesenheit aus Wien war diesem Mädchen aus gutbürgerlichem Haus, noch keine zwanzig Jahre alt, tatsächlich der Sprung in ein fantastisches Leben gelungen. Sie hatte es geschafft, sich mit Fritz Mandl, dem Eigentümer der Hirtenberger Patronenfabrik, einen der reichsten Männer ihrer Zeit zu angeln! Ödön erwähnte, dass es auf der Welt vier Waffenmagnate gebe: Sir Basil Zaharioff, den größten Gewehrfabrikanten, sowie sein französisches Pendant Schneider-Creuzot, weiters Alfred Krupp aus Essen, den Hauptproduzenten von Geschützen, und schließlich Fritz Mandl, der Munition herstellte. Diese vier, meinte er, hielten das Schicksal von uns allen in ihren Händen. Tag und Nacht würden sie gegen den Frieden arbeiten, denn ihr Geschäft sei der Krieg. Wichtig wäre ihnen nur eines: Waffen zu produzieren und zu verkaufen. Mandl sei der jüngste der vier Granden, aber auch er schon unvorstellbar reich ... und Hedy Kiesler, die schönste Frau Wiens, sei nun mit ihm verheiratet.

Ödön kniff mich in den Arm: »Schau nur.« Der Tanz war zu Ende, Mandl verbeugte sich vor seiner Frau und steuerte auf den Ausgang zu, um den Saal über die Feststiege zu verlassen – zusammen mit dem Hausherrn, der ebenfalls Richtung Treppe strebte. Niemandem war es entgangen, dass sich die beiden gemeinsam zurückzogen, und jeder fragte sich, was wohl dahintersteckte.

Dann setzte die Musik ein und die Damen und ihre Kavaliere begannen wieder zu tanzen, zu scherzen und zu lachen. Ödön winkte einen Herrn herbei und stellte ihn mir vor. Er bat ihn, mir so lange Gesellschaft zu leisten, bis er wiederkomme. Es handelte sich um Heinz Liepmann, einen Schriftsteller und Journalisten, und wie sich herausstellte um eine interessante Person. Ich erinnere mich gut an seine erste Bemerkung. »Hier braut sich etwas Unheilvolles zusammen«, sagte er, »die Luft ist mit einer nervösen Angespanntheit geladen ... Finden Sie nicht?«

Ich schüttelte den Kopf und antwortete lächelnd: »Entschuldigen Sie, ich verstehe nicht ganz, was Sie meinen?«

»Ach, es handelt sich bloß um einen sehr persönlichen

11

Eindruck. Ich bin erst seit ein paar Tagen in Wien, aber die Stadt hat sich verändert. Die Stimmung ist gedrückt, überall diese Resignation. Ruhig, ja, es ist tatsächlich sehr ruhig. Manche gehen mit der neuen Ordnung durchaus konform ... ohne Demokratie keine Parteien, ohne Parteien keine Tumulte mehr ...«

Ich unterbrach ihn etwas ermüdet und fragte:

»Wovon reden Sie eigentlich?«

»Werte Frau Gregor, ich spreche aus der Perspektive eines Beobachters von außen ... Das, was in dieser Ballnacht passiert, erscheint mir sehr bezeichnend für die Situation, in der sich Österreich befindet – ein historischer Moment. Schauen Sie sich nur um! Im Ballsaal, in einem der wenigen erleuchteten Gebäude der Hauptstadt – taghell erleuchtet, wie ich anmerken möchte – dieses sehr jungen Ständestaates, haben die Mächtigen ihre Plätze eingenommen ... sie tanzen, trinken und scherzen, als gäbe es kein Morgen. Außerhalb dieser Mauern müssen die Wiener den Gürtel enger schnallen und Licht sparen. Sie verkriechen sich, eingeschüchtert von den Ordnungskräften des Regimes, in ihren Wohnungen. Auch die Austrofaschisten igeln sich ein, sie glauben tatsächlich eine Ordnung nach ihren Vorstellungen schaffen zu können, aber in Wirklichkeit treiben sie die Massen damit nur in die Arme von Hitler. Zwei ihrer Hauptakteure schließen gerade einen Pakt. Ein kluger Schachzug Starhembergs, sich einen starken Partner zu suchen. Seit dem Putschversuch der Nazis und deren Attentat auf Dollfuß sind erst wenige Monate vergangen. Starhemberg wäre nach Dollfuß wohl gerne selbst Kanzler geworden, aber nicht einmal die Seinen haben ihm vertraut. Das Bild des seligen Dollfuß und seines Vizes Starhemberg hat nicht allen gefallen: es war wie in einer Karikatur ... ein zwergenwüchsiger Kanzler mit gutmütigem Auftreten und daneben sein Leibwächter ... groß, imponierend, elegant.«

»Ich habe einige Jahre in Hollywood gelebt und bin erst seit vorigem Jahr wieder da. Auch kürzlich war ich für längere Zeit im Ausland. Es stimmt, in der Zwischenzeit ist einiges passiert, während meiner Abwesenheit hat sich einiges verändert ... ich habe ja nicht einmal von der Kiesler gewusst. Nur, dass sie einen skandalösen Film bei den Tschechen gedreht hat, sie ist nackt durch einen Wald gerannt«, sagte ich und lachte.

»Haben Sie ihn gesehen?«

»Ich? Nein, er lief, als ich nicht in Wien war.«

»Ja, ja, die Kiesler! Gleich nachdem Mandl den Saal verlassen hatte, bin ich zu ihr und habe sie um einen Tanz gebeten. Sie hat abgelehnt, aber wir haben doch ein wenig geplaudert. Was ich hören wollte, hat sie mir allerdings nicht verraten ... nämlich was zwischen Starhemberg und Mandl läuft.«

Ich sagte nichts darauf. Wir schwiegen und sahen uns um. Liepmann offerierte mir ein weiteres Glas Champagner. Dann sagte er: »Selbstverständlich werde ich auch über Sie schreiben. Ich werde Sie als ›the bestloved actress of Vienna‹ bezeichnen. Sie gestatten? Wie fühlen Sie sich als solche?«

»Ich weiß nicht, ob ich die beliebteste Schauspielerin bin ... aber ich spüre natürlich, dass ich beliebt bin und bekomme laufend Bestätigungen. Das gibt mir die Kraft, die ich manchmal sehr nötig habe, manchmal tröstet es mich auch ... und oft habe ich auch Angst, die Gunst des Publikums zu verlieren«, sagte ich zögernd. Liepmann sah mich verwundert an. Er studierte mein Gesicht sehr genau, ohne mir das Gefühl von Aufdringlichkeit zu vermitteln. Vor allem meine Lippen schienen ihm zu gefallen. Ich hatte für diesen Abend einen korallenroten Lippenstift gewählt. Ich glaube meine Perlen bemerkte er nicht.

»Kennen Sie den Fürsten?«, fragte er.

Ich sah Liepmann in die Augen und mit einem hintergründigen Lächeln antwortete ich: »Wer kennt ihn nicht?«

»Ich meine persönlich ... stimmt es, dass auch er unermesslich reich ist?«

Ich zögerte, und sagte schließlich: »Ich weiß nur, dass dieses Palais nicht mehr im Besitz seiner Familie ist. Es gehört schon lange dem Staat, aber als Vizekanzler muss Ernst Starhemberg niemanden um Erlaubnis fragen, wenn er es benützen oder ein großes Fest geben will ... Kennen Sie das

Ehepaar dort drüben? Wenn Sie möchten, stelle ich Ihnen die beiden vor. Sie ist Alma Mahler, die Witwe von Gustav Mahler, er ist Franz Werfel. Seit ich auf die Hohe Warte in die Steinfeldgasse gezogen bin sind wir Nachbarn. Ich wohne genau gegenüber und wir sehen uns oft. Alma ist fantastisch. Jeder, der in Wien in Kunst und Literatur einen Namen hat, geht in ihrem Haus ein und aus. Derzeit arbeite ich nicht mit Max Reinhardt, aber so treffe ich ihn wenigstens bei ihr. Auch viele andere meiner Freunde sind dort, Bruno Walter, Ernst Lothar und Csokor ... Kennen Sie Csokor? Und dann gibt es noch einen Priester, einen Hans-Dampf-in-allen-Gassen, der den Ehrgeiz hat, geistlicher Berater von uns allen zu sein. Er heißt Hollnsteiner, aber wir nennen ihn Holly.«

Die Musik und das Stimmengewirr waren noch lauter geworden und der Geruch von Zigarren- und Zigarettenrauch hatte sich weiter verdichtet. Etliche Kavaliere forderten mich zum Tanz auf, aber ich gab allen einen Korb. Liepmann stand neben mir und nickte zufrieden. Er wusste meine höflichen Absagen zu schätzen. »Ich kann meinen lieben Bekannten nicht alleine lassen, wir haben einander schon ewig nicht gesehen«, wiederholte ich entschuldigend. Liepmann schmunzelte über die charmante Notlüge und fuhr fort, die politische Situation zu kommentieren. Bei seinen Streifzügen durch Wien sei ihm die überaus gedrückte Stimmung aufgefallen. ›Es ist wie durch eine sterbende Stadt zu gehen‹, lautete sein Befund.

»Vielleicht ist es noch zu früh, um ein Urteil über die neue Ordnung abzugeben. Für mich hat sich ohnehin wenig geändert. Am Theater läuft die Arbeit gut, jede Vorstellung ist ein Erfolg, ein grandioser Erfolg. Das Wiener Publikum ist ein großartiges Publikum, unverändert großartig, es will nur nicht enttäuscht werden und verlangt von uns Schauspielern bloß, dass wir mit Herz und Seele beim Theater sind. Das gilt übrigens für alle Theater, nicht nur für die Burg ...«

Ödön von Horváth hatte sich wieder zu uns gesellt, um uns mit dem neuesten Klatsch zu versorgen: »Ich wollte ein paar Informationen über die Kiesler bekommen. Sie war von Bewunderern umringt und hat über ihren Film erzählt.

Mandl hat das gar nicht goutiert … Außerdem scheint mir, dass es bald eine Ankündigung des Vizekanzlers geben wird. Mandl und er sind sich offensichtlich nach einigen – nennen wir es Irritationen – wieder näher gekommen und haben heute Frieden geschlossen.« Liepmann schien sich nicht näher für Ödöns Andeutung zu interessieren.

»Hat sich Heinz während meiner Abwesenheit ordentlich benommen?«, fragte mich Ödön schließlich.

»Aber sicher, Heinz ist *der* vollendete Kavalier dieses Abends. Er ist zufällig in Wien und bleibt nur zwei Tage. Niemand geringerer als der Direktor der Philharmoniker, Clemens Krauss, hat ihn mitgeschleppt.«

»Nora, bitte glaub diesem Tiefstapler kein Wort. Er hat Gott und die Welt in Bewegung gesetzt, um am Ball des Fürsten Starhemberg teilnehmen zu können … und um die schönsten Frauen Wiens zu sehen.« Horváth wandte sich an Heinz und fragte neugierig: »Bist du wegen Nora oder wegen der Kiesler gekommen? Sei ehrlich.«

»Um die Kiesler zu sehen und mich mit Nora Gregor zu unterhalten, also, ich gebe es zu … das war der Grund.«

Die Musik verstummte. Weiter hinten im Saal bat jemand um die Aufmerksamkeit der Gäste. Alle waren still, als Starhemberg in Begleitung von Mandl auf das Orchesterpodium stieg.

Der Smoking stand Ernst wirklich gut. Ohne den martialischen, strengen Touch, den ihm die Uniform verlieh, war er ein sehr attraktiver Mann. In der Heimwehruniform wirkte er korpulent, streng, das Barett mit der wippenden Hahnenfeder ließ ihn größer erscheinen … Aber hier im Ballsaal, im weichen Licht und perfekt gekleidet, umgab ihn Charisma. In dieser frivolen Atmosphäre widerstand ihm keine Frau, vorausgesetzt sie wusste nichts Näheres über ihn. An seiner Seite verlor Fritz Mandl etwas von seiner arroganten Selbstsicherheit, oder vielleicht war er auch nur entspannt?

Ernst hielt eine kurze Rede. Manchmal wandte er sich an Mandl und machte mit leiser Stimme Andeutungen, die schwer zu verstehen waren. Mandl hingegen nickt zustimmend, lachte und schaute immer wieder zu seiner Hedy hinüber. Liepmann kam näher und flüsterte mir ins Ohr: »Na bitte, so sieht die Allianz aus, die dem Regime paramilitärische Schlagkraft garantiert: ein sittenloser, aber immerhin höchst patriotischer Vertreter des Hochadels und ein mächtiger jüdischer Waffenfabrikant. Gar nicht so schlecht, was?« Ich legte den Zeigefinger senkrecht auf die Lippen, zischelte ›Psssst‹ und fügte hinzu: »Ruhe, ich verliere den Faden.« Die Rede ging ihrem Ende zu und Ernst sprach einen Toast auf die Freundschaft aus. Allen war klar, welche gemeint war: jene, frisch gefestigte zwischen Mandl und ihm.

Heftiger Applaus erhob sich und immer wieder konnte man ein vereinzeltes ›Heil Starhemberg!‹ hören. Dann setzte die Musik ein und alles begab sich wieder auf das Parkett. Ernst, Mandl und Hedy nutzten die Gelegenheit, den Saal zu umrunden, und schließlich standen sie vor Horváth, Liepmann und mir. Ich staunte wie liebenswürdig und unbefangen mich der ›Fürst‹ begrüßte. Er tat es mit derselben natürlichen Galanterie, mit der er an diesem Abend jeder Frau seine Honneurs machte. Er stellte mir Hedy vor. Sie grinste, gab mir die Hand und nuschelte: »Habe die Ehre, endlich.« Mandl hingegen küsste mir die Hand und sah mir unverblümt in die Augen. Er musterte mich lange, und nachdem er einige Unverbindlichkeiten von sich gegeben hatte, beugte er sich zu mir und sagte leise, so dass nur ich es hören konnte: »Ich weiß alles über Sie.« Er fixierte mich, wohl um zu sehen, wie ich reagieren würde. Wollte er mir damit klarmachen, dass ihm Ernst von uns erzählt hatte? Alles? Mandls Gesichtsausdruck an jenem Abend hat sich mir tief ins Gedächtnis geprägt. Es war der vor Selbstsicherheit funkelnde Blick eines überheblichen und eingebildeten Machtmenschens, mit dem er anderen ihre Schwäche zu verstehen gab, um die eigene Überlegenheit zu unterstreichen. Ich ertrug ihn mit gespielter Gelassenheit.

* * *

Im höher gelegenen Teil der Quinta Vergara beginnen nun die schönsten Stunden des Tages. Auf der Rückseite ist unser

Haus von Eukalyptuswald umgeben, auf der Gartenseite ist der Blick über das leicht abfallende Gelände Richtung Küste frei. In der Dämmerung bekommt das Blau über dem Ozean einen goldenen Stich, oft steht auch der halbe Himmel in Flammen. An manchen Abenden bauschen sich über dem Pazifik riesige Wolken zu einer grandiosen Kulisse auf. Obwohl in Viña die Pflanzen das ganze Jahr über wuchern, stehen sie jetzt im Frühling besonders im Saft. Bald wird ringsum alles blühen. Mein Garten lenkt mich ab, gerade um diese Tageszeit. Aber selbst in diesen einsamen Momenten fallen mir plötzlich bestimmte Dinge ein. Gewisse Gedanken gesellen sich dazu und es tauchen die alten Gesichter auf, ich höre bestimmte Sätze von früher, ich durchlebe bestimmte Situationen, in meinem Kopf sind die alten Ängste, alles verschwimmt zu einem Gefühl der bedrückenden Resignation.

Ich bin heute Abend alleine zu Hause geblieben. Heini und Ada sind nach Valparaiso ins Theater gefahren, Amalia hat die beiden mit dem Auto abgeholt. Ich habe es vorgezogen, mich dem Ballabend des Jahres 1934 zu widmen und den Text fertigzustellen. Bei der Redaktion in Los Angeles wird er Anklang finden, da bin ich mir sicher. Vor allem, wenn ich am Ende die Identität von Hedy Kiesler lüfte. Ja, es handelt sich tatsächlich um Hedy Lamarr, die gerade in Hollywood Furore macht.

Der Auftritt der beiden in jener Ballnacht – Ernst und Fritz, dazwischen Hedy – kommt mir rückblickend wie ein Vorzeichen für eine gewisse Szene im argentinischen Castillo von Fritz Mandl in La Cumbre vor. Viele Jahre später war es mir zwar gelungen, die beiden loszuwerden, nicht aber meinem Schicksal zu entrinnen.

Seit wie vielen Jahren lebe ich nun schon in diesem Landhäuschen hier auf der Quinta und genieße die Gastfreundschaft der Vergaras? Vier Jahre schon? Ja, fast vier Jahre. Dass ich hier wohnen darf, verdanke ich Amalias spontaner Herzlichkeit. Sie ist eine der interessantesten Frauen, die ich kenne, wir sind in etwa gleich alt. Amalia lebt seit längerer Zeit in einem Trakt des Haupthauses der Quinta Vergara.

Die Anlage liegt mitten im Wald und breitet sich über den Abhang eines Hügels aus. Im Laufe der Zeit ist daraus eine riesige Parklandschaft geworden.

Auf einer ihrer letzten Reisen nach Europa hat Amalia in den Zwanziger Jahren Ernst Rüdiger Starhemberg kennengelernt. Als sie einen Brief von ihm erhielt, in dem er sie bat, mich und unseren kleinen Sohn vorübergehend aufzunehmen, telegrafierte Amalia ohne Zögern zurück: »Ich erwarte die beiden mit offenen Armen.« So kam es, dass Amalia mir das Haus mit Garten jenseits des Eukalyptuswaldes im oberen Teil der Quinta zur Verfügung gestellt hat.

Amalia und ich haben sofort Freundschaft geschlossen. Sie hat nie ein besonderes Interesse für Männer gezeigt, und einige Seiten ihres Naturells, den guten Geschmack in Kunstsachen und eine große Liebe für Kultur, hat sie von ihrer Mutter, Donna Blanca Errázuriz Vergara, geerbt. Amalias Mutter ist wahrlich eine außerordentliche Chilenin, sie liebt es, ihr Haus mit Literaten, Künstlern und einer wahren Galerie von opulenten Gemälden zu füllen. Leider wohnt sie nicht mehr in Viña. Aber in der Stadt ist sie inzwischen zu einer lebenden Legende geworden.

Über Blanca und ihre Zeit kursieren bis heute Geschichten. Einst war sie die Herrin von Viña, von fast ganz Viña del Mar. Der Ort geht auf eine portugiesische Ansiedlung zurück, ein reicher, draufgängerischer Vorfahre der Vergaras war an der Gründung beteiligt. Blanca war es, die nach dem verheerenden Erdbeben den Familiensitz im Park der Quinta wieder aufbauen ließ – und zwar im maurischen Stil. Schon zu ihrer Jugendzeit war Viña längs Wasser und Bahn, an der bereits kleinere Herrschaftsgebäude nach europäischem Vorbild standen, zügig gewachsen. Weiter im Norden entlang der Küste von Reñaca bis Con Con gaben lediglich der Wind und die Wellen des Pazifiks den Ton an. Die Dünen und Klippen waren damals noch wild und leer. Menschenleer auch die Strände. Badegäste suchte man vergeblich. Ins Wasser wagte man sich bloß hoch zu Ross. Bis zum Bauch ins schäumende Nass zu preschen, um sich zu erfrischen – dieses Vergnügen überließ man lieber den Tieren. Die Damen verteidigten indes ihr Gesicht gegen die Sonne und bemühten sich um einen blassen Teint, wie er typisch für Greta Garbo war.

Das Familienleben der Vergaras ist tragisch genug. Noch sehr jung wurde Amalias Mutter zur Witwe und war mit vier Kindern auf sich alleine gestellt. Zwei Kinder haben sich das Leben genommen. Der Sohn aus unerfüllter Liebe, eine Tochter erst unlängst. Auch sie hieß Blanca und war in den USA vor Gericht gestanden, weil sie ihren untreuen Mann ermordet hatte. Die Geschichte wurde sogar verfilmt. Eine andere Tochter ist ins Kloster gegangen. Nur ein Kind ist Blanca geblieben, Amalia, die alleine, nicht weit von mir, am anderen Ende der Quinta lebt.

Seit Jahren ziehen wir uns gegenseitig ins Vertrauen. Amalia hat mir so gut wie alles über sich erzählt; nichts Trauriges, nichts Schwermütiges, sondern amüsante Geschichten. Spöttische, banale Anekdoten über die Mittelmäßigkeit von Personen, die ihren Lebensweg gekreuzt haben ... ihre Art, mich zu trösten oder mich einfach nur bei Laune zu halten. Sie kennt mich nur zu gut. Wie oft haben wir über mein Leben und meine Karriere gesprochen, wie es ist, wenn das Gefühl, den Erfolg ehrlich verdient zu haben, in Fassungslosigkeit und Sprachlosigkeit erstickt. Und bis ins kleinste Detail wollte sie wissen, warum ich zu Beginn der Dreißiger Jahre aus Hollywood wieder in die alte Welt zurückgekommen bin.

Hollywood, 1932

Ohne vorweg von sich hören zu lassen, stand Douglas eines Morgens vor meiner Tür und überrumpelte mich mit seiner Idee. Wir könnten ein paar Tage gemeinsam verreisen. »Jetzt, sofort!« Ich staunte nicht schlecht. Meine Abfahrt war für die darauffolgende Woche geplant, bis dahin blieb tatsächlich noch Zeit. Ich hatte keine Ausrede.

Douglas grinste gewinnend – wie er es immer tat – und beharrte: »Du kannst nicht nach Europa zurück, ohne vorher die Wüste gesehen zu haben. Komm schon, wir fahren bis an die Grenze zwischen Nevada und Arizona, dort drehen wir um.«

»Ich habe die Wüste bereits gesehen. Vom Zug aus.«

»Vom Zug aus! Das kann man doch nicht vergleichen. Es gibt in der Wüste fantastische Plätze, vertrau mir einfach.«

»Du hättest mir sagen können, dass du vorbeikommen willst«, protestierte ich. Ich hatte Douglas die Tür geöffnet, so wie ich war; ungeschminkt, im Bademantel, den Gürtel um die Taille gebunden. Mein Gesichtsausdruck ließ vermutlich keine Zweifel offen, was ich von einem derartigen Überfall hielt und vor allem was ich üblicherweise darauf geantwortet hätte. Aber Douglas war ein Freund, also ausnahmsweise. Er fixierte mich fragend. Ich wusste nicht recht, was ich sagen sollte. Ich stand in der Veranda eines dieser typischen amerikanischen Mietshäuser in Culver City. Es lag in einer leicht ansteigenden Seitenstraße quer zur Mainstreet, einige Blocks von den Metro-Goldwyn-Mayer-Studios entfernt. Douglas wartete auf eine Antwort. Schließlich kramte ich aus der Tasche meines Bademantels ein Päckchen und eine

Streichholzschachtel hervor, zündete mir eine Zigarette an, machte ein paar Züge und schaute Douglas in die Augen. Einen Fuß noch auf der letzten Stufe, den anderen bereits in der Veranda, den rechten Arm auf das Geländer gelehnt, verharrte er weiter in Warteposition. Er war verlegen, sein Gesichtsausdruck schwankte zwischen einem überlegenen Lächeln und der Befürchtung, einen Korb zu bekommen. Wie er da so stand, mit aufgeknöpftem Hemd, die Ärmel bis über die Ellbogen aufgekrempelt, schmaler Schnurrbart und kastanienblondes Haar, gewellt und vor Brillantine glänzend, erschien er mir tatsächlich wie ein kühner Seefahrer, ein Freibeuter der Meere. Einfach sympathisch. Schließlich steckte ich ihm meine Zigarette zwischen die Lippen und sagte: »Rauch sie zu Ende und warte kurz. Gib mir eine halbe Stunde Zeit, mehr brauche ich nicht.« Abrupt machte ich auf der Schwelle kehrt, um mich fertig zu machen. Von draußen drang Douglas' Hochstimmung bis zu mir. Er trommelt laut mit der Faust auf das Geländer.

Douglas war sichtlich zufrieden, dass er es geschafft hatte, mich zu entführen. Er saß am Steuer seines Chryslers und war mit zwei Dingen beschäftigt: mit mir zu plaudern und mich anzuschauen, wie ich in Hose und Pullover neben ihm saß und geradeaus auf die Straße schaute. Douglas kam ohne Umschweife auf den Punkt zu sprechen, der ihn irritierte.

»Ich verstehe dich nicht. MGM will nächstes Jahr ganz auf dich setzen, und was machst du? Du schmeißt alles hin. *But the flesh is weak* ist doch fabelhaft gelaufen ... und dann das. Also gut, du möchtest Theater spielen, und weiter? Hier könntest du beides machen, und zwar beides mit Erfolg ... Und da willst du wirklich zurück nach Europa, in die alte Welt? Alle kommen herüber, nur du willst hinüber.«

Ich warf ihm einen kurzen Blick zu: »Oh Doug, du hast nicht die geringste Ahnung, wie ich mich fühle, wenn ich hier in Los Angeles mit meinen Landsleuten zusammen bin. Alle schwärmen vom wohltuenden Klima. Auch ich sitze gerne mit meinen Freunden in der kalifornischen Sonne, doch mir ist kalt dabei. Denn mein Heimweh wird nach jedem Zusammensein stärker. Die Sehnsucht tut mir nicht nur in der Seele weh, ich verspüre ein fast körperliches Bedürfnis nach gewissen Flecken in Österreich und Wien. Oder einfach nur nach unserer Küche – Heimweh wächst mit dem Wunsch nach bestimmten Dingen. Hast du gewusst, dass Dita Parlo Rezepte mit Heinrich George und Egon von Jordan austauscht? Sie veranstalten sogar Abende, an denen sie gemeinsam österreichische Spezialitäten servieren. Ich war ein paar Mal bei der Parlo zu Gast. Ach, ich könnte sterben für Marillenknödel, ebenso für gefüllte Paprika, für Zwiebelrostbraten mit Bratkartoffeln oder für Apfelstrudel mit Schlag ... Und erst recht für eine Leberknödelsuppe! Bestimmt hast du noch nie gebackenes Hirn gegessen – mit grünem Salat, abgeschmeckt mit Zucker und einem Schuss Obers ...«

Doug stieß einen kehligen Laut aus, ich konnte seinen Ekel geradezu fühlen, dann brach er in Lachen aus. Schließlich hielt er an und stieg aus. Die Hände in den Hosentaschen stand er am Bankett und schaute die Straße entlang, wie sie sich sanft in ein wüstenähnliches Flachland senkte. Ich blieb im Wagen sitzen. Doug umrundete den Chrysler und blickte dabei in alle Himmelsrichtungen über das öde Land. Dann stieg er wieder ein und sagte: »Ich möchte dir das zeigen, was mir am besten gefällt, einige der außergewöhnlichsten Landschaften auf der ganzen Erde ... Ich glaube, was euch Europäern fehlt, ist die Menschenleere unserer endlosen Weiten.«

Ich zuckte bloß mit den Schultern und schaute möglichst mitleidig drein. Während Doug bis zum Anschlag auf das Gaspedal stieg, rief er mit fester Stimme aus: »Die Wüste ist eine Herausforderung ... sie lehrt einen, sich vor dem Nichts zu schützen.«

Ich blickte starr auf die Straße vor uns, mir war nicht nach reden zumute. Es war nicht das erste Mal, dass Doug versuchte, mich zum Bleiben zu bewegen. »Das Kino ist die Zukunft.«, wiederholte er. »Ich verstehe dich wirklich nicht. Es wird zur bestimmenden Kunstrichtung werden und die Welt erobern. *Mary Dugan* war doch auch ein großer Erfolg und bestimmt nicht dein letzter. Wir könnten gemeinsam drehen. Ich werde darauf bestehen, dass wir zusammen spielen.« Ich rückte mich im Sitz zurecht, legte den Arm auf Dougs Lehne und studierte ihn nachdenklich. Plötzlich konnte ich das Lächeln nicht länger unterdrücken ... Ich gestand ihm, dass ich bereits über eine Rolle in einer Filmkomödie in Berlin verhandelte und danach ein Engagement an einem führenden Theater in Aussicht hatte – und zwar in Wien.

»Weißt du Doug, ich finde das Kino im Grunde recht langweilig«, fügte ich hinzu. »Auf der Bühne fühle ich mich viel lebendiger, Theater bewegt mich, ich empfinde, was ich sage und mache, genau so als ob ich es erleben würde. Es ist wie eine wahrhaftige und wahre Gegenwart. Mit dir im *The Man in Possession* in San Francisco aufzutreten, hat mir so richtig Spaß gemacht.«

Doug konnte die Freude nicht verbergen, das von mir zu hören, sie war ihm ins Gesicht geschrieben. Doch anstatt eines Kommentars wechselte er scheinbar gleichgültig das Thema. »Bei der zweiten Vorstellung im Mayan hast du mich aber ganz schön dumm dastehen lassen. Du weißt, was ich meine. Gerade als ich mich hinter dich gekniet habe – du lagst wie hingegossen auf dem Sofa in der Mitte der Bühne, in einem Abendkleid aus weißer Spitze – hast du dich plötzlich weggedreht. Du gabst mir einen viel zu heftigen Schubs, fast wäre ich umgefallen: »Scheiße, mir wird schlecht!«, konnte ich dich gerade noch flüstern hören, dann bist du aufgesprungen und hinter die Kulissen verschwunden. Ich stand wie ein Trottel da und musste irgendetwas erfinden, bis du zurück auf der Bühne warst. Das Improvisieren schien überhaupt nicht enden zu wollen. Schließlich bist du doch wieder aufgetaucht. Mit diesem weißen Taschentuch über deine Brust geheftet ...«

»Genau, irgendwie musste ich ja die Flecken des Erbrochenen verdecken!« Damit fiel ich ihm ins Wort und lachte laut. Endlich, seit wir von Culver City weggefahren waren. »Ich hatte furchtbare Kopfschmerzen und mein Magen war schon vor der Aufführung durcheinander. Die Nacht zuvor habe ich mir mit Bobby Montgomery um die Ohren geschlagen ... Er hat mich in vier, fünf Nightclubs geschleppt ... Übrigens, du hast recht, *The Trial of Mary Dugan* war wirklich ein großartiger Erfolg. Der Produzent hat sich am Anfang ziemlich geziert. Einen derartigen Film hat es bis dahin nicht gegeben, der gesamte Plot besteht bloß aus einer Gerichtsverhandlung. Aber die Leute waren begeistert, sie fühlten sich, als ob sie tatsächlich im Gerichtssaal sitzen würden. Als wir die deutsche Fassung drehten, trug ich einen üppigen Pelzkragen und einen dieser eng anliegenden Glockenhüte. Beides Requisiten der Hauptdarstellerin aus der englischen Version, Requisiten der Shearer. Hast du schon gehört? Sie geht mit dem Boss ins Bett ... Ekelhaft! Stell dir vor, *ihre* Sachen haben sie mir gegeben ... Gebraucht, verstehst du? Dennoch, der Film ist auch in Deutschland gut angekommen. Man sagte, ich sei mit meiner Interpretation der Rolle einfach ›atemberaubend‹ gewesen. Es war für mich wie verfilmtes Theater. Ja, ich habe es genossen, aber ich habe es dir schon mehrmals gesagt, tatsächlich auf der Bühne zu stehen und in meiner Sprache Theater zu spielen, das liegt mir einfach mehr.«

»Aber Nora«, unterbrach mich Doug, »nach Europa kannst du später noch immer zurück. Schnapp dir den Erfolg – hier und jetzt – und lass ihn nicht mehr los. Er ist dein und du hast ihn verdient ...«

»Nein ... Doug, es geht nicht.« Ich schüttelte heftig den Kopf. »Okay, ich habe viel gearbeitet und noch mehr gelernt, das stimmt, aber ich habe trotz allem keine besonders schöne Zeit hier gehabt. Du weißt, da war diese Geschichte mit Mitja. Sie hat mich völlig aus dem Tritt gebracht, alles erscheint mir so trostlos durch sie.« Wütend versetzte ich der Wagentür ein paar Faustschläge. »Wenn ich am Abend ausgehe und mir einen Drink genehmige, kann ich ein wenig vergessen. Aber bei Tageslicht empfinde ich Los Angeles und Hollywood so künstlich, so provisorisch. Nur für den Augenblick gemacht, ohne Anspruch auf Dauer ... alles dreht sich ausschließlich um die nächsten, die neuen Projekte, die alten sind schnell Schnee von gestern. Wer außer Ehrgeiz noch andere Seelenregungen hat, muss zusehen, dass er von hier fortkommen kann. Ich fühle mich hier nicht zu Hause. In Wien, in Görz, in Berlin kommt mir alles viel vertrauter vor, selbst die Viertel am Rand oder vor der Stadt. Die Straßenzüge dort erscheinen mir so endgültig – ich weiß nicht, wie ich es beschreiben soll – so stimmig, als könnten sie gar nicht anders sein. Hier finde ich, falls überhaupt, nur zu mir selbst, wenn ich mich zu Hause wie in einem Mauseloch verkrieche. Aber auch dann bleibt diese Unsicherheit. Ich fühle mich wie ein wildes Tier, eingesperrt in einem Käfig, der völlig isoliert im leeren Raum schwebt. Mein Platz ist in Wien, dort bin ich richtig, verstehst du?«

»Nein«, erwiderte Doug trocken.

Die Landschaft fing an, sich zu verändern. Sie breitete sich aus und wurde noch leerer. Das Licht glänzte nun weiß. Am fernen Horizont waren dunkle Konturen von Bergketten zu sehen. Doug steuerte unermüdlich durch diese endlose, mit dürrem Gestrüpp bewachsene Ebene und schien sich nicht im Geringsten zu langweilen. Ich schaute kaum aus dem Fenster, stattdessen erzählte ich weiter. Doug nickte. Im Grunde seines Herzens verstand er mich. Aber das wusste ich ohnehin. Er kannte mich in der Zwischenzeit recht gut. Während der Dreharbeiten im Studio riss ich mich zusammen, doch sobald ich alleine war, ließ ich mich fallen. Ich trank zu viel und nahm Veronal. Ab und zu ging ich in Restaurants. Zwar schwieg ich den ganzen Abend lang, aber immer noch besser als einsam zu Hause zu sitzen. Die Arbeit half mir über vieles hinweg. Darüber, dass mein Mann mich wegen einer anderen verlassen hatte. Er hatte mich schon seit Längerem betrogen – anfangs heimlich, mit der Zeit weniger heimlich – mit diesem Mädchen; sehr jung, sehr schrill. Ich fühlte mich gedemütigt, aber ich war zu stolz, es mir anmerken zu lassen. Ich wusste mich zu benehmen, besser als er. Er war zu einem alkoholkranken, gescheiterten Klavierspieler verkommen, der auch handgreiflich werden konnte und einen Hang zur Perversion entwickelt hatte. Ein selbstverliebtes Kind, das von sich im Ernst behauptete, das Meisterstück seines Vaters, des einst in ganz Europa berühmten Musikers Arthur Nikisch, zu sein ...

»Es war eben Liebe auf den ersten Blick«, murmelte ich und hypnotisierte das schnurgerade Asphaltband vor mir.

»Ich war damals auf Tournée in Leipzig. Der Speisesaal im Hotel war schon fast leer, die meisten Gäste hatten sich bereits zurückgezogen, ich blieb als einzige, um seinem Klavierspiel zu folgen. Nach den Schlussakkorden des letzten Stückes applaudierte ich begeistert und lang. Er freute sich sehr, ich ging zu ihm hinüber und spendierte ihm einen Drink. Er willigte ein. Der Rest ... Monate der Leidenschaft. Er war heißblütig, ließ sich treiben und verlor sich völlig ... Das hat mir gefallen.

Wir haben geheiratet und sind gemeinsam nach Kalifornien gegangen. Sogar einen Film haben wir miteinander gemacht, er hat die Musik komponiert. Und jetzt, nach nicht einmal zwei Jahren ist alles aus – auf eine Art und Weise, wie sie niederträchtiger nicht sein kann ... dieses Schwein, dieser Hurensohn, so sagt ihr doch hier, oder? Er ist tatsächlich mit dieser billig geschminkten Kuh, die nur aus Busen und Arsch besteht, zu mir nach Hause gekomen. Stell dir vor, sie hat mir ins Gesicht gesagt, dass sie sich auf gewisse Dinge besser verstünde als ich und sie mit Mitja all das machen würde, was mir zuwider gewesen wäre. Als ob die Liebe ein Wettkampf wäre, bei dem es darum ginge, dem anderen den höchstmöglichen Genuss zu verschaffen! Doug, du kannst das nicht verstehen. Aber lassen wir das, mein Wunsch, nach Hause zurück zu gehen, hat damit ohnehin nichts zu tun. Oder doch ... Doug! Ich weiß es nicht, ich weiß es einfach nicht.«

Die erste Nacht verbrachten wir in einem Motel, in getrennten Betten. Am nächsten Morgen erzählte ich Doug, dass ich im Traum nochmals diese brutalen, erbärmlichen Abschiedsszenen mit Mitja und seinem Flittchen durchmachen musste. Erst die warme, würzige Luft vor dem Motel löste meine Gedanken und die spektakuläre Landschaft auf der Weiterfahrt beruhigte mich. Über weite Strecken – teilweise handelte es sich bei der Straße nur um eine Schotterpiste – zogen ausgedehnte Landstriche mit Orangenhainen und Farmen an uns vorbei. Vom Kern River Canyon bis zum Städtchen Isabella streiften wir schließlich die südlichen Ausläufer der Sequoia Wälder.

Nach ein paar weiteren Pässen erreichten wir Inyokern und gönnten uns eine kurze Rast. »Die Sonnenhauptstadt Amerikas!«, rief Doug begeistert. Hauptstadt ... Ein Dorf mit rund zwanzig Holzhäusern. Ein Cola in der Baracke, die sich Saloon nannte, und der Ausblick auf den Schrottplatz auf der anderen Seite der Straße. »Wie viele Geschichten unter diesem Rosthaufen wohl begraben sind?«, fragte Doug und musterte das Durcheinander von Herden, Öfen, Betten, diversem Kleinkram, landwirtschaftlichen Geräten und Skeletten uralter verrosteter Autos. Hier stapelten sich nicht nur die Überbleibsel der frühen Pioniere, hier lagen auch die Reste derer, die vor kurzem noch wegen der großen Krise in den Westen gegangen waren.

Wir fuhren weiter, viele Meilen weit. Die Luft war sauber und klar. Durch das offene Seitenfenster des Chryslers blies ein frischer Wind herein und wirbelte meine blonden Locken gehörig durcheinander. Wir zogen eine Spur durch die Landschaft, die noch lange sichtbar war. Der gelbgraue Staub stieg vom Boden auf und hing als längliche Wolke über der endlosen, schnurgeraden Piste.

Doug versuchte mich vom miserablen Zustand der Straßen abzulenken – auf der Route über Wildrose ins Death Valley hatten wir es nicht nur mit Schotterstraßen zu tun, wir mussten auch einige Furten queren. Begeistert schilderte mir Doug seine Gefühle, die ihn auf einen Ausflug in diese Wildnis begleiteten. Schenkte man ihm Glauben, so war es ein Abenteuer ohne Risiko: Es bestehe keine Gefahr sich zu verirren oder irgendwo ins Abseits zu geraten, hat man erst einmal Weite und Distanz überwunden, könne man sich ruhig auf die Natur einlassen und unbeschwert die Schönheit der vielfältigen Gesteinsformen bestaunen. Teils hoben sie sich als glatte, ebenmäßige, dann wieder als stark zerklüftete Hügel vom Hintergrund eines stechend blauen Himmels ab. Die Luft flirrte über dem Boden. Je nach Tageszeit und Kontur des Geländes zauberten Licht und Gegenlicht immer neue Nuancen hervor: Da war das aschgraue Silber von Myriaden kleiner Büsche, das sich zu später Stunde in mattes Grün oder blasses Violett wandelte; im Schatten vervielfachten sich die Farbtöne zu einem Spektrum von Rotbraun bis Anthrazit und strahlendem Weiß. Und dazu Felsgebilde, wie aus einer anderen Welt. Über weiten Flächen – die Erosion hatte sie zu Schotterhalden zerschreddert – türmten sich Gebirgskegel gleich Dünen aus Stein, durchzogen von kahlen, glatten Rinnen, die bizarre, wie vom Wind gepresste Formen aus dem Fels schälten. Für Doug waren die Farben dieser Landschaft elegant, erhaben und vornehm; es waren die Farben der Urzeit, über Millionen von Jahren alt, scheinbar für alle Ewigkeit geschaffen, zu Stein geworden.

»Ich sehe das Death Valley diesmal mit anderen Augen«, sagte Doug, »es erscheint mir viel prachtvoller. Denk dir die Unwirtlichkeit und die Entfernungen weg, dann bleibt nur Schönheit pur.« Doug und ich tauschten unsere Eindrücke aus, oft sprachen wir bloß spontan aus, was uns gerade durch den Kopf ging, dazwischen schwiegen wir. »Alles hier scheint auf etwas zu warten.« Doug war in seinem Element. Er lenkte meinen Blick auf eine weit entfernte Ebene oder versuchte den Rand von aschfarbenen, schwärzlichen Sandfeldern zu erreichen, aus denen bleiche, verstaubte Büsche ragten. Wir sahen riesige Flächen, deren Boden mit getrocknetem Schlamm und klaffenden Rissen oder mit einer feinen Salzkruste überzogen war. Dann wieder kamen wir zu schwarzen vulkanischen Felsen, die wie gewürfelt auf schneeweißem Sand lagen. In unmittelbarer Nähe türmte sich dieser Sand zu riesigen Dünen auf. Rundum Hügel aus geschichtetem Stein. Die Sedimentstreifen glänzten bunt, mit ihren sanft geschwungenen Linien waren sie Zeugen von Erdbeben aus grauer Zeit.

Für Februar war es ungewöhnlich heiß. Ich hielt meine Aufenthalte im Freien kurz und zog mich lieber in den Wagen zurück. Dort strich zumindest der Wind durch das offene Fenster herein. Für Doug war Death Valley das Tal der unerschöpflichen geologischen Fantasie. Nicht weniger beeindruckten ihn seine hartnäckigen Bewohner: Sporen und Samen, die im Staub versteckt unzählige Trockentage überdauerten, um beim geringsten Niederschlag in der Sekunde zu erblühen.

Wir durchstreiften das Tal in seiner ganzen Länge, und als wir uns den ausgedehnten Salzfeldern näherten, erreichten wir damit auch den tiefsten Punkt des Kontinents; im Sommer einer der heißesten Orte der Welt, mit Temperaturen, wie sie höher nirgends zu finden sind.

Manchmal blieben wir stehen, um ein paar Schritte in die Wüste zu machen oder auf kleinere Felsen zu klettern. Besonders farbenprächtige Canyons verleiteten uns, sie näher zu erkunden. Wir waren etwas voneinander entfernt. Plötzlich brach ich in Tränen aus. Doug kam herbeigelaufen. Er hatte den Widerhall meines Schluchzens gehört; laut, dann wieder leise, je nachdem wohin der Wind es trug. Auf der Bühne beherrschte ich die Kunst des Weinens würdig und glaubwürdig. Mein Weinen hier in der Wüste war alles andere als gespielt – ich heulte aus vollem Hals, wie ein kleines Kind, das sich wehgetan hat, und versuchte erst gar nicht, mich zu beherrschen. Zwischendurch schnappte ich nach Luft. Doug kam näher, er hielt mich fest, tröstete mich und langsam wurde ich ruhiger.

Doug versuchte mich weiter abzulenken und sagte etwas, was mir gut gefiel und mich tatsächlich auf andere Gedanken brachte. Er meinte, die Leere im Raum müsse besiedelt werden. Doug empfand die Leere der Wüste keineswegs als angsteinflößende, beunruhigende Dimension und überlegte laut: »Es gibt auch eine Leere in der Zeit, sobald sie ihren unaufhaltsamen Lauf unterbricht und sich mit Geschichten, Erzählungen oder Filmen füllt und so vieles wieder von vorne beginnt.«. Doug hatte meine Taille umfasst. Ich schüttelte mich, sodass seine Hand von meiner Hüfte rutschte, und schaute ihn verblüfft an.

In dieser zweiten Nacht schliefen wir im Wagen; unter Sternen, irgendwo in der Nähe von Furnace Creek. In der nächsten Nacht bezogen wir wieder ein Motel. Wir nahmen ein paar Drinks, besser gesagt, wir ließen uns volllaufen und landeten gemeinsam in einem Bett. Es war die selbstverständlichste Sache der Welt, als könnte es nicht anders sein. Ein Gemisch aus tiefer Freundschaft und liebevoller Vertrautheit, nie ausgesprochen, und trotzdem seit jeher da.

»Nora! Was für ein wunderschöner Name. Es genügt ihn laut zu sagen und schon spüre ich ein starkes Verlangen«, stellte Doug am nächsten Morgen vor der Weiterfahrt fest und schlürfte genüsslich seinen Kaffee.

»Welch unbändige Leidenschaft!«, scherzte ich. Trotz des leichten Spottes konnte ich nicht abstreiten, dass es mir allmählich gelang, auf andere Gedanken zu kommen, und dass ich mich in Dougs Gegenwart immer besser fühlte. Allein die Wüste wollte ich möglichst schnell hinter mich bringen. Wäre es nach Doug gegangen, hätten wir an bestimmten Orten länger Halt gemacht. Wie zum Beispiel in diesem Motel, in der dritten Nacht, an der Straße nach Shoshone, nahe der Death Valley Junction.

Auf der Weiterfahrt gab es stundenlang nichts als eine Straße, die schnurgerade durch endlose Weiten lief und als Punkt am Horizont endete. Bei jeder Rast wurde Doug stiller. Da stand er dann am Straßenrand und betrachtete das unwirtliche, salzverkrustete Land. Nur ab und zu fing sich der Blick an einem grauen Strauchgerippe. Dazwischen glänzte der salzige Boden wie Schnee und grenzte sich scharf vom metallischen Braun der weit entfernten Erdhügel ab.

Shoshone bestand aus einer Tanksäule mit rostigen Zapfhähnen und einer Holzbaracke inklusive Greißlerei. Wahrscheinlich hatte sich hier seit der Zeit der Pioniere nichts verändert. Hinter der Kassa lümmelte eine alte Indianerin mit Brillengläsern dick wie Leselupen und einer knalligen Stars-and-Stripes-Bluse. Ihre Stimme war rauh. Ich löste Doug am Steuer ab.

Während der Weiterfahrt versuchte Doug mir zu vermitteln, wie sehr er es genoss, sich auf diese Art zu bewegen. Er empfand Freiheit pur. »Ich spüre ein körperliches Wohlbefinden. In dieser ausgedörrten, einsamen Gegend allein auf der Straße zu sein, hat für mich nichts Bedrohliches. Ich erlebe die Wüste bloß als Kulisse und nicht als Dimension, mit der wir uns auseinandersetzen müssen. Also, gefällt es dir nun endlich?«

»Das Schöne daran ist, dass wir uns die Wüste ansehen,

solange wir Lust dazu haben, und ihr, dank deines Wagens, jederzeit und schleunigst den Rücken kehren können«, antwortete ich und konzentrierte mich auf die Straße.

Doug gab nicht auf: »Mir scheint, dass in dieser Einsamkeit, in diesem kargen, weitläufigen Tal die Gedanken viel absoluter werden, viel klarer, viel heftiger.« Selbst die Begierde sei stärker, sagte Doug, wenn ich ihn anlächle zum Beispiel, oder wenn ich mir eine Andeutung nicht verkneifen könne. Ein wildes Empfinden, meinte er.

»Das brennende Verlangen nach etwas wird am Ende zum Einzigen, das zählt«, bestätigte ich spitz.

Es hatte den Anschein, als würde es Doug nicht weiter stören, dass ich während der Fahrt immer seltener ein Gespräch begann. Machten wir Rast, so nützte ich sie oft für ein paar Schritte abseits, um das Panorama alleine zu betrachten. Doug schluckte nur. Wie es Menschen machen, wenn sie missmutig sind. Er wusste nicht so recht, was er von meinen Launen halten sollte. Ich hingegen glaubte sehr wohl zu wissen, was in seinem Kopf vorging. Bestimmt dachte er, es sei ein Fehler gewesen, auf diesen Ausflug bestanden zu haben.

Am Tag darauf

Unvermutet hatte es zu schneien begonnen. Das Schneetreiben überraschte uns im Wald und begleitete uns mit unverminderter Heftigkeit bis wir im Village ankamen. Dort klarte es auf, im Nu waren die Wolken wie weggefegt und die Sonne zeigte sich. Zwischen den Pinien der Hochebene funkelten einzelne Schneeflecke, dass es in den Augen nur so schmerzte. Lichte Stellen zwischen den Zweigen ließen hie und da ein erstes Bild von einer herannahenden grandiosen Szenerie im Abendlicht erahnen.

Als wir aus dem Wald kamen, schien es mir, als wäre der Horizont dort zu etwas Nebensächlichem geworden. Ich war außerstande, Tiefe und Länge jenes überdimensionalen Abgrundes zu erfassen, der über viele Erdzeitalter hinweg durch Erosion entstanden war. Vor uns entfaltete sich ein riesiger, zerklüfteter Schlund. Die Welt wirkte wie aus dem Gleichgewicht geraten. Der Himmel hatte seine Tiefe und Endlosigkeit verloren und konnte dem wuchtigen Gefüge kaum etwas entgegenhalten. Doch nicht nur die Schönheit des einzigartigen Anblicks überwältigte mich. Da war noch etwas anderes. Mit den Augen Entfernungen abzumessen und über Weiten, wie ich sie nie zuvor gesehen hatte, zu schweifen, erfüllte mich mit einem Gefühl des Aufgeregtseins.

Zum Abendessen bestellte Doug einen Chardonnay, er war ausgezeichnet. Trotzdem nippte ich nur ab und zu an meinem Glas. Nach einem Tag im Auto, in der Hitze der Wüste, hatte die kalte Schneeluft bei mir einen gesunden Appetit ausgelöst, bei Doug hingegen einen gewaltigen Durst.

Unser Zusammenspiel nach Tisch klappte immer besser. Doug redete in einem fort und brachte mir bestimmte, englische Wörter bei, die ich erst leise, dann laut und leidenschaftlich wiederholte. Wir blieben uns nichts schuldig. Mit jeder Nacht wurde ich hemmungsloser.

Am nächsten Morgen dann die zarten rosafarbenen Schattierungen des Grand Canyon! Von einem anderen Aussichtspunkt erblickten wir weit unten am Talboden den Colorado in der Farbe des Himmels. Angesichts einer solchen Großartigkeit, wie ich sie mir nicht hatte vorstellen können und die nun plötzlich *vor* mir und *in* mir war, empfand ich das Abgrundtiefe und das Grenzenlose der realen Welt als eine Wirklichkeit, die dem Nichts keinen Platz einräumte. An diesem Morgen erschien mir der Himmel wieder grenzenlos.

Wir setzten unsere Reise fort. Nach einiger Zeit passierten wir Cameron. Stundenlang rumpelten wir auf einer trockenen, harten Erdpiste dahin. Am Horizont tauchten die Spitzen einzelner, riesiger Felsen auf, Umrisse abgestumpfter, rötlicher Monolithe ... Ein paar Navajo-Indianer hatten auf einem Pfad längs der Straße mit ihren Pferden gehalten und spähten in unsere Richtung, um den Chrysler passieren zu sehen.

»Noch vor wenigen Jahren ist hier kein Mensch vorbeigekommen. Erst der Ausbau der Straße hat mehr Autos gebracht«, bemerkte Doug.

»Ich bin müde und würde gerne ein wenig schlafen.«

»Leg dich hinten in den Wagen ... und mach die Augen erst auf, wenn ich es dir sage.«

Doug fuhr einige Meilen weiter. An wirklichen Schlaf war nicht zu denken. Dennoch hielt ich die Augen bis auf ein gelegentliches Blinzeln geschlossen und döste, eingerollt auf der Rückbank, vor mich hin. Die Fahrt wurde noch unruhiger, als Doug von der Piste abbog und den Chrysler geschickt zwischen dürre Büsche und ein paar einsame Kakteen lenkte, bis er zu einer kleinen Anhöhe kam. Dort hielt er an und zog die Handbremse fest. Er stieg aus und drückte die Autotür lautlos ins Schloss, um meinen Halbschlaf nicht zu stören.

Nicht viel später weckte er mich und flüsterte mir ein zärtliches »Nora« ins Ohr. Er streichelte mein Gesicht. Ich brummte unwillig und schaffte es kaum, die Augen aufzubekommen. Ich blieb noch ein wenig im Wagen sitzen, gähnte und streckte mich so gut es ging. Dann beschloss ich auszusteigen.

Doug sah mich erwartungsvoll an und wollte sichtlich wissen, wie eine der bizarrsten Landschaften der Erde wohl auf mich wirken würde. Vor uns öffnete sich der Halbkreis eines unglaublichen, gewaltigen Panoramas; so weit das Auge reichte, grandiose Silhouetten rötlicher Felsberge, die in das Blau des Nachmittags ragten. Hier hatte die Natur ein unvergleichliches Werk geschaffen. Sie hatte den Urkräften getrotzt und diesem Triumph ein einzigartiges Denkmal gesetzt. Die unvergleichlichen Formen waren das Ergebnis eines langsamen Rückzuges. Sonne, Wind und Eis hatten das Land zwischen den Felsinseln über Jahrmillionen abgetragen, bis nur noch einzelne rote Riesen aus Stein übrig waren.

Doch eigenartig – vielleicht aufgrund der unbequemen Rückbank, vielleicht wegen der Unwirklichkeit der Landschaft – ich war schlecht gelaunt und empfand so etwas wie Überdruss. Alles was ich mir wünschte, war alleine zu sein.

Doug entfernte sich ein paar Schritte. Ich war knapp daran, ihm zu sagen, er möge mich nach Los Angeles bringen. Am liebsten hätte ich ihn angebrüllt, ihm an den Kopf geworfen, dass all das hier nicht das Geringste mit meinem Leben zu tun hat. Doug kam auf mich zu. Er lächelte. »Alles in Ordnung?«, fragte er. Ich zögerte, dann nickte ich. Wir standen eine Weile da und betrachteten die Landschaft. Im Licht des fortschreitenden Nachmittags wurde sie noch wundersamer, noch plastischer ... noch fremder.

Wir hatten einen weiteren Tag im Auto hinter uns und beschlossen beim erstbesten Motel zu halten. Bis Tuba City fehlten uns rund zwanzig Meilen. Am Himmel, dort wo es aufgeklart hatte, glänzte hoch über uns der Bauch eines Flugzeugs.

Im Restaurant des Motels leerten wir schließlich eine weitere Flasche Chardonnay. Die Nacht verbrachten wir in einem gemütlichen Zimmer, in einem Bett neben einer Wand, die zur Gänze verspiegelt war.

»Bis Los Angeles sind es um die hundertfünfzig Meilen. Was hältst du davon, wenn wir noch einmal für eine Nacht irgendwo bleiben?« fragte Doug. Wir saßen uns in der kleinen Bar einer Tankstelle gegenüber. Ich sah ihn nachdenklich an. Doug wartete auf eine Antwort. Ein Ja würde er sicher als weitere Bestätigung werten.

»Doug ...« Ich zögerte.
»Ja, was ist, sag schon?«
»Doug ... ich bin unlängst einunddreißig geworden.«
»Was willst du damit sagen?«
»Was ich damit sagen will? Na, dass ich um etliches älter bin als du und nicht mehr die Jüngste. Bald werde ich kaum noch gefragt sein.«

Doug lachte laut und schüttelte nur den Kopf. Schließlich fragte er: »Du machst Witze, stimmt's?«
»Nein, ich meine es ernst. In *But the flesh is weak* habe ich eine fünfundzwanzigjährige Frau gespielt, trotz meiner dreißig. Erschreckend, als ich mich dann im Film sah. Ich kam mir wesentlich älter vor, als ich tatsächlich war.«
»Rede doch keinen Unsinn! Du schaust großartig aus und hast den Körper und die Haut eines jungen Mädchens.«
»Ich fühle mich rundum unsicher. Außerdem, gib es ruhig zu, du weißt es genau; Frauen über dreißig bekommen, anders als ihr Männer, nur noch die Charakterrollen.«
»Nora, du irrst dich, du hättest hier eine lange Karriere vor dir und du wirst noch mit vierzig wunderschön sein. Ich werde dich immer anbeten ... wenn du es mir nur erlaubst.«

Ich zielte mit erhobener Faust auf sein Gesicht. Doug lachte und wich geschickt zurück, sodass ich ihn nur streifte.
»Ich muss dir noch etwas gestehen?«, fuhr ich fort.
»Was?«
»Wenn ich mit dir zusammen bin, muss ich immer an meine Mutter denken«, prustete ich heraus.

»Oh Gott! Das darf nicht wahr sein! Du denkst in meiner Gegenwart an deine Mutter?«

»Ja, ziemlich oft sogar. Im Ernst, meine Mutter ist eine glühende Verehrerin deines Vaters. Sie hat zu Hause ganze Alben voll mit seinen Portraits und massenhaft Fotos aus Filmszenen. Sie hat nicht einen seiner Filme versäumt, manche hat sie sogar mehrmals gesehen. »Besser als Valentino!«, das war ihr Kommentar. Für sie war Douglas Fairbanks einer der Größten des Stummfilms, ein Yankee im wahrsten Sinn des Wortes, quicklebendig, stets bereit, immer gut für Streiche und Heldentaten, immer mit demselben strahlenden Lächeln, sei es als Zorro, als Robin Hood, als schwarzer Pirat oder als Dieb von Bagdad ... Was würde sie sagen, wenn ich ihr erzähle, dass ich mit seinem Sohn befreundet bin?«

»Schade, dass das nicht erblich ist. Stattdessen nagt noch immer die Episode mit Nikisch, diesem Idioten, an deinem gekränktem Stolz. Oder gefällt dir gar Bobby Montgomery?« Doug blickte unschlüssig in den Raum.

»Ist dir das in den letzten beiden Nächten so vorgekommen?« antwortete ich und stupste unter dem Tisch mit dem Fuß ein paar Mal gegen sein Schienbein.

Doug hob sein Bierglas und sagte: »Was soll's, ich wünsche dir alles Gute zum Geburtstag, Nora, auch wenn es verspätet ist ... und ... auch wenn du dir Sorgen über das Altern machst. Ich darf dir versichern, dass du mir noch nie so begehrenswert erschienen bist, wie in diesen letzten gemeinsamen Tagen.«

Ich streckte den Arm aus und streichelte ihm über die Wange.

»Bleib in Kalifornien, probier es mit mir ...«, fügte er hinzu. Ich schüttelte den Kopf.

»Denk darüber nach«, beharrte er.

»Okay, ich werde darüber nachdenken und dir antworten, wenn wir in Los Angeles sind. Ich stehe nicht mehr am Anfang meines Weges, aber auch lange noch nicht am Schluss.«

Auf dem letzten Stück der Fahrt nach Los Angeles sprachen wir über weite Strecken kein Wort. Schließlich brach ich das

Schweigen und erklärte Doug nochmals, warum Hollywood für mich keine große Bedeutung hatte. Auf der Bühne und in der Literatur passiert alles viel langsamer und entspricht viel eher dem wahren Tempo im Leben. »Wo steht geschrieben, dass es im Alltag nicht noch schönere und außergewöhnlichere Geschichten gibt als in all diesen konstruierten, extrem übertriebenen Filmhandlungen?« Doug drehte sich zu mir und sah mich kopfschüttelnd an.

Als wir in Culver City ankamen, war es schon dunkel. Doug hielt vor meinem Haus, sprang aus dem Chrysler, eilte auf meine Seite und riss die Wagentür auf. Ich musste schmunzeln. Dann nahm ich meine Reisetasche und stieg aus. Doug begann von neuem: »Du schuldest mir eine Antwort ...«

Er stand vor mir, ganz nahe, ich sah ihn an. »Doug, ich bin mir sicher. Ich will nach Europa zurück.« Dougs Blick war voll der Enttäuschung, er tat mir in der Seele weh. Es war kaum mitanzusehen, bis ... Was passierte da gerade! Über Dougs Schultern hinweg bemerkte ich das Malheur und schrie: »He, pass auf! Das Auto!« Doug hatte den Chrysler am Straßenrand abgestellt und vergessen, die Handbremse anzuziehen. Das Auto hatte sich in Bewegung gesetzt und rollte nun die sanft abschüssige Straße hinab. Es wurde immer schneller. Fluchend lief Doug hinterher. Er erreichte den Wagen gerade in dem Moment, als er mit leicht eingeschlagenem Lenkrad eine Kurve zog und rund zwanzig Meter vom Haus entfernt in einem Busch strandete, der die Fahrbahn vom Gehsteig trennte.

Ich musste lauthals lachen, dann sagte ich: »Das ist ja wie in *But the flesh is weak*. In der Schlusssszene bringt mich Bobby nach Hause. Der Film endet haargenau so.« Doug schwang sich in sein Auto und fuhr mit quietschenden Reifen im Rückwärtsgang bis zu meinem Garten retour. Er war froh, dass nichts Schlimmeres geschehen war. Ehe er den ersten Gang einlegte, winkte er mir zu und rief: »Wie auch immer, wenn du es dir anders überlegst, ruf mich an. Ich hole dich noch einmal ab, dann fahren wir nach Mexico ... Magst du Mexico?«

»Es waren wunderschöne Tage, Doug, du wirst immer einen Platz in meinem Herzen haben ... Und vielleicht hast du Recht, wir müssen die Wüste besiedeln und befüllen ... mit all unseren geheimen Wünschen und mit viel Fantasie. Gute Nacht, Doug«, rief ich zurück und warf ihm eine Kusshand zu. Doug hatte mich wohl nicht mehr gehört. Er war schon unten an der Straßenecke und gerade dabei, in die Avenue einzubiegen.

Viña del Mar, 1948

Ja, auch meiner großzügigen Gastgeberin und inzwischen lieben Freundin Amalia ist es aufgefallen: In den letzten Wochen habe ich mich verändert. Das ungewöhnlich lange Schweigen während unserer Plauderstunden, meine grauen Augen, von Schwermut gezeichnet, es fällt mir schwer, Amalia etwas vorzumachen. Dabei gebe ich mir Mühe. Sobald ich bemerke, dass sie mich mit ernster Miene beobachtet, nehme ich mich, so gut es geht, zusammen. Ich räuspere mich, fasse meine Stimme und blicke sie direkt und entschlossen an. Oh, ich weiß es nur zu gut, in letzter Zeit habe ich ihr mehr als einmal das Gefühl gegeben, abwesend und vor allem abweisend zu sein. Arme Amalia, wie überschwänglich, vor Wehmut fast zerspringend, habe ich ihr anfangs all die Dinge aus meinem Leben erzählt. Und jetzt? Irgendwann in den letzten Tagen ist es ihr zu viel geworden und sie hat mir ins Gesicht gesagt, dass ich mit meinen Gedanken nie ganz bei unseren Unterhaltungen bin.

»Zwei ganze Jahre blieb ich in Kalifornien, dann bin ich nach Europa zurück. Ich litt zu sehr an Heimweh, aber das weißt du ohnehin«, wiederholte ich. »In Berlin und in Wien folgten ein paar nette Filme, spritzige Komödien. *Was Frauen träumen* zum Beispiel, von Billy Wilder, ich musste damals sogar singen. Hör nur genau hin, das war ich! Ich habe dir die Aufnahme noch nie vorgespielt.«

Kurzerhand legte ich eine Platte auf das Grammophon. Während Amalia amüsiert der herzzerreißenden Schnulze mit dem Titel *Der Weg zu Dir* lauschte, wandte ich mich dem

Spiegel zu und studierte mein Gesicht. Als das Lied zu Ende war, schloss ich das Grammophon.

»Man versäumt beim Theater nicht so rasch die Überfuhr wie beim Film«, bemerkte ich. »Das Objektiv des Filmaufnahmeapparates ist ein unbarmherziger Enthüller in Bezug auf ... na sagen wir: sich einstellende Alterserscheinungen. Ja, ja, filme Diva, solange du filmen kannst! Bevor sich die Fältchen und Falten um deine Lippen und um deine Augenwinkel graben! Und bevor du dich – darf ich ein Fremdwort gebrauchen – bevor du dich *vermiest!* Während der Wochen und Monate, in denen ich in Hollywood drehte, beobachtete und prüfte ich mein Spiegelbild höchst genau. Fand ich da oder dort ein Fältchen, fiel ich sofort in eine rabenschwarze Depression. Ich dachte: Wenn ich nicht jetzt das Maximum aus diesen Jahren herausholen kann, wann dann? Dann ist's gefehlt! Filmen, filmen, solange das Gesicht jung ist! Die Schminke bewirkte nicht allzu viel. Hatte ich zum Beispiel einen winzigen Pickel auf der Wange oder eine Fieberblase auf der Lippe, oh Gott! Das bedeutete eine Drehpause für Tage! Denn die Szenen wurden nicht in der richtigen Reihenfolge gedreht. Man arbeitete immer alle Einstellungen ab, die zu einer bestimmten Kulisse, zu einem bestimmten Hintergrund gehörten. Das Gesicht der Schauspielerin durfte sich nicht im Geringsten verändern. Außerdem sieht man auf der Leinwand die Falten noch besser ...

In den Jahren in Hollywood habe ich mir auch das viele Rauchen abgewöhnt, es machte mich nervös und meine Wangen fielen ein. Um nicht am nächsten Tag bei der Aufnahme schlecht auszusehen, ging ich an Drehtagen schon um sieben zu Bett, ich wollte schließlich ausgeschlafen aussehen. Na, und wenn ich trotz allem frühmorgens, vor der Fahrt ins Atelier, in meinem Gesicht das geringste Fältchen entdeckte, war ich todunglücklich und weinte bitterlich.«

Ich verstummte – just an dieser Stelle – und blickte ins Leere.

»Du hast gestern Post aus Europa bekommen. Gute Nachrichten?« fragte mich Amalia vorsichtig.

Ich reagierte nicht sofort. Erst nach einigen Augenblicken

schüttelte ich den Kopf, ruckartig verneinend. »Ich habe wieder eine Antwort aus Wien bekommen: einen Brief von der Burgtheaterdirektion. Weißt du, was die Leute vom Burgtheater geschrieben haben? In Bezug auf mein Ansuchen wieder engagiert zu werden, sagten sie, das Burgtheater verfüge derzeit über genug ältere Schauspielerinnen. Und das mit vorzüglicher Hochachtung! Zwei lange Monate habe ich auf diesen Brief gewartet. Ich wollte noch einen Versuch wagen, obwohl mir meine Verwandten eindringlich abraten, nach Österreich zu kommen und Theater zu spielen – wegen der schlechten Verhältnisse drüben. Seit dem Ende des Krieges sind schon drei Jahre vergangen und ich bin immer noch hier – in Viña!

Im Grund habe ich mich damit abgefunden, aber tief im Innersten trotzdem gehofft. Auch meine Freunde haben sich gemeldet und auch sie wiederholen, dass es dem Land unverändert schlecht gehe und dass in der Theaterwelt zwar eine Nora Gregor gern gesehen, aber eine Starhemberg nicht willkommen sei. Die Stadt liege nach wie vor in Trümmern, sei nach wie vor besetzt und von den Russen kontrolliert. Es gebe Demonstrationen von Obdachlosen mit Transparenten, und darauf stünde: ›Gebt uns die Häuser von Starhemberg‹. Dieser Brief verletzt mich. Niemand will etwas für mich tun. Nicht weil ich eine schlechte Schauspielerin, sondern weil ich eine Starhemberg gewesen bin. Ich weiß, ich war eine gute Schauspielerin, ich habe es immer gewusst. Meine Gönner, meine Förderer, meine Freunde, alle haben stets an mich geglaubt. Die aus dem Brief, das sind nicht meine Freunde. Meine wahren Freunde gibt es nicht mehr, denn auch sie können nicht zurück … Dazu kommt, welch Ironie! Ich bin keine Starhemberg mehr!«

Amalia schaute betreten, sie hatte den Verdruss und den Ton der Verachtung in meiner Stimme bemerkt. »Ich gehöre dieser Zeit nicht mehr an … ich bin bloß wieder nur ich, eine Schauspielerin, die sich nicht einmal die Schiffspassage nach Europa leisten kann, geschweige denn eine Existenz in Wien«, sagte ich leise, kaum noch hörbar, im Grunde nur zu mir selbst. Amalia las mir von den Lippen ... und sie hatte mich verstanden.

* * *

Mit meiner lieben Amalia plaudere ich oft über Wien. Ich werde nicht müde, ihr stundenlang Geschichten zu erzählen oder ihr zu erklären, wie sehr mir die Stadt fehlt. Kein Zweifel, sie kann es nachfühlen. Als junges Mädchen hat sie einige Jahre in Europa gelebt, sie hat also von der Hauptstadt Österreichs durchaus eine Idee. Aber über welches Wien unterhalten wir uns? Mein Wien, die Stadt, die ich immer wieder heraufbeschwöre, nach der ich solches Heimweh habe, fügt sich – ich gebe es gerne zu – bloß aus meinen Eindrücken und meinem persönlichen Empfinden zusammen. Nun, das ist eben das Wien, das *mich* restlos überzeugt. Als Italien 1915 Österreich den Krieg erklärte, musste ich Görz mit meiner Familie verlassen. Wir übersiedelten zuerst nach Klagenfurt, dann weiter nach Graz. Graz blieb eine Zwischenstation, nur dazu da, das eigentliche Ziel zu erreichen: Wien.

Wenn ich von Wien erzähle, so habe ich vor allem die Hauptstadt im Jahr 1917 vor Augen, in die ich als blutjunges Ding aus einem Provinznest gekommen bin. Es war kurz vor Ende des Krieges und ich war beseelt vom Traum, genau hier Schauspielerin zu werden. *Mein* Wien war jene wunderbare Stadt, wo sich mit Hilfe von Alexander Moissi meine Karriere anzubahnen begann. Es war auch jene Stadt, in die ich Jahre später zurückwollte, nachdem mein Abenteuer in Hollywood abrupt zu Ende gegangen war. Es an die Burg zu schaffen, diesem Ziel widmete ich meine ganze Kraft, diesem Ziel galt mein ganzes Streben.

Letztlich war es vom Erfolg gekrönt: Ich wurde Burgschauspielerin und blieb es bis 1937, als gefeierte Darstellerin in Dramen und Tragödien. Das Publikum war von meiner Julia begeistert und überschüttete mich mit Applaus, wenn ich die Desdemona spielte. Man bejubelte mich als Agnes Bernauer, als Käthchen von Heilbronn und in unzähligen anderen Rollen, nicht zuletzt als Nathalie in Kleists *Prinz von*

Homburg. Schließlich holte man mich für ein ganz besonderes Engagement: Ich spielte in Hofmannsthals *Das Salzburger große Welttheater*. Ich war die Schönheit, und diese Rolle – so sagte man – gebührte mir mit Fug und Recht.

Zum ersten Mal in Wien – damals erschien mir die Donaumetropole noch als heile Welt: kaiserlich, barock, ausdrucksvoll und bevölkert von einem bunten Menschengemisch aus allen Teilen des alten Reiches – wenn auch kurz vor dessen Zusammenbruch. Doch dann, nach Kriegsende: Ministerien, Banken, die alten Fabriken, alles wirkte viel zu groß. Man verkleinerte so gut es ging und stellte sich auf die Wirklichkeit ein. Diese war bitter genug: die riesige Monarchie war auf eine unbedeutende Alpenprovinz zusammengestutzt worden. Mein Görz nun italienisch!
Unmittelbar nach dem Krieg hatte ein Großteil der Bevölkerung nichts zu essen, doch manchmal kam mir vor, kaum jemand wollte wahrhaben, was ringsum im Gange war. Das Land hatte sich verändert, seine Hauptstadt aber nicht. Gut, die Hofburg stand leer, doch das war die einzige Ausnahme. Der Hochadel, egal ob deutsch, polnisch, ungarisch oder tschechisch, residierte unbeeindruckt vom Geschehen in den nobelsten Palais der Inneren Stadt. Die bessere Gesellschaft, der Geldadel, führende Beamte, Industrielle, die alten Familien, sie alle flanierten weiter vor ihren Prachtbauten am Ring hin und her, während die Kleinbürger wie früher in der Vorstadt wohnten. Nur das Proletariat verarmte immer mehr und lebte, nein überlebte – auch das blieb gleich – in den Vierteln am Rand.
Die Theater waren voll wie eh und je. Mehr noch, in allen Gesellschaftsschichten spürte ich eine fanatische Leidenschaft für Bühne und Kunst. Das ging so weit, dass man die berühmtesten Schauspieler gar zum Inbegriff des gemeinsamen Kulturgutes erklärte. In diesem Wien der Nachkriegszeit kämpfte ich mich unbeirrt voran, ich, das schüchterne Mädel aus Görz. Meiner Begabung war ich mir sehr wohl bewusst und mit der nötigen Beharrlichkeit fand ich entsprechend Arbeit – und das nicht zu knapp. Nach den ersten Jah-

ren am Theater kam für mich der Film hinzu, denn kaum war der Krieg vorbei – verloren, aber gottlob vorüber – trat auch in Wien die Kinokunst ihren Siegeszug an.

Mein Wien, das war schon bald das Zentrum des österreichischen Stummfilms. An der Peripherie stampfte man eine ganze Filmstadt aus dem Nichts. Unzählige Monumentalfilme wurden gedreht. Als wär's gestern gewesen, erinnere ich mich, wie auf dem Laaer Berg die gigantischen Kulissen von *Sodom und Gomorrha* in die Höhe wuchsen. Arbeit für eine Heerschar von Statisten, in Tagen als der Hunger allgegenwärtig war.

In diesen frühen Zwanzigern begann die große Zeit von Regisseur Franz Freissler. Gemeinsam mit Anita Berber, einer Tänzerin von Rang und Namen, drehten wir 1923 *Irrlichter der Tiefe...* und hatten Erfolg. In den Aufnahmestudios entstanden die ersten Projekte über die Grenze hinweg. Zusammen mit Frankreich und Italien – wer dachte damals noch daran, dass beide Länder wenige Jahre zuvor unsere erbitterten Feinde gewesen waren – wurde gefilmt, produziert und kopiert. Bald füllte sich Wien nicht nur mit den üblichen Ungarn und Tschechen, sondern nach und nach sah man wieder Franzosen und Italiener in der Stadt. Meist drehte man historische Dramen, Komödien, Strauß-Filme oder Lustspiele.

Selbst Arthur Schnitzler brütete so manche Idee für neue Inszenierungen aus. Wohl eher, um davon zu leben, als davon überzeugt zu sein. Dennoch, auf seine Art und mit einer gewissen Vorsicht glaubte er an den Film. Ich weiß noch gut, wie Schnitzler einmal sagte, er habe in jenen Jahren auf der Leinwand ähnlich bedeutende Auftritte von Schauspielern gesehen wie auf der Theaterbühne. Allerdings fügte er hinzu, dies liege bloß daran, dass die Zeiten ganz allgemein mehr schlecht als recht seien – doch immerhin. Eine gewisse Affinität zum neuen Medium konnte er schlecht leugnen, schon im Jahr 1914 hatte man seine *Liebelei* verfilmt, 1921 brachte Cecil B. de Mille *Anatol* auf die Leinwand. Auch andere Stücke kamen ins Kino, zuletzt gar *Fräulein Else*. Man stelle sich nur bildlich vor: Schnitzlers Meisterwerk des inneren Monologs als Wunderwerk des Stummfilms!

Die Filmwoche

1924 N° 11 — PREIS 30 OPFG.

Nora Gregor
Der neue Decla-Star

In diesem Wien der Zwanziger Jahre spielte ich meist Raimund und Hofmannsthal, nie jedoch Nestroy und Schnitzler. Schade, gerne hätte ich auch diese Stücke gemacht! Denn ich bewunderte Nestroy und verehrte Schnitzler. Einmal, in Venedig, es hatte sich glücklich gefügt, wurde ich Schnitzler vorgestellt. Er machte mir ein Kompliment nach dem anderen ... und war *très, très charmant*. Fast ging's mir wie dem Fräulein Else, »die es nicht wagte sich zu verweigern und sich damit selbst aufzubewahren«. Die Nachricht von seinem plötzlichen Tod erschütterte mich. Sie erreichte mich in Hollywood.

Wieder zurück in Wien, wollte ich unbedingt wissen, ob denn die Geschichte wahr sei, die vom Begräbnis Schnitzlers die Runde machte. Leider kannte ich kaum jemanden, der auch dabei gewesen war. Die gesamte Zeremonie sei vom schrillen Schrei eines Käuzchens begleitet worden, das unruhig über dem Grab hin und her flatterte.

Das Begräbnis fand auf dem jüdischen Friedhof statt, gekommen waren einige Schriftsteller, Schauspieler und Ärzte; von amtlicher Seite hatte es nicht einmal für den Vizebürgermeister gereicht. Im letzten Moment tauchte doch noch ein Vertreter des offiziellen Wien auf: der Stadtrat für Gesundheitswesen! Typisch Wien. Wie gesagt, über dem bescheidenen Grab des großen Schnitzler – er hatte nur wenige Wochen vor seinem Tod auf die Allgegenwart von Liebe und Tod hingewiesen – sei also ein Käuzchen geflattert. Aufgeschreckt aus einem Busch daneben, sei es tagblind über der Grube hin und her getorkelt, in die sich der Sarg soeben gesenkt hatte und habe nicht davon abgelassen, grell rufend und verstört über den Köpfen der Trauernden zu kreisen.

Es war ein Wien, in dem Musik und Theater wie eh und je vorhanden waren, wenngleich Missklang und schrille Töne immer stärker hörbar wurden, auch abseits der Bühne. Trotz alledem lag etwas Außergewöhnliches in der Luft.

Das Wien, das mir so fehlt, ist aber auch die Stadt, in der ich gut zehn Jahre später meinen Platz in der Gesellschaft fand. Wie sehr vermisse ich meine Freunde aus dieser

Zeit und die geselligen Abende bei Alma ... ihre Art Klavier zu spielen. Seit wir nebeneinander wohnten, war ich oft bei den Werfels zu Gast. Faszinierend, wie Franzl über die Geschichten sprach, an denen er gerade schrieb. Heute in einer Woche ist Ostern, in der Steinfeldgasse wird alles in Blüte stehen, der Kahlenberg wird so wie früher herunterschauen auf unsere, vor kurzem noch glückerfüllten Räume. Ich kann es nicht fassen, wie viele Jahre inzwischen vergangen sind. Acht schon? Oder neun?

Illustrierter Film-Kurier

Nummer 1962 · 15. Jahrgang 1933

NORA GREGOR · GUSTAV FRÖHLICH

Was Frauen träumen

Wien, 1933

Um vom Ring in eine Seitenstraße einzubiegen, querte der Taxler provokant die Schienen der Tram. Da brauste die Elektrische aus der Gegenrichtung daher und protestierte mit wütendem Geklingel gegen das freche Manöver. Wir Passagiere im Taxi waren blendend gelaunt. Wir kreischten nur kurz – mehr zum Spaß als vor Schreck – , um sogleich weiter zu plaudern, zu lachen und vor uns hin zu trällern. Die Abkürzung des Taxilenkers führte uns durch dunkle und enge Gassen, vorbei an großen, ehrwürdigen Palais. Seitlich der Portale blitzten da und dort die Silhouetten von mächtigen Karyatiden im Scheinwerferlicht des Wagens auf.

Einige Minuten ging die rasante Fahrt so dahin, überdies hatte es in Strömen zu regnen begonnen. Schließlich mündete die Straße in einen Platz und vor uns lag die hell erleuchtete Fassade des Apollo Kinos. Der Lichtschein fing sich in zig Tropfen, die in engen, funkelnden Bahnen über die Scheiben liefen. In Riesenlettern stand weit sichtbar auf der Anzeigetafel über dem Eingang geschrieben: »Première. Was Frauen träumen.« Darunter die Schauspieler: »Gustav Fröhlich, Nora Gregor, Peter Lorre.«

Vor dem Kino scharte sich bereits eine Menschenmenge und so kam das Taxi nur noch hupend voran. Auf den letzten Metern umzingelten die Leute gar unseren Wagen und versuchten einen Blick ins Innere zu werfen. Den ganzen Weg von Hietzing bis hierher hatte Peter einen Witz nach dem anderen zum Besten gegeben oder den Refrain des Liedes aus dem Film angestimmt: »Ja, die Polizei, die hat die schönsten Männer …« Jedes Mal war ich ihm frech mit der zweiten Filmmelodie in die Stimme gefallen: »Der Weg zu dir ist nicht zu weit, auch wenn ich wandern müsste die ganze Ewigkeit …«

Der Wagen hielt an. Ich zögerte auszusteigen, besorgt dachte ich an mein Aussehen. Eben hatte ich noch Tränen gelacht, das war der Schminke sicher nicht zuträglich gewesen. Doch was half's, in der Taxikabine konnte man zu wenig sehen, um etwas daran zu ändern. Unsicher zog ich den Schleier meines weinroten Samtbaretts ins Gesicht. Ein Theaterdiener wartete bereits mit aufgespanntem Regenschirm in der Hand und öffnete mir die Taxitür. Ich stieg aus und sogleich applaudierten die Menschen um mich herum. Ich trug eine lange Jacke und einen üppigen Fuchspelz. Während ich darauf wartete bis die anderen an meiner Seite waren, lächelte ich in alle Richtungen. Gustav winkte den Leuten gelegentlich zu und verneigte sich dabei leicht, Peter schwenkte indes die Arme und warf Kusshände in die Menge.

Endlich betraten wir das Apollo Kino. Drinnen befreite uns eine dienstbeflissene Garderobefrau von den Übergewändern und wir hatten ein paar Minuten Zeit, um uns ein wenig zu sammeln.

»Ich komme gleich zurück, wartet auf mich«, sagte ich und ging Richtung Toilette, um mich frisch zu machen. Das Foyer hatte sich rasch gefüllt. Zwei Mädchen mühten sich mit Tabletts voll klappernder Gläser an den Gästen vorbei durch den Raum. Als ich wieder erschien, erhob sich ein Raunen der Bewunderung. Zweifellos galt es meinem Aussehen: hochgeschlossenes schwarzes Satinkleid, lange Perlenketten, Brilliantohrstecker, dezent aber perfekt geschminkt.

Eine der Kellnerinnen näherte sich mit ihrem Tablett und bot mir mit freundlichem Lächeln ein Glas Sekt an.

»Nur nicht verschwinden, bleib schön hier bei uns, mein Kind«, flüsterte Peter und zwinkerte dem Mädchen zu. Alle zusammen hoben wir die Gläser und riefen im Chor »Prost!«

Der Direktor des Apollo Kinos trat einen Schritt vor und küsste meine Hand. Galant überreichte er mir das Programm, ein Heftchen mit diversen Fotos von Szenen des Films. Neugierig blätterte ich es durch.

»Entschuldigen Sie, Frau Gregor«, hörte ich plötzlich jemanden rufen. Mit ihren Ellbogen schob eine Journalistin die Menge beiseite. »Ich bin Gretl Wein … meine aufrichtige Gratulation! Darf ich die Gelegenheit nützen und Sie um ein Interview bitten, irgendwann in den nächsten Tagen?«

Ich war noch immer mit dem Programmheft beschäftigt und studierte es intensiv. Zögernd hob ich den Blick und antwortete: »Ich weiß nicht, ich bin zur Zeit sehr mit den Proben für ein neues Stück beschäftigt.«

»Ja, genau um dieses Stück geht es. Ich schreibe für den ›Theaterreporter‹. Es wäre sehr wichtig. Nennen Sie mir einfach einen Tag und eine Uhrzeit, wann immer Sie wollen!«

»Ich wohne momentan im Parkhotel in Hietzing. Wir könnten uns dort treffen«, erwiderte ich, während ich das Programmheft weiter inspizierte.

»Morgen, wäre gleich morgen möglich?«

»Ja, aber nicht vor elf. Sagen wir kurz nach elf, um zwölf muss ich weg.«

Die Journalistin überreichte mir ihre Visitenkarte, bedankte sich und verabschiedete sich mit einer knappen Verbeugung. Ich schaute wieder ins Programmheft und blätterte einige Seiten weiter.

Peter steuerte mit dem Glas in der Hand auf mich zu, hob es hoch und rief: »Los! Trink, Nora!«

»Der Jungmädchenschwarm hat es geschafft Nora Gregor zu verführen«, sagte Peter. Gelegentlich deutete er dabei mit dem Kopf Richtung Gustav. Dieser war in ein Gespräch mit ein paar Damen vertieft. Peter hob demonstrativ seine Stimme, damit ich ihn auch sicher verstehen würde. »Aber nur in der Filmhandlung … Es braucht schon etwas mehr dazu als diese feschen, charmanten Kerle, um einen Star wie Nora herumzukriegen.« Peter zeigte mit der Hand auf seine Brust und intonierte mit krächzender Stimme: »Ja, die Polizei, die hat die schönsten Männer …«

In diesem Augenblick erschien ein vornehmer Herr neben ihm und fragte: »Ich habe von Problemen mit der deutschen Zensur gehört, weil die Polizei im Film nicht gut wegkommt.«

Peter war in euphorischer Laune. Allerdings torkelte er bereits ein wenig, schon als er mich abgeholt hatte, war er nicht mehr ganz nüchtern gewesen. Er riss sich zusammen, nahm Haltung an und antwortete: »Bis jetzt habe ich nur ernsthafte Filme gedreht, einige davon mit Fritz Lang. Kaum mache ich eine harmlose Komödie, gerate ich in die Fänge der Zensur. Tatsächlich hat uns die Reichsfilmkammer dazu angehalten, uns nicht über die Polizei lustig zu machen, und damit gedroht, den Vertrieb des Films in Deutschland zu verbieten. Man hat sogar die Ankündigungen untersagt, weil der Filmtitel und das Aussehen unserer entzückenden Nora die Jugendlichen zu lasziven Gedanken verleiten würden. Aber es ist ja hinlänglich bekannt ... seit die preußischen Protestanten das Braunhemd tragen, sind sie noch puritanischer geworden. Arme Teufel! Selbst den Filmtitel finden sie zweideutig. Vielleicht haben sie damit sogar Recht. Der Titel ist gleichzeitig der Name des Parfums, das Nora verwendet. Aber natürlich ist klar, dass Frauen nicht von Parfum, sondern von etwas ganz anderem träumen ... Frauen träumen im Grunde von dem, was Männer von ihnen haben wollen. Ich kenne mich da aus! Letztlich träumen alle dasselbe!«, grölte Peter und kippte entspannt seinen Sekt hinunter.

Ein junges Paar hatte es geschafft, sich bis zu mir vorzukämpfen. Ich schaute vom Programmheft auf – noch immer war ich nicht ganz durch – und fühlte mich bemüßigt zu lächeln. Die junge Frau bat mich um eine Unterschrift auf einer Autogrammkarte. Sie zeigte mich im Gegenlicht, nur als Umriss eines Schattens: in einem Fauteuil sitzend, ein langes Mundstück mit aufgesteckter, brennender Zigarette in der Hand, blies ich kringelnde Rauchfäden in die Luft. »Ich hatte viel Spaß beim Drehen, ich hoffe ihr unterhaltet euch beim Zusehen ebenso gut«, wünschte ich den beiden und gab das signierte Foto zurück.

Schließlich kam der Komponist der Filmmusik. Meister Robert Stolz erschien in Begleitung des Sängers. Verbeugungen und Applaus! Aus dem Grammophon knatterte das Lied aus dem Film.

»Peter, Peter ...«, stieß ich ungläubig hervor. Jeder, der

in unserer Nähe stand, konnte meinen Ausruf hören. Lorre drehte sich um und hob sein leeres Glas. »Noch einen klitzekleinen Gefallen ...«, flötete er dem Serviermädchen zu.

»Peter, schau doch mal her«, insistierte ich.

»Was gibt's, meine Liebe?«

»Nirgends im gesamten Programmheft findet sich Billys Name ... auch nicht der von Schulz!«

»Hör auf, das ist doch nicht möglich«, sagte Peter und suchte nach einer Möglichkeit sein Glas loszuwerden. Sogleich eilte die Kellnerin mit dem Tablett herbei. Er nahm das Programmheft und kontrollierte es Seite für Seite. Tatsächlich, von den Drehbuchautoren fehlte jede Spur. Traurig schaute er mich an.

Ich rief nach Gustav. Dieser unterbrach die Unterhaltung mit seinen weiblichen Verehrerinnen und gesellte sich bestens gelaunt zu uns.

»Hast du gesehen, sie haben die Namen von Billy Wilder und Franz Schulz aus dem Programmheft gestrichen! Hast du davon gewusst? Was soll das bedeuten?«

»Ja, ich weiß, es war leider nicht zu verhindern. Es gibt in Deutschland nun einmal diese neuen Gesetze und das Programm wurde von Superfilm in Berlin gedruckt. Man darf im Werbematerial keine Personen jüdischer Herkunft anführen. Juden sind nicht mehr erwünscht.«

»Du hast das tatsächlich gewusst? Und du hast mir nichts davon gesagt? Niemand in ganz Berlin hat mir etwas davon gesagt!«

»Weil du nicht zur Premiere in Berlin gekommen bist. Dort hättest du es sicher erfahren.«

Im Foyer ertönte ein Läuten, das Zeichen für den Beginn der Vorstellung. Das Publikum – die üblichen Leute bei Anlässen dieser Art – strömte in den Saal, um die Plätze aufzusuchen. Die Atmosphäre des Abends war festlich, nicht zuletzt weil die Anwesenheit von uns Hauptdarstellern die Première zu etwas Besonderem machte.

Man hofierte uns gebührend: mich, die schon hinlänglich berühmte Nora Gregor, die sich nach ihren Erfolgen in Hollywood wieder dem deutschen Kino zugewandt hatte; Peter

Lorre als Debütant in einer komischen Rolle; und Gustav Fröhlich, den Liebling des weiblichen Publikums. Mit einer raffinierten Regie war es Géza von Bolvàry gelungen, eine ganze Reihe köstlicher Ideen unterzubringen, die den Reiz dieser sprühenden Komödie ausmachten. Die Musik von Robert Stolz tat das ihre dazu. Ich spielte eine Frau von Welt, die sich vor allem auf den Juwelendiebstahl versteht. Sie tut es nicht aus Gier oder um davon leben zu müssen und schon gar nicht aus Eitelkeit, sondern sie folgt einem inneren Zwang, einer Lust, einer Leidenschaft. Nicht zuletzt hat sie eine kindliche Freude an allem, was glänzt. Ganz wie eine Elster. Die Heldin dieser leichten Polizeikomödie wird am Schluss geheilt. Durch ihr Laster, findet sie zur Liebe.

Das Publikum war hingerissen, lachte und applaudierte mitten im Film bei jeder Pointe. Man merkte, wie gut der Streifen allen gefiel, die Stimmung war einmalig. Am Schluss mussten wir unzählige Male vor den Vorhang, wir ertranken geradezu im Applaus. Da bat ich kurz entschlossen mit einer entsprechenden Geste um Ruhe und ergriff das Wort.

»Ich bitte Sie ... bitte einen Moment um Ihre werte Aufmerksamkeit!« Ich musste mich zweimal wiederholen. Dann wurde es still im Saal. »Ich danke Ihnen tausend Mal, danke, danke ... Erlauben Sie mir, Sie auch um Beifall für jene zu bitten, die heute Abend nicht hier bei uns sind. Ich meine damit die Drehbuchautoren, allen voran Billy Wilder, er konnte leider nicht kommen. Ich weiß, dass er heute Abend sehr gerne mit uns gefeiert hätte. Liebes Publikum, wenn Ihnen dieser Film gefallen hat, dann haben wir es Wilders Verve, seinen Dialogen und seinen schöpferischen Einfällen zu verdanken. Danke, Billy, bis bald!« Ich schloss meine kleine Ansprache, indem ich in die Hände klatschte ... und alle fielen in den Beifall ein.

Auf der Rückfahrt nach Hietzing – Peter begleitete mich ins Hotel – erzählte er mir mehr über Billy. Er hatte die Geschichte schon gekannt, aber Billy selbst hatte sie ihm während der Dreharbeiten bestätigt. Billys richtiger Name war Samuel, er stammte aus einer wohlhabenden, jüdischen Familie in Sucha, ehemals ein Gebiet der Monarchie. Seine

Mutter hat als junges Mädchen eine Reise in die Vereinigten Staaten unternommen. Die Legende von Billy the Kid hat sie so begeistert, dass sie ihrem Kleinen den Namen Billy gab.

Aber vor allem wusste Peter, wo Billy jetzt war. Er sei Ende Jänner mit seiner neuen Flamme, der Hartwich, auf Schiurlaub gewesen, als ihn übers Radio die Nachricht von Hitlers Erfolg überrascht habe. Ohne lange zu überlegen sei er nach Berlin zurückgefahren, habe in aller Eile sein gesamtes Hab und Gut verkauft und sei in ein Hotel gezogen. »Stell dir vor, Billy hat tatsächlich seine gesamten Bauhaus-Möbel versilbert! Am Morgen nach dem Reichstagsbrand war er schon auf dem Weg nach Paris, um sich dort vorübergehend zu etablieren.«

Was genau er in Paris machte, konnte mir Peter nicht sagen. »Mal sehen, wie es mit ihm weiter geht. Ich denke nur, über kurz oder lang wird der gute Billy nach Hollywood gehen, in Amerika kann er wenigstens auf Freunde und Bekannte zählen. Ich sag' dir eines, Nora, wenn sich alles so weiter entwickelt, dann gehe ich auch nach Übersee.«

Ich hatte Peter aufmerksam zugehört, erst nach einer Weile antwortete ich: »In den ersten Monaten war ich ganz verrückt nach Amerika, aber später habe ich sehr unter Heimweh gelitten; ich bin froh, wieder da zu sein. Übrigens, Peter, ich habe gehört, in Böhmen soll es Gregors geben, die Juden sind.«

Peter strich sich mit der Hand durch die Haare und runzelte die Stirn. Schließlich meinte er spitzbübisch: »Ich glaube, das braucht niemand zu wissen.«

* * *

Als mich Gretl Wein am Tag darauf im Parkhotel in Hietzing besuchte, wimmelte es vor dem Eingang bereits von Menschen: Bewunderer und Autogrammjäger drängten sich aufgeregt um ein ganz besonderes Auto, einen beigefarbenen Chrysler, der aus einem Hollywood-Film zu stammen schien. Das war in gewisser Weise nicht einmal so falsch. Es handelte sich nämlich um meinen Wagen! Acht Zylinder, ein Model von weltweit nur tausend Stück, der Kühlergrill eine Miniatur der Spitze des neuen Chrysler-Buildings in New York.

In letzter Zeit sah man ihn fast täglich von Schönbrunn die Mariahilfer Straße entlang bis zum Opernring sausen. Nun warteten die Leute darauf, dass die Besitzerin endlich aus dem Hotel käme, um sie aus der Nähe zu sehen ... mich, Nora Gregor, die zwei Jahre lang in der Tonfilmmetropole gelebt und gearbeitet hatte. Ich fuhr in diesen Tagen täglich von Hietzing in das Akademietheater, um für *Weißer Flieder* zu proben, und wohl niemand hätte vermutet, dass ich mich mit dem Herzklopfen einer Debütantin ans Steuer dieses fabelhaften Autos setzte.

Wie mir die Journalistin wenig später erzählte, hatte auch sie sich unter die Menge gemischt, um aus der Nähe einen Blick auf das Automobil zu werfen. Wange an Wange mit den anderen, war sie, wie sie sagte, mitten zwischen den Verehrern einer echten Diva gestanden und hatte die begeisterten Kommentare der Leute gehört.

Ich öffnete Gretl Wein die Tür meiner Suite, begrüßte sie mit ein paar freundlichen Worten und bat sie, Platz zu nehmen und einen Augenblick zu warten. Ich ermutigte sie, sich alleine im Zimmer umzusehen: Der Salon mit Blick auf den Schlosspark von Schönbrunn war übervoll mit diversen Gegenständen, die sich im Laufe der Zeit angesammelt hatten und die mir lieb und teuer geworden waren; Bilder, Blumen, Theaterprogramme, in Gold gerahmte Kritiken. Die Buchrücken im Eckregal verrieten die Namen meiner Lieblingsschriftsteller: Shakespeare auf Deutsch und auf Englisch, Thomas Mann, Emil Ludwig, Bernhard Shaw, Erich Kästner sowie Wildgans und Klabund.

Wieder im Zimmer, schwang ich mich auf das Sofa und machte es mir bequem. Mein Gast saß mir gegenüber. Mit einer legeren Geste zeigte ich auf all die Dinge und Andenken um uns herum und erzählte, dass ich in Kalifornien und Hollywood in einer Art kleinem Paradies gelebt hatte.

Gretl Wein hakte ein: »Wann haben Sie das erste Mal den Wunsch verspürt, Schauspielerin zu werden?«

Für einen Augenblick sah ich sie verdutzt an, dann lächelte ich und schließlich begann ich zu erzählen: »Ich kann es Ihnen nicht genau sagen ... ich weiß es wirklich nicht. Solange ich denken kann, schon als kleines Mädchen in Görz habe ich davon geträumt; jede Theateraufführung löste in mir große Gefühlsbewegungen aus. Über das, was auf der Bühne geschah, konnte ich Tränen lachen oder auch weinen. Bis zum Ausbruch des Krieges zwischen Österreich und Italien lebten wir in Görz. Bereits damals spürte ich, wie die Leidenschaft für das Theater, die seit den Auftritten als Schulmädchen in mir war, stärker und stärker wurde. Alle sagten, ich hätte mich auf der Bühne auffallend natürlich bewegt. Meine Eltern wollten allerdings keine Schauspielerin zur Tochter. Mein Vater war sehr streng und konservativ. Jedes Mal wenn ich davon sprach, war seine spontane Reaktion: »Ausgeschlossen!« Und dann gab's zu Hause ziemlichen Krach. Während des Krieges verschlug es uns zuerst nach Klagenfurt, später nach Graz. Ich war erst vierzehn Jahre alt, als ich mich in Klagenfurt heimlich ins Stadttheater schlich. Später, mit sechzehn in Graz, stahl ich mich an den Nachmittagen aus dem Haus und nahm, wiederum heimlich, Schauspielunterricht. Es gab keine Theateraufführung, bei der ich mich nicht in den Schauspieler oder auch in die Schauspielerin verliebt hätte.

Letztlich schulde ich aber alles, vor allem den Beginn meiner Karriere, Alexander Moissi. Er war zu jener Zeit bereits ein berühmter Mann. Ich hatte ihm einen kurzen Brief geschrieben, und siehe da, einige Tage später erhielt sein Freund Karl, mein Vater, ein Telegramm: ›Steh ihr nicht im Weg, du machst sie sonst unglücklich.‹ Meine Zeilen haben Moissi offensichtlich berührt. Ich hatte mich vertrauensvoll an ihn gewandt, weil ich wusste, dass er mit meinem Vater befreundet war. Wie wir, so stammte auch er aus dem österreichischen Küstenland. Nach einer Weile kam die erfreuliche Nachricht. Ich glaubte zu träumen, ich konnte es kaum glauben; tatsächlich, ich wurde für eine kleine Nebenrolle am Renaissancetheater in Wien vorgeschlagen. Mein Vater wollte nichts davon hören, er wähnte mich endgültig verloren. Die Wiener Theaterwelt? Sie war für ihn gleichbedeutend mit Sodom und Gomorrha. Wenn ein Engagement in der Provinz, in Krems oder im nahen Cilli zur Debatte gestanden wäre … dann vielleicht. Aber in die Hauptstadt? Allein? Unvorstellbar, ich war erst siebzehn Jahre alt. Im Grund konnte ich meinen Vater verstehen. Ein siebzehnjähriges Kind!

Moissi musste meinem Vater versprechen, dass er mit mir gehen und vor allem ein Auge auf mich haben würde. Das tat er auch! Aber nicht nur, ich durfte sogar mit ihm arbeiten. Oft sagte er: Was für ein bezauberndes Mädchen! Manchmal umarmte er mich liebevoll. Genauer gesagt, ließ er keine sich dazu bietende Gelegenheit aus – ja, ja der ergebene Freund meines Vaters – und er schwärmte dabei: diese Unbeschwertheit, diese Frische, wie herrlich deine Haare duften, welch süßes Lächeln, welch unschuldiger und tiefgründiger Blick … Na ja, und wenn schon … Moissi war es schließlich, der mir den Weg geebnet hatte und darauf war er sehr stolz. Mein Vater hätte mich niemals allein nach Wien gehen lassen. Wien war für ihn, wie ich schon sagte, ein Sündenbabel, in dem an jeder Ecke unzählige Gefahren für ein junges Mädchen aus gutem Haus lauerten. Wäre da nicht Moissi gewesen, der erkannte, dass ich das Theater im Blut hatte. Er machte mir viele Komplimente, ihm gefiel wie ich mich bewegte, mich vorstellte, mich präsentierte, meine Stimme hielt er für ein wenig zu sanft, aber die Haltung: die Frische in Person. ›Nora ti ti xe sempre una Augenweide!‹, rief er jedes Mal, wenn wir uns trafen. ›Cossa vol dir Augenweide?‹ – ›Das ist eine wunderschöne Wiese, wo man für immer bleiben möchte,‹ ›a lassar che i pascoli i oci‹. Wir Italiener aus dem Küstenland haben manchmal spontan ein deutsches Wort verwendet, das wir dann meist erklären mussten. ›Uns Österreicher aus Görz und Triest …‹, pflegte er zu sagen ›no i li capisse più nissùn!‹«

»Aber … wie haben sich Ihr Vater und Moissi kennengelernt?«, unterbrach mich Gretl Wein.

»Das war eigenartig: Moissi machte auf der Durchreise in Görz Station und wurde durch eine Anzeige in der Zeitung auf uns aufmerksam. Eine Werbung für eine Laterna magica. Neben Uhren und Juwelen verkaufte mein Vater in seinem Geschäft in der Via Rastello auch magische Laternen. Moissi war auf der Suche nach einem ausgefallenen Geschenk für seinen kleinen Neffen. Eine Laterna magica war dafür bestens geeignet.

Im Geschäft traf Moissi auf einen vornehmen Herrn mit kleinem Zwirbelbart, ausgeprägten Geheimratsecken und dunklen Augen, die aus einem blassen Gesicht hervorsprangen. Die beiden unterhielten sich über die magischen Laternen im Schaufenster und mein Vater half bei der Wahl. Erst Jahre später, ich war schon in Wien, hat mir Moissi davon erzählt. Moissi kaufte damals auch noch einen Vorrat an Dochtrollen für das Petroleumlämpchen. Selbstverständlich probierten die beiden die Laterne im dunklen Nebenraum gleich aus und Moissi war bass erstaunt, wie scharf die Bilder waren – kein Wunder, verfügte die Laterne doch über eine dieser modernen Linsen, damals der letzte Schrei aus Leipzig. Die seriöse, fachkundige Art meines Vaters beeindruckte Moissi sehr. Im Anschluss lud er meinen Vater auf ein Bier in das benachbarte Gasthaus ›Berlin‹ ein.

Während des Krieges haben wir Moissi sowohl in Klagenfurt als auch in Graz wieder getroffen. In Graz durfte ich gemeinsam mit meinem Vater eine seiner Vorstellungen besuchen. Nach der Aufführung gingen wir zu Moissi in die Garderobe, um ihm zu gratulieren. Damals hat er mich das erste Mal an sich gedrückt ... sehr innig. Dabei legte er seine Stirn in Falten und in seinen kolossalen Augen war dieser schelmische Moissi-Glanz.

Von der Laterna magica erzählte er mir, nachdem er meinen ersten Film gesehen hatte. Wie wenn das Schicksal schon in Görz seine Schatten vorausgeworfen hätte: Die Leinwand im Nebenzimmer meines Vaters in der Via Rastello – und die Bühne der Schulschwestern von Notre Dame in der Via delle Scuole. Dann dieser Zwang, wegzugehen, jedes Mal noch ein Stück weiter weg. Bei unserem letzten Zusammentreffen in Wien haben wir über all das gesprochen.« Ich schwieg, ab und zu nickte ich leicht. Ich fand zunehmend Gefallen daran zu erzählen, auch wenn ich alles schon hunderte Male geschildert hatte. Ich zögerte.

»Was gibt's? Erzählen Sie doch bitte weiter«, forderte mich Gretl Wein auf.

»Papa starb einige Tage vor meinem Debüt in Wien. Er kam extra hierher, um bei meiner Première dabei zu sein. Natürlich war ich überglücklich darüber. Dann ... ein kurzes Unwohlsein, wahrscheinlich aufgrund der anstrengenden Reise. Bis heute hat es mich nicht losgelassen. Ich konnte ihm nicht mehr zeigen, dass ich es schaffen würde.«

Gretl Wein horchte mit gebeugtem Kopf zu und stenographierte alles mit. Während ich kurz schwieg, richtete sie sich auf und schaute mir ins Gesicht. Ich fuhr fort: »Jetzt kann ich es ruhig zugeben: ich war achtzehn Jahre jung und unglaublich schüchtern. Mein Theaterdirektor, auch die Kritiker, alle waren von meiner Schüchternheit und von meiner Verlegenheit hingerissen, weil ich beides so lebensecht spielte. Für sie war ich der Inbegriff des Weltfremden. Oh Gott, wie wahr! Ich war unglaublich befangen! Wahrscheinlich glauben Sie es nicht, aber ich hielt mich für nicht besonders schön. Vielleicht weil ich so streng erzogen wurde,

Eitelkeit war in unserer Familie verpönt. Wie sehr musste ich mich dazu überwinden, mit all den unbekannten Leuten zu sprechen und meine Angst vor der Wiener Theaterwelt, dem Leben ganz allgemein, war riesengroß ... aber ich musste meinen Weg gehen. Ich wusste, nur eines würde mich glücklich machen: Freud und Leid auf der Bühne darzustellen und möglichst viele verschiedene Frauenschicksale zu leben.«

»Sie haben vorhin den plötzlichen Tod Ihres Vaters angesprochen ...«, unterbrach mich die Journalistin erneut.

Ich antwortete nicht sofort. Hätte ich einer Journalistin erzählen sollen, dass mein Vater unmittelbar nach der Ankunft in Wien, noch am Bahnhof einen Herzanfall erlitten hatte und wenig später gestorben war und wie schrecklich ich mich dabei gefühlt hatte? In den darauf folgenden Tagen sperrte ich mich bloß ein. Ich fürchtete, mein Herz würde zerspringen. Papa wollte zu meiner Première kommen, er hätte sich mit mir versöhnt, er wäre mit Mama in der Loge gesessen, er hätte gehört, wie die Leute applaudierten, hätte gesehen, dass ich begabt bin und er hätte mich verstanden. Er hätte gewusst: Ich konnte nicht anders.

Gretl Wein räusperte sich verlegen und insistierte nicht. Ich wechselte das Thema.

»Nach einiger Zeit übernahm mich der in Theaterkreisen hochgeschätzte Josef Jarno. Er zeigte mir, welches Talent in mir steckt. Bei ihm durfte ich einen großen Part nach dem anderen spielen. Aber leider waren es lauter Kokottenrollen, also genau das, was mir gar nicht besonders lag. Erfolg hatte ich nun, nur freute er mich von Tag zu Tag weniger, denn jedes Lob, das ich in diesen Jahren bekam, klang letztlich damit aus, dass ›die schöne Nora Gregor wieder ganz entzückend ausgesehen hat‹. Nun, für eine Schauspielerin ist es gewiss kein Unglück, wenn die Leute sie hübsch finden. Am Anfang, solange man noch um die Anerkennung des Publikums ringt, ist die Schönheit eine echte Hilfe, später wird sie zum Problem. Sie bewahrt dich vor nichts, sie garantiert dir nichts. vielleicht ist es genau das, was die Schönheit unvollkommen macht.

Aus Amerika, wo ich als österreichische Schauspielerin

wahrgenommen wurde, kehrte ich verändert zurück. Ich war zu einer Amerikanerin aus Görz, Graz und Wien geworden. Man hatte mich für die deutsche Version einer Hollywoodproduktion geholt. Denn bis vor kurzem hat man ja nicht synchronisiert, sondern die Filme nochmals mit deutschsprachigen Schauspielern gedreht. Als ich nach Kalifornien gekommen war, beherrschte ich gerade einmal zwanzig englische Wörter. Doch am Ende meines Aufenthaltes stand ich mit amerikanischen Filmstars in englischen Rollen auf dem Set. Ja, ich habe in Kalifornien viele Erfahrungen gesammelt. Eine schöne Frau zu sein ist eine Sache, aber eine schöne Frau auf der Bühne darzustellen, das ist die eigentliche Herausforderung. Schönheit allein genügt nicht! Interessiert Sie das überhaupt?«, fragte ich meine Reporterin abrupt.

»Aber sicher, mich interessiert alles über Sie. Ich schätze Ihre Ansichten sehr.«

»Wirklich? Ich vermute, Sie möchten eher das Allerneueste wissen, stimmt's? Wenn Sie wollen, verrate ich Ihnen, wie es derzeit läuft.«

»Ja gern, bitte!«

»Ich war mir lange nicht sicher, ob ich die Filmverträge, die man mir in Deutschland angeboten hatte, unterschreiben soll. Oder doch lieber fix in Wien bleiben? Mit der gleichen Überzeugung, die mich von Hollywood, Los Angeles und San Francisco hierher zurückgebracht hat? Ach Amerika … Ich war sehr stolz, dass ich letztlich so gut Englisch konnte. Man hat mich fast für eine Amerikanerin gehalten.

Ich habe nicht nur beim Filmen große Fortschritte gemacht, sondern auch Schwimmen, Autofahren und Tennisspielen gelernt und mit Gymnastik und sogar Boxen begonnen. Aber je sattelfester ich in all diesen Dingen war, desto größer wurde meine Sehnsucht nach der Heimat. Ich bin in Amerika in so mancher Stadt gewesen, habe viel erlebt, ich war sogar ein paar Tage in den Wüsten Kaliforniens und Arizonas und trotzdem konnte ich es nicht erwarten, Europa wiederzusehen. Mein letzter Film *But the flesh is weak* mit Bobby Montgomery war ein Riesenerfolg und dennoch wollte ich nur eines: zurück nach Österreich. Wien zieht mich auf unwiderstehliche Weise an. Ich kann ohne diese Stadt nicht sein. Wobei ich zugeben muss, dass ich doch ein wenig Angst hatte, als es dann so weit war und ich am Deutschen Volkstheater in der Komödie *Geld ist nicht alles* auf der Bühne stand.«

Gretl Wein hob die Hand und mahnte: »Ich darf Sie bitten, mir nun über Ihr neues Engagement zu erzählen.«

»Ja natürlich, gerne. Kommen wir also auf den springenden Punkt. Eines Abends vor ein paar Monaten war ich mit ausländischen Freunden im Burgtheater. Wir sahen eine Aufführung des *Cyrano*. Wie immer verzauberte mich das Haus. Dieses ganz eigene Wiener Flair, Wiener Luft, Wiener Kunst. An diesem Abend habe ich zum ersten Mal gefühlt, dass das Burgtheater *das* Theater schlechthin ist, weil es auf wahrhaftige Weise Kunst mit Atmosphäre vereint. Besser kann es nicht sein. Plötzlich war ich vom Gedanken besessen, hier aufzutreten, hier arbeiten zu dürfen. Nicht nur ich als Österreicherin bin diesem Zauber erlegen, auch meine ausländischen Freunde haben den speziellen und einmaligen Charakter dieser Bühne bemerkt.

Dass aber mein sehnlichster Wunsch so bald in Erfüllung gehen würde, das kam überraschend. Und dann ging alles so einfach: Eines Tages, völlig unerwartet und zu meiner großen Freude, wurde ich zu einem Vorstellungsgespräch an die Burg geladen, und ehe ich mich versah, stand ich in Verhandlungen mit Direktor Röbbeling. Da gab es nichts zu überlegen, ich ließ die Filmangebote sausen, und ... da bin ich nun: am Burgtheater, wahrhaftig Schauspielerin an der Burg.

Glückseligkeit, Stolz, aber auch Verblüffung. So jung und schon an der Burg. Was schoss mir nicht alles durch den Kopf. Viel Ehre, aber auch viele Rollen! Welche Rollen? Schöne Rollen, gute Rollen, erste Rollen? Beschwichtigungen, Versprechungen ... Werden sie wohl eingehalten? Was gibt es für eine österreichische Schauspielerin Größeres als die Burg? Der Inbegriff des Erfolgs, sagte ich mir, nach Hollywood nun das Burgtheater! Mehr ist nicht möglich! Ich hoffe, dass ...«, kurz zögerte ich, dann setzte ich erneut an: »Ich habe jetzt nur noch einen Wunsch. Ich hoffe, dass ich den Wienern halb so gut gefalle, wie ihre Stadt mir.«

»Was wird nun aus Ihren Filmverpflichtungen?« fragte Gretl Wein und schlug in ihrem Notizbuch die nächste Seite auf.

»Ich habe mit Majestic-Film in Berlin über eine Rolle in *Die Dame mit dem Schleier* verhandelt. In der Zwischenzeit wurde aber mein Vertrag mit dem Burgtheater fixiert. So sehr Majestic auch bereit gewesen wäre, den Drehbeginn hinauszuschieben, ich musste absagen. Noch vor Weihnachten werde ich die Adelheid in den *Journalisten* spielen und zwar in der Neuinszenierung von Röbbeling. Das wird meine zweite Rolle an der Burg, außerdem bin ich für ein neues Stück von Zuckmayer vorgesehen.«

»Frau Gregor, es war ein Vergnügen, Sie interviewt zu haben. Ich lasse Sie nun in Ruhe, ich weiß, die Probe wartet. Ich verstehe das, obwohl das Wiener Publikum natürlich möglichst viel über seine Lieblinge wissen will. Ich bitte mir daher aus, Ihnen bei nächster Gelegenheit weitere Fragen stellen zu dürfen.«

»Das Vergnügen war ganz auf meiner Seite. Wann wird das Interview erscheinen?« fragte ich, während ich eilig den Mantel anzog, um gemeinsam mit Gretl Wein das Hotel zu verlassen.

Einige Zeit später

Geschlossener Vorhang, einige Sekunden Verschnaufpause ... Schließlich trat ich auf die Vorbühne: Der Applaus schwoll an – noch stürmischer, noch frenetischer und noch ehrlicher als zuvor – und schien nicht mehr zu enden. Mein Debüt als Schauspielerin am Burgtheater war zum vorausgesagten Triumph geworden. Ich spürte, in der Rolle der Florence Hill in *Weißer Flieder*, mein Bestes gegeben zu haben. Das einstimmige Urteil in den Zeitungskritiken tags darauf bestätigte mein Gefühl. Einige Vorbehalte gab es, falls überhaupt, zum Text. Das änderte nichts daran, dass mir die Rolle wie auf den Leib geschrieben war. Die Komödie von Lennox kam beim Publikum derart gut an, dass sie über zwölf Monate auf dem Spielplan blieb und hundertfünfzehn Aufführungen schaffte. Noch etliche Jahre später sprach man davon, nie zuvor ein so wunderschönes Satinkleid auf der Bühne gesehen zu haben, wie ich es an diesem Oktoberabend im Jahr 1933 trug.

»Hör mal zu, was sie über dich schreiben, nur ein Beispiel von vielen«, sagte Peter ehrlich begeistert, als er mich einige Tage später in meiner Hotelsuite besuchte. Er blätterte in der Sammlung von Zeitungsausschnitten und schließlich begann er vorzulesen. Ich musste laut lachen. Es war zu komisch, wie er seiner Stimme einen nachdrücklichen und festlichen Tonfall verlieh.

»Die vom Filmglanz umstrahlten, süß-schmerzlichen Züge der Nora Gregor, ihre mädchenhafte, mondäne Silhouette kann man nun im Burgtheater erschauen; vorläufig in der Filiale. Ihre wunderschönen Kinoaugen blicken in natura auf ein von ihr restlos entzücktes Parkett. Man hört ihre zartherbe, seelenvolle Stimme ganz ohne Apparatur und Nebengeräusch. Die Tonwiedergabe ist also vollendet. Wie oft muss sonst die reizvolle Bühnenerscheinung einer Frau darstellerische Mängel decken. Nora Gregor ist schauspielerisch so gewachsen, dass sie sich ruhig erlauben darf, so blendend auszusehen. Sie hat, was man beim Film immer, beim Theater so selten findet: Sie wird der Imagination des Publikums gerecht. Es wird von einer bildschönen Frau gesprochen und es steht wirklich eine auf der Bühne; und eine, die nicht innere Mängel durch äußere Vorzüge decken muss. Sie hat also nicht nur sex-, sondern auch heartappeal und eyesappeal und so ziemlich alle Appeale, die es gibt ... Dass sie die fließende Seide ihrer Sensationstoiletten mit einer im Burgtheater nicht oft beobachteten Eleganz trägt, ist selbstverständlich. Ein großer Gewinn, den das Burgtheater aus dieser Trefferanleihe beim Film gemacht hat.« Peter legte die Zeitung auf das Tischchen zurück.

»Wenigstens beginnen die Journalisten mich langsam als ›nicht nur schön, sondern auch tüchtig‹ zu sehen. Der Wink auf meinen famosen Acht-Zylinder-Chrysler fehlt dabei allerdings nie. Na, Peter, Hollywood lässt grüßen, nicht wahr?«

»Ich freue mich sehr für dich und über deinen Erfolg. Ich für meinen Teil habe aber beschlossen, in die Vereinigten Staaten zu gehen. In Europa weht kein günstiger Wind. Mal sehen, wie es drüben läuft. Dort gibt es in der Zwischenzeit eine wahre Kolonie an Deutschen und Österreichern, und es macht keinen Unterschied, ob ich Lorre oder Löwenstein heiße. Nora, wünsch mir einfach Glück!«

»Aber sicher, mein Lieber.« Ich umarmte Peter und küsste ihn mehrmals auf die Wangen. »Ich mag dich gut leiden, Peter.« Doch noch während ich die Umarmung löste, bekräftigte ich: »Ich bleibe bis zum letzten Moment, solange sie mich nicht wegjagen ...«

»An deiner Stelle wäre ich nicht zurückgekommen ... Hier zieht ein Unwetter auf, die Luft ist zum Ersticken.«

Viña del Mar, 1948

Wie sehr vermisse ich hier, in meinem südamerikanischen Exil auch die gute alte Wiener Presse! Außer Kunst und Kultur interessierte mich in meiner ersten Wiener Zeit wenig. Kaum ein Blatt in Händen, habe ich sofort den Teil mit den Theaterkritiken gesucht. Erst nach und nach habe ich mir angewöhnt, auch das Feuilleton zu lesen.

Auf diese Art entdeckte ich ein Wien, das mir bis dahin verborgen geblieben war. Als junges Mädchen in Görz hatte ich bloß eine klischeehafte Vorstellung von der Stadt, kannte ich Wien doch nur aus Journalen und Erzählungen, wie sie in unserer Familie kursierten, oder aus Schilderungen von nach Görz versetzten Beamten und von Kurgästen, die zur Erholung in meinem Geburtsstädtchen am Isonzo weilten.

Wien war groß und klein zugleich. Ich erinnere mich, dass Hermann Bahr einmal schrieb, Wien wäre eine kleine Stadt, die sich davor fürchtet, groß zu werden. Aufgrund seiner Stellung schien Wien dennoch der Ort der unbegrenzten Möglichkeiten. Sie auch wirklich umzusetzen, erwies sich als nicht ganz so leicht. Wie in jeder halbwegs großen Stadt sprang mir als Neuankömmling aus der Provinz viel offensichtlicher das geballte Maß an Glück und Schmerz, an Reichtum und Armut, an Hoffnung und Verzweiflung ins Auge. Ruhm und Schande bewegten mehr, Kleinkriminalität und öffentliche Moral waren präsenter und Genialität wetteiferte mit Banalität, an beidem kam man nicht vorbei.

Über all diese Eindrücke hinaus zeigte mir das Feuilleton noch eine andere Sicht auf die Stadt. Es öffnete mir den Blick auf ein immerwährendes Wien, in dem nichts weiter passierte, als dass alles beim Alten blieb. Das Feuilleton verklärte Wien, und Wien ließ sich nur zu gern verklären. Ich war begeistert und schnell verführt. War im Feuilleton von einem Traum, einem Schmerz, einem Zauber, einem Wunsch oder einer Enttäuschung die Rede, oder beschränkte man sich dabei auch nur auf ein *bon mot* oder eine *finesse de ésprit*, so empfand ich beim Lesen just jenen Wunsch, Schmerz, Zauber und Hunger. Nicht nur ich – noch am selben Tag, spätestens am nächsten, drehten sich die Gespräche der Leute in den Straßen und Kaffeehäusern nur noch darum, wie es möglich gewesen war, all dies nicht immer schon gespürt zu haben ... Das Wien, das man erschuf und heraufbeschwor, das sich die Wiener wünschten, war Lebensfreude, Melancholie und kokette Ironie zugleich – ein gefälliges Gefühl, das man ganz nach Belieben bedienen konnte, man brauchte nur das Feuilleton zu lesen.

Das Feuilleton war nicht einfach ein Artikel in der Zeitung, doch genau dort gehörte es hin. Mein lieber Oskar Fontana meinte, es passe zur Zeitung wie das Schlagobers zum Kaffee, während Karl Kraus sogar behauptete, ein Feuilleton zu schreiben hieße, auf einer Glatze Locken drehen.

Die Natur des Feuilletons war ein Konzentrat von Nuancen und entsprang dem Faible für das Charakteristische der Stadt, für die Lebenskunst, für das Talent der Wiener, kaum Wahrnehmbarem Gewicht zu geben. Es beschrieb ein Kolorit, ... das gab's nur hier, und schuf eine Vorstellung, die man in den Alltag flocht, um dessen Ecken abzurunden. Dinge bekamen eine Aura, Worte eine tiefe und vertraute Wahrheit. Im Feuilleton vermischten sich Resignation und Überschwang in der Klangfarbe des Wiener Jargons. Oh, ich habe es geliebt!

Oft bestand das Feuilleton nur aus einer Seite eines Autors aus längst vergangener Zeit. Doch damit wurde klar: Selbst im Laufe eines Jahrhunderts hatte sich Wien um nichts verändert. Als ich einmal eine Passage von Stifter las, in der von einem Rundgang in den Katakomben und im Beinhaus von St. Stephan die Rede war, wollte ich sofort dorthin und die Knochenstapel sehen. Mir erging's wie Stifter. Gedämpft durch die Kellergewölbe, auf denen der Dom ruht, spürte ich von oben her, die Schwingungen der Orgel bis zu mir herab. Dabei rieselte mir ein unvergesslicher Schauer den Rücken hinunter.

Nicht selten beschäftigte sich das Feuilleton auch mit dem Theater. Dann las ich es besonders gerne. Der besondere Fanatismus der Wiener für die Bühne war offensichtlich. In keiner anderen Stadt waren die Theater derart voll, dass sich die Leute selbst auf dem Stehplatz drängten. Eines Tages war ich bei einer Bekannten zu Besuch. Feierlich kramte sie in einer kleinen Schachtel und holte etwas hervor, das sie ihr Heiligtum nannte. Tief ergriffen zeigte sie mir einen alten Holzsplitter. Es war ein Span der Bühnenbretter des alten Burgtheaters am Michaelerplatz, sie hatte ihn beim Abbruch aufgelesen. Wer weiß, in wie vielen Häusern es solche Andenken gab?

Wien faszinierte mich jeden Tag ein wenig mehr. Es wirkte auf mich wie das Bühnenbild eines großartigen Freilufttheaters. Ich wurde nicht müde, durch die Stadt zu schlendern. Denn nicht zuletzt gewann mein Wien durch seine Bauwerke an Gestalt, durch bezaubernde Blicke auf Plätze und Gärten oder auf pulsierende Geschäftsstraßen. Dort gingen die Menschen inbrünstig ihrer Beschäftigung nach.

Die Stadt schien eine einzige Bühne zu sein. Das Leben spielte sich in den Gassen ab, Menschen tummelten sich auf Straßen, in denen man sich verirren oder verlieren konnte, um sich irgendwo anders wiederzufinden. Sie führten in eine fremde, und doch vertraute Welt voll Freud und Leid, voll Erfolg und Enttäuschung, Schauplatz von Schmerz und Verzweiflung des Alltags, von Vergnügen und Gewalt … oder aber sie lockten ins Unbekannte. Trotz allem, ich fühlte mich rundum wohl.

Oft habe ich versucht, Amalia mein Gefühl von damals zu beschreiben. Vermutlich wurzelte es in einem Verhalten, das ich mir recht schnell zu eigen machte. Wie viele andere legte auch ich eine gewisse Liebenswürdigkeit und Leichtigkeit an den Tag, um das, was ringsum geschah, möglichst fern von mir zu halten: die beängstigende Wirtschaftskrise, soziale

Konflikte, die manchmal sogar blutig endeten, eine höchst fragwürdige und instabile Demokratie und ein Regime, das dem Chaos nicht Herr wurde. Ich hing an einem Wien, das sich noch von dem zerstreuen ließ, was es fast nicht mehr war. Mein Herz hing an einer Stadt, die viel zu langsam begriff, nicht mehr das zu sein, was sie früher gewesen war.

Wien, 1934

Das Dorf lag hinter uns, da pflanzte sich knapp nach dem letzten Haus ein kräftiger, bärtiger Kerl mitten auf der verschneiten Straße auf. Er war in einen langen Mantel gehüllt und machte mit der Hand eine Bewegung, die zum Halten gebot. Der Chauffeur öffnete das Seitenfenster des Automobils und der Mann näherte sich. Heftig gestikulierend erklärte er, dass wegen der eisglatten Straße an ein Weiterkommen mit dem Wagen nicht zu denken sei. Ab dort würde nun er den Gast begleiten, der Fürst habe ihn zu diesem Behufe geschickt.

Am Straßenrand stand ein eleganter Schlitten, ähnlich einer Kutsche mit geschlossener Kabine. Zwei Pferde, eingespannt in reich verziertes Geschirr, warteten darauf, das Gefährt durch den Schnee zu ziehen. Ab und zu schnaubten sie laut, und der Atem aus ihren Nüstern verdampfte in der eisigen Luft zu weißlichen Wölkchen.

Es war schon spät am Nachmittag und das Tageslicht verlor in der einsetzenden Dämmerung langsam an Farbe. Ich hatte gehofft, bereits am Ziel zu sein, doch wie sich herausstellte, handelte es sich nur um einen kurzen Halt. Unwillig stieg ich aus dem Wagen, dabei knirschte die Schneedecke laut unter meinen Schritten. Der ungemütliche Wechsel behagte mir nicht, doch zu meiner Freude überraschte der Schlitten mit einer geheizten Kabine. Wie schnell sich die Meinung ändern kann ... Eigentlich recht unterhaltsam so eine Schlittenfahrt. Während der Chauffeur sich verabschiedete, versicherte mir mein neuer Begleiter, der Hüne, dass die restliche Fahrt nicht mehr länger als zwanzig Minuten dauern würde. Ich war gut in einen dicken Pelz gepackt, meine Hände steckten in einem Muff.

Überdies wärmte mich ein kleiner gusseiserner Ofen, der von außen unter dem Kutschbock befeuert wurde. Ein Knall mit der Peitsche, schon setzte sich der Schlitten in Fahrt und glitt zwischen schwarzen Stämmen in den dunklen Wald hinein.

Eine Zeit lang ging es in Kehren bergauf, dann erreichten wir ein Plateau und bald zeichneten sich die Umrisse eines Jagdschlosses ab. Es bestand aus einem Haupthaus, neben dem sich ein spitzes Türmchen in die Höhe streckte. Von der Fassade war nicht viel zu sehen, wilder Wein mit roten, vertrockneten Blättern hatte sie fast zur Gänze verschluckt. Manche der rot-weiß-rot gestrichenen Fensterläden standen weit offen und in einigen Zimmern brannte Licht. Der Rahmen, mit dem die Natur diesen Jagdsitz umfasste, hätte nicht schöner sein können: ein klarer Wintertag in den Bergen, der langsam in der Dämmerung verschwand.

Ich war ein wenig aufgeregt ... und erst recht neugierig ob der Möglichkeit, die man mir bot: Solange ich nur wollte, durfte ich an diesem außergewöhnlichen Ort verweilen. Ohne Wenn und Aber, dachte ich ... Mein großzügiger Gastgeber war ein vornehmer, angesehener Herr, fragwürdige Überraschungen waren wohl kaum zu befürchten.

Vor dem Tor warteten zwei Dienstboten, zusammen mit dem Kutscher kümmerten sie sich um das Gepäck. Höchst nobel ... der erste Eindruck vom Inneren des Schlosses. Im gesamten Haus gab es Kassettendecken und holzvertäfelte Wände, jeder Raum war bestückt mit Rüstungen, Waffen, Trophäen und großformatigen Gemälden. Die für mich reservierten Zimmer lagen im ersten Stock: ein Salon mit angeschlossenem Schlafzimmer und einem ehrwürdigen Himmelbett, 17. Jahrhundert. Der Parkettboden knarrte ein wenig ... Wie gemütlich! Ich lächelte zufrieden vor mich hin.

Die ältere der Dienstbotinnen, eine mollige Person vom Land mit heiter verschmitztem Gesicht, schickte sich an, mir alles zu erklären. Der Salon war überheizt, sogleich legte ich ab. »Gnädige Frau«, sagte die Alte, »ich darf Ihnen jetzt das

Badezimmer zeigen? Es ist auf den neuesten Stand der Technik gebracht. Zu jeder Tageszeit gibt es fließendes Warmwasser!« Ihr Gesicht strahlte vor Stolz, als sie die Tür aufstieß und uns ein warmer Schimmer entgegenfiel.

Ich glaubte meinen Augen nicht zu trauen: Vor mir lag ein riesiges Badezimmer, über und über mit goldenen Mosaiksteinchen verfliest. Der Boden glänzte hell, auf den Wänden wucherte in rechteckigen Rahmen ein üppiges Blumendekor. Die Armaturen waren aus glänzendem Messing, das Waschbecken, die Badewanne und der Boden aus schwarzem Marmor, Vorhänge und Teppiche aus weißem Frottee mit eingewobenen Goldfäden. »Ich träume, oder? Das kann doch nicht sein«, rief ich verblüfft.

»Der gnädige Herr hat das Bad erst in den letzten beiden Wochen herrichten lassen. Bis vor ein paar Tagen sind hier noch Fliesenleger und Installateure ein- und ausgegangen. Dort in der Nische finden Sie Handtücher. Wenn Sie etwas brauchen, bin ich jederzeit für Sie da. Läuten Sie ruhig die Glocke!« Sie zeigte auf die Klingelschnur an der Wand und verabschiedete sich: »Das Abendessen ist um sieben Uhr.«

Allein in »meinen« Gemächern, zündete ich mir eine Zigarette an und sah mich um. Ich ging zum Fenster. Draußen war es dunkel geworden. Ich warf nochmals einen Blick in das Bad und schüttelte ungläubig den Kopf. Ganz offensichtlich ... alles in diesem Raum war funkelnagelneu, vor mir hatte noch niemand dieses Bad benutzt. Ich öffnete mein Gepäck, um mich für das Abendessen vorzubereiten, frischte die Schminke ein wenig auf und zog zu guter Letzt mein langes Satinkleid aus dem Koffer. Während ich mich im Spiegel betrachtete, bemerkte ich wie mucksmäuschenstill es hier war, nicht das geringste Geräusch. Ich blickte wieder aus dem Fenster. Auch draußen nur Stille, nichts außer der Weite einer bitterkalten Winternacht und dem Lichtschein der Fenster im Schnee war zu sehen.

Zur vereinbarten Zeit erschien ich im großen Salon, wo ein Tisch für zwei gedeckt war. Im offenen Kamin prasselte ein kräftiges Feuer. Es klopfte, und ein junger Dienstbote trat ein, um mir eine Nachricht zu überbringen: »Gnädige Frau, der Fürst lässt ausrichten, dass er sich leider verspäten wird. Sie mögen ruhig mit dem Essen beginnen, er bittet Sie aber, auf ihn zu warten und seine Entschuldigung zu akzeptieren.«

Als betreffe die Nachricht jemand anderen, sagte ich: »Ich denke, ich werde vorerst eine Kleinigkeit kosten, ja ... ich hab ein wenig Appetit, die Bergluft macht hungrig!«

Beflissen servierte mir das Hausmädchen Wein, einen der besten Grünen Veltliner der Wachau, natürlich aus den Starhembergschen Weingärten, wie sie erklärte. Die Gemüsesuppe lehnte ich ab, einer kleinen Portion Tafelspitz mit Kren konnte ich aber nicht widerstehen. Die Pendeluhr schlug zur halben Stunde, es war inzwischen halb neun.

Mit dem Weinglas in der Hand stand ich auf und inspizierte die Gemälde an den Wänden und die Folianten im Regal. Schließlich setzte ich mich neben den Kamin. Vor den Dienstboten ließ ich mir nichts anmerken. Was auch? Was war schon außergewöhnlich an dieser Situation? Die Idee, einige Tage in völliger Abgeschiedenheit in diesem Schloss zu verbringen, gefiel mir so oder so. Ich nahm mir vor, gleich nach dem Frühstück am nächsten Tag mit dem Lernen des Textes zu beginnen. Die Proben waren für Mitte Jänner angesetzt. Ich in der Rolle der Maria Theresia am Burgtheater! Im Lauf von nur wenigen Monaten war mein Leben ein gänzlich anderes geworden. Das Heimweh hatte mich von Kalifornien nach Europa geholt – unglaublich, als ob ich für meine Rückkehr belohnt werden sollte. Dabei war ich nur wegen eines harmlosen Films und einer Rolle am Volkstheater wieder in Wien.

»Ach, Sie!«, murmelte ich, mehr zu mir selbst als zum Dienstmädchen, das mit der Flasche in der Hand zögerlich näher kam. Ich lächelte sie besonders freundlich an, das Mädel verharrte befangen und war verwirrt. »Es ist nichts, gar nichts ... ich war nur in Gedanken versunken«, erklärte ich und zeigte auf das Glas vor mir: »Ja, bitte, noch ein wenig.«

An einem Novemberabend hatte sich Ernst nach der Vorstellung von *Weißer Flieder* als Vizekanzler ankündigen lassen und mir in meiner Garderobe seine Aufwartung gemacht.

Einen prachtvollen Strauß gelber Rosen in der Hand, überschüttete er mich mit Komplimenten und versicherte mir seine höchste Bewunderung. Ich kannte ihn von den Fotos aus den Zeitungen, stets in Uniform, immer in kriegerischer Pose, bestimmt nicht mein Fall. An jenem Abend aber, als er in einem Sakko völlig unerwartet in meiner Garderobe stand, erschien er mir sehr elegant und attraktiv, ein richtiger Feschak. Einige Wochen später trug er mir sein Jagdschloss an: zwei Stunden Autofahrt von Wien entfernt, bestens geeignet, um in Ruhe einen Text einzustudieren. Ohne lange zu zögern, hatte ich sein Angebot angenommen.

Ich rauchte eine Zigarette und trank bedächtig ein weiteres Glas Wein. Die Pendeluhr schlug halb zehn. Die Verabredung zum gemeinsamen Essen war vor mehr als zwei Stunden gewesen. Die Verspätung machte mich langsam verlegen, doch im Grund störte sie mich nicht. Nach dem Trubel im Theater genoss ich die Stille um so mehr. Als sich das Mädchen verabschiedete und die Tür hinter sich schloss, wurde es noch beschaulicher. Eine behagliche Ruhe senkte sich in den Raum, im Kamin knisterte und knackste das Holz, ab und zu prasselte es laut.

Nachdem ich eine Weile in die Flammen geschaut hatte, konnte ich das Gähnen nicht mehr unterdrücken und ich beschloss, mich zurückzuziehen. Wir würden einander ohnehin am nächsten Morgen sehen, dachte ich. Ich hatte nur wenig gegessen, aber gerade so viel getrunken, dass ich mich gut fühlte und bester Dinge war.

Oben im Zimmer verspürte ich – bereits halb entkleidet – plötzlich eine unbändige Lust, das riesige, goldglänzende Bad einzuweihen, einfach in die Wanne zu steigen und ins warme Wasser zu tauchen. Erst jetzt fiel mir auf, dass das Mosaik auf der Decke eine Laube mit blühenden Kletterpflanzen darstellte. Diese letzte Entdeckung belustigte mich sehr. Wie furchtbar übertrieben das alles war! Aber nicht übertrieben hässlich. Ich öffnete den Wasserhahn und ließ das heiße Wasser in die Wanne rauschen. Sie füllte sich schnell, und kaum halbvoll, war auch der Raum in dichten Dampf gehüllt.

Plötzlich klopfte es mehrmals an meiner Tür. Ich hörte,

wie jemand leise meinen Namen rief und drehte das Wasser ab. Hastig sprang ich aus der Wanne, schnell wickelte ich mich in ein Handtuch. Zu schnell flog die Tür auf und der Hausherr stand in einer gediegenen Landkluft und recht aufgekratzt vor mir. An seinem Blick war zu erkennen, dass er nicht mehr nüchtern war. Ohne ein Wort zu verlieren trat er ein und schwankte auf mich zu.

Ich war verstört und vor allem sprachlos vor Schreck. Er kam näher, umarmte mich und wollte mich küssen. Ich versuchte mich aus seiner Umklammerung zu winden – keine Chance. »Sofort loslassen!«, schrie ich. Doch er packte meine Handgelenke umso fester und hielt so meine Hände in Schach. Das Handtuch rutschte zu Boden, mein Gastgeber lachte vulgär, nahm mich in die Arme und hob mich hoch. Er trug mich aus dem Bad und warf mich auf das Bett. Ich stand schnell auf und brüllte ihn an: »Verlassen Sie sofort mein Zimmer!« Wieder brach er in lautes Gelächter aus und kam näher. Ich hatte plötzlich keine Angst mehr, war nur noch empört und verpasste ihm eine schallende Ohrfeige. Er stutzte, damit hatte er wohl nicht gerechnet.

Betreten stand er neben dem Bett und strich mit der Hand über die gerötete Wange. Er starrte mich kleinlaut an. Schließlich sagte er: »Gar kein so schlechter Anfang!«

Ich schlüpfte unter die Decke und zog sie wütend bis zum Kinn. Allerdings, nach ein paar Augenblicken, erschien mir alles recht komisch, wie er so dastand: Kein Fürst, eher ein begossener Pudel. Und ich spürte, wie sich der Anflug eines Lächelns in mein Gesicht verirrte.

Als ich am nächsten Morgen in diesem wuchtigen Himmelbett aufwachte, erinnerten nur ein unordentlich drapiertes Kissen und die zerwühlte Decke neben mir an die vergangene Nacht ... Wir trafen uns zum Frühstück im Salon, galant küsste Ernst mir die Hand. Wir frühstückten wortlos. Schließlich brach der Hausherr das Schweigen und fing an, sich mit allen möglichen Ausreden zu entschuldigen. Er gab zu, sich höchst ungehörig benommen zu haben, er habe zuvor in einer Waldhütte mit Freunden getrunken, er könne mich nur um Verständnis bitten. Die Hochachtung und die Bewunderung, die er für mich empfinde, hätten sich mit einem anderen, zu starken Verlangen vermischt. Wieder und wieder entschuldigte er sich, so brüsk und direkt gewesen zu sein, aber der Anblick dieser wunderschönen, nackten, in goldenen Dampf gehüllten Nora habe ihm den Verstand vernebelt. Mit einem »Niemand hätte dieser Erscheinung widerstehen können, jeder hätte den Kopf verloren« wollte er wohl seine Entschuldigung in ein Kompliment verwandeln.

Ich behielt meine Contenance, tat als wisse ich nicht, wovon er spricht, und widmete mich mit Appetit dem köstlichen Frühstück. Ohne etwas zu entgegnen strich ich mir ein Butterbrot und klockste Unmengen von Heidelbeermarmelade darauf. Schließlich schenkte ich Ernst einen gnädigen Blick.

Er entschuldigte sich noch immer: »Ich schäme mich. Wenn du willst, werfe ich mich dir zu Füßen, und bitte dich inständig um Vergebung. Allerdings ... abgesehen von meinem anmaßenden Benehmen zu Beginn scheint mir fast, dass dir die Nacht nicht missfallen hat.«

»Du irrst, ab einem gewissen Punkt habe ich mich nur aus einem Grund nicht heftiger gewehrt. Ich hatte Bedenken, mir dabei weh zu tun. Ich fürchtete deine Reaktion. Ich war drauf und dran, dir das Ohr blutig zu beißen, doch die Angst, du könntest mich verletzen und es würden sichtbare Spuren bleiben, war stärker. Ich bin Schauspielerin und muss auf mein Äußeres achten.« Ich bestrich akribisch eine weitere Scheibe Brot, dann nahm ich einen kleinen Schluck Kaffee. Für ein paar Minuten herrschte wieder Schweigen. Ernst studierte aufmerksam mein Gesicht. Vermutlich strahlte es eine innere Sicherheit aus.

Trotzdem wagte er einen weiteren Vorstoß: »Ich kann mir nur schwer vorstellen, dass du die Tatsache, wie sehr ich dich begehre, einfach ignorierst. Ich bin bereit, alles für dich zu tun. Ich begehre dich als Frau und bewundere dich als Künstlerin.« Während er sprach, bemühte er sich anhand meiner Miene die Lage auszuloten, um sich listig weiterzutasten: »Wenn ich ehrlich sein darf, du gefällst mir am Theater viel besser. Im Film wirkst du fast ein wenig steif, das ist nicht wirklich dein Metier. In deinen Bühnenrollen hingegen beseelst du die Frauen, die du darstellst, du verwandelst dich in eine andere.«

Zum ersten Mal an diesem Morgen musste ich lächeln, denn wie liebte ich es, genau das zu hören. Sieh an, mein Gastgeber war doch halbwegs intelligent und ... schlau. Ich blickte ihm tief in die Augen und sagte: »Ja, dem kann ich nicht widersprechen, das muss ich akzeptieren. Ich werde bis Mittwochmorgen bleiben. Ich möchte noch heute mit dem Rollenstudium beginnen und mich in meinem Zimmer einschließen, um ungestört zu sein. Ich darf nun um den Schlüssel bitten ... Seit gestern wissen wir ja, dass er nicht steckt.«

»*Touchè*, Nora ... du hast gewonnen!«

Es war Ernst anzusehen, dass er mit meiner Antwort bei Gott nicht einverstanden war. Ich überlegte, ob es gut täte, ihm jetzt gleich zu sagen, dass ich beileibe nicht mit seinem Benehmen vom Vorabend gerechnet hatte. Was für eine Frechheit, gleich die Bezahlung der Rechnung zu fordern! Gerade setzte ich dazu an, da wechselte er das Thema und wir sprachen von Belanglosigkeiten. Nun gut, eine passende Gelegenheit würde sicher noch kommen.

Einige Wochen darauf

Kurz bevor die Lichter erloschen, am Ende der Pause zwischen erstem und zweitem Akt des Sassmann'schen Dramas *Maria Theresia und Friedrich II.*, ging unversehens ein Raunen durch den Saal: Von Sitz zu Sitz und von Loge zu Loge geflüstert, pflanzte sich die Botschaft im Parkett und in den Rängen des Burgtheaters fort. Wie man mir später erzählte, konnte man ein paar Sekunden lang einen flüchtigen Blick auf den Vizekanzler und Heimwehrführer werfen. Er hatte mit ernstem Gesichtsausdruck in der Regierungsloge Platz genommen. Alleine, in Uniform. Dann wurde es dunkel im Saal.

Ernst war damals ein mächtiger Mann, ein populistischer Fürst, der die Zuhörer durch seine Redekunst mitzureißen verstand. Eine schillernde Persönlichkeit, der man besser mit Vorsicht begegnet, so warnten mich meine Freunde. Nicht nur die Opposition warf ihm vor, mehr Zeit in einschlägigen Etablissements des Rotlichtmilieus oder in gewissen Wohnungen in der Nähe der Kärntner Straße zu verbringen als in seinem Büro im Parlament. Als Vertreter einer der bedeutendsten Adelsfamilien Österreichs war er ein Nachkomme des gleichnamigen Fürsten, der die Türken bei der letzten Belagerung Wiens zurückgeschlagen hatte. Als Student für Hitler begeistert, hatte er recht rasch – schockiert und fassungslos – mit ihm gebrochen und sich stattdessen zum Ziel gesetzt, die Freiheit seines Landes selbst mit Waffengewalt zu verteidigen: an allen Fronten, gegen die eigenen Leute und die Gefahr von außen.

Sein Interesse an der Kunst – das begriff ich schnell – war

gering. Im Grunde hatte er nur eine Sache im Kopf: die Unabhängigkeit des Fleckchens Erde, auf das Österreich zusammengeschmolzen war. Überzeugt, das Richtige zu tun, finanzierte er seine paramilitärische Heimwehr aus dem eigenen, reichen Erbe. Bis Februar 1934 waren die Hahnenschwänzler nur in kleinere Scharmützel mit dem Republikanischen Schutzbund der Sozialisten oder mit nationalsozialistischen Gruppen verwickelt. Am 12. Februar aber, und auch in den darauffolgenden Tagen, fand sich die Heimwehr in einem regelrechten Bürgerkrieg gegen sozialistische und kommunistische Aktivisten wieder. Erst in Linz, bald darauf im Karl-Marx-Hof in Wien ließen beide Seiten die Waffen sprechen.

Ich hatte panische Angst. Die Hohe Warte war nur einen Steinwurf entfernt. Es gab hunderte Tote und schnell war der Fürst und Heimwehrführer Starhemberg um einen zweifelhaften Titel reicher: Arbeitermörder. Wenngleich die Härte, mit der der Aufstand unterdrückt wurde, nicht von ihm ausging, sondern von Emil Fey angeordnet worden war, dem Minister für die öffentliche Sicherheit. Ernst war in jenen Tagen gar nicht in Wien, sondern in Steyr. Er musste eine Munitionsfabrik sichern, sie durfte auf keinen Fall in die Hände der Aufständischen fallen. Erst viel später begriff ich, dass diese Februartage ein tragischer Wendepunkt in der Geschichte dieser jungen Republik waren.

Mehr und mehr profilierte ich mich indes als »das liebevollste Gesicht des Burgtheaters«. Als unvergesslich pries man mich in der Rolle der jungen, verträumten Maria Theresia, die auf der Reichstagversammlung in Preßburg angesichts der harten Auseinandersetzungen zwischen den versammelten Delegierten mit kaum wahrnehmbarem Schluchzen zu weinen beginnt. Mit diesen Tränen eroberte ich die Herzen der Wiener – vom Stehplatz bis zur Regierungsloge. »In der Geschichte der Emotionen die leisesten und menschlichsten überhaupt in der Sphäre der erhabenen Gefühle«, war in einem Blatt zu lesen. Wie souverän ich diese wunderbare, wehrlose Anmut verkörpern konnte, stand in einem anderen. Einige Kritiker sahen in meiner Interpretation eine mitreißende Darstellung mit viel Gespür für die Geschichte in diesen Tagen und »im weiten, strahlend pompösen Burgtheaterraum wurde es ganz still, sobald mein entrücktes Schluchzen erklang.«

Lido di Venezia, 1934

Die Hose aufgekrempelt bis zum Knie, den Kopf gesenkt, so spazierte ich barfuß am Strand vor dem Hotel Des Bains den Lido entlang. In Gedanken versunken beobachtete ich die sanfte Brandung, als mir ein junger Mann den Weg versperrte.

»Meine Hochachtung, Frau Gregor«, sagte er, dem Akzent nach war er ein Wiener. Sein Gesicht war tief gebräunt, die Haare schwarz und etwas gewellt, der Blick sympathisch, die Augen leicht mandelförmig und der Mund schön gezeichnet. Ich blieb stehen und sah ihn freundlich an. Dann sagte ich: »Entschuldigen Sie, kennen wir uns?«

Noch mitten im Satz war mir dieses Gesicht plötzlich vertraut. Eine verschwommene Erinnerung an einen, den ich ewig nicht mehr gesehen, eine Zeit lang im Kopf gehabt und dann doch aus den Augen verloren hatte, bekam langsam Gestalt.

»Doch, wir sind uns schon einmal begegnet! Allerdings ist das lange her. Ich bin Johann. Erinnern Sie sich, das Apollo Kino? Ich saß bei *Irrlichter der Tiefe* neben der Leinwand und spielte Klavier. Nach der Vorstellung sind wir alle ins Beisl ums Eck gegangen. Ich hatte das Glück, Ihnen gegenüber sitzen zu dürfen ...«

»Richtig! Aber ja, in diesem Moment fällt's mir ein ...«, rief ich freudig überrascht. Nicht ohne dabei leicht rot zu werden, denn nun erinnerte ich mich wieder genau. Während der Filmvorführung hatte ich des Öfteren einen verstohlenen Seitenblick auf das Gesicht des jungen Klavierspielers geworfen, soweit ich es im schwachen Licht des Lämpchens über dem Notenpult ausnehmen konnte. Immer wenn er bemerkte, dass ich zu ihm hinüberschaute, begann er wild zu improvisieren, die Musik hatte dann kaum noch etwas mit der Filmhandlung zu tun. Auf meinem Platz in der ersten Reihe war auch ich recht gut zu sehen – zumindest wenn der Film hell über die Leinwand flimmerte.

Nach der Vorführung im Lokal hatten sich unsere Blicke wiederum gekreuzt. Wir wechselten ein paar Worte, ab und zu sah ich ihm direkt in die Augen – und er lächelte zurück. Oder ich war im Gespräch mit den anderen vertieft und spürte plötzlich seinen Blick auf mir – dann war es an mir, zu lächeln.

»Ich bin mit dem Ballorchester hier. Gestern habe ich Sie unter den Gästen entdeckt. Heute Abend spielen wir noch einmal. Geben Sie uns die Ehre?«

Etwas abwesend schlug ich die Augen nieder. Ich schaute starr auf die Strandschuhe in meiner Hand, dann hinaus auf das weite Meer. Damals hatte ich gehofft, ihn wieder zu treffen. Aber wir waren auseinandergegangen, ohne dass er viel über sich gesprochen hatte. Nur dass er in einer Musikalienhandlung in der Kirchengasse aufgenommen worden sei und einen Musikverlag gegründet habe, erzählte er mir. »Ich werde ausschließlich in der Druckerei Nora drucken lassen«, scherzte er damals und brachte mich damit – so war es wohl gedacht – zum Lachen. Wir sind uns nicht mehr begegnet. Einige Jahre später lernte ich Mitja Nikisch kennen, ... und hatte das Gefühl, in ihm diesen Johann wiedergefunden zu haben.

»Es ist tatsächlich viel Zeit vergangen, weit mehr als zehn Jahre.«

»Ja, und der Stummfilmstar ist drauf und dran, zur besten Schauspielerin des Burgtheaters zu werden. Schade, ich werde nie wieder neben der Leinwand sitzen und für Sie spielen ...«

»Was sagen Sie da: Die beste Schauspielerin? Es gibt viel bessere als ich.«

Schweigsam standen wir uns gegenüber und blickten uns an. Dann nahm Johann meine Hand und küsste sie.

»Also, was ist? Kommen Sie heute Abend zum Tee mit Tanz?«

»Ich weiß noch nicht, ich fürchte, ich muss abreisen.«

»Haben Sie das von Dollfuß gehört? Er wurde ermordet, gestern erst. Die Nationalsozialisten ...«

»Ja. Schrecklich.«

Eine sanfte Brise strich über mein weites Sommerkleid und der Wind modellierte die Umrisse meines Körpers. Johann schielte auf mein Bäuchlein und wurde rot. Ich bemerkte seine Verlegenheit und bestätigte fröhlich:

»Ja, ich bin im sechsten Monat.«

Ich sah Johann nun ernst ins Gesicht. Johann schüttelte sich, als ob er etwas loswerden wollte. Dann erzählte er mir, wie aufgeregt er am Abend zuvor gewesen war, als er mich unter den Hotelgästen wiedererkannt hatte. Ich sei nicht allein gewesen, sondern in Gesellschaft, in sehr erlauchter Gesellschaft, wie es ihm schien, daher habe ihm der Mut gefehlt, näher zu kommen. Doch die ganze Nacht habe er nur an eines gedacht, an *Irrlichter der Tiefe*, an diese verrückten Improvisationen, an uns.

»Hat Ihnen meine Klavierbegleitung damals gefallen?«

»Ach, um ehrlich zu sein, ich erinnere mich nicht mehr«, sagte ich und hob die Hand, um mir mit dem Hemdsärmel die Nasenspitze zu reiben. »Bitte, ich möchte Sie jetzt nicht beleidigen, aber bei der Stummfilmmusik ist doch die eine wie die andere. Das alles kommt mir heute wie düsteres Mittelalter vor ...«

»Ich spiele jetzt nicht mehr Klavier, im Orchester bin ich nun der Kontrabassist.«

Wir blieben noch eine Weile still stehen und beobachteten das Anrollen und Rücklaufen des Wassers. Jeder hing den eigenen Gedanken nach. Er war verzaubert, es war nicht zu übersehen, aber auch ich war freudig überrascht und ... ja, wegen meiner Gefühle auch etwas verlegen.

»Ich muss ins Hotel ...«

»Ich hoffe, Sie wiederzusehen – ehe Sie abreisen.«

Ich ließ Johann am Strand zurück und ging langsam Richtung Hotel. Er schaute mir nach. Ab und zu drehte ich mich um und winkte. Johann bewegte sich nicht. Nur wenn die Wellen ans Ufer rollten und ihre Ausläufer seine Schuhe streiften, machte er einen ungelenken Schritt zur Seite.

Wien 1936

»Ich bin also dein Ritter Toggenburg!«, rief Baron Anton Scudier aus, nachdem er mich lange und amüsiert betrachtet hatte. Er saß mir im Café Landtmann gegenüber, noch hielt er die Zeitung in Händen, in der ein Artikel über mich erschienen war. Dann faltete er das Blatt zusammen und wiederholte, was er gerade gelesen hatte: »So, so ... Sie lebt demnach sehr still und zurückgezogen, entweder ist sie zu Hause oder sie arbeitet. Alles, was man über sie weiß, ist, dass sie zwar fabelhaft hohe Gagen bekommt, aber dennoch immer in Geldnöten ist, da sie Freunden in Not nur zu gerne hilft. Sie hat den sensationslüsternen Wienern nichts zu bieten. Weder besucht sie Nachtlokale, noch sieht man sie an anderen mondänen Orten. Nach dem Tod ihres Mannes, einem alkoholkranken Klavierspieler, ist es selbst den übelsten Klatschmäulern bislang nicht gelungen, ihr einen Liebhaber nachzuweisen. Sie macht den Eindruck einer durch und durch unnahbaren und mysteriösen Frau. Selbstverständlich hat sie jede Menge Verehrer, doch keinem gibt sie eine entscheidende Chance. Unter all jenen hat sich Baron Scudier als der beharrlichste und hartnäckigste erwiesen. Zumindest ist er der einzige, mit dem sie sich in den letzten Monaten öffentlich zeigte. Wo Nora ist, taucht auch Baron Toni auf. Doch nie gibt sie sich unduldsam. Lieber erklärt sie, wie überaus höflich und zuvorkommend der Baron ist. Sie könne ihm einfach nicht böse sein, für sie sei es inzwischen normal, dass er stundenlang vor den Geschäften wartet, wenn sie ihre Einkäufe tätigt, und er stets um sie ist.«

Der Baron hüstelte, räusperte sich und setzte fort: »Wie

wahr, hier steht: Ich sitze im Kaffeehaus immer neben dir, niemand wagt es, an dich heranzutreten, nicht einmal um nach einem Autogramm zu fragen. Nur zu gerne möchte man wissen, ob es wohl stimmt, dass ich dir derart nachstelle. Doch – brava, Nora! – niemand wird aus deiner Antwort klug. Du lächelst bloß und scherzst: ›Toni ist eben mein Ritter Toggenburg.‹«

Ich sah Toni zärtlich an und bestätigte: »Stimmt. Du weißt selbst am besten, dass man mich in der Öffentlichkeit nur mit dir sieht.«

Abseits der Bühne führte ich tatsächlich ein zurückgezogenes Leben, das Haus verließ ich meist nur, um ins Theater und zur Arbeit zu gehen. Lediglich für die Einladungen bei Alma machte ich eine Ausnahme. Ich fühlte mich in der Steinfeldgasse wohl, unter meinesgleichen, in Gesellschaft der Kollegen von Oper und Burg. Über meine geheime Verbindung mit Ernst war schon so manches durchgesickert; teils Wahres, teils Unwahres. In meinem engeren Bekanntenkreis munkelte man, ich sei in ein Hörigkeitsverhältnis zu ihm geraten.

Alma bemühte sich, mir andere Kavaliere aus bester Gesellschaft zuzuführen. Fürst Starhemberg gehörte – wie soll ich es sagen – nicht unbedingt zu ihrem engsten Favoritenkreis. Viele beteten mich an, doch kaum jemand verstand mich. Die meisten fühlten sich enttäuscht und an der Nase herumgeführt. Fast alle meiner unzähligen Verehrer und Förderer rätselten, warum sich eine freie Frau, die ihren festen Platz in der Theaterwelt gefunden hat, an einen Mann kettet, der so weit abseits der Kunst steht, ... mehr noch ... dessen Persönlichkeit unvereinbar mit dem Feingefühl einer Schauspielerin ist.

Baron Toni Scudier war eine vornehme Erscheinung, nicht gerade schön, aber sympathisch und stets elegant gekleidet. Er rauchte und trank in Maßen, alles was er tat, hatte Stil. Nichts deutete auf einen großen Verführer hin, stattdessen strahlte er Respekt und Vertrauen aus. Kurzum, er war ein Aristokrat im besten Sinne, Mitte Fünfzig, unterhaltsam, leicht ironisch, ein feiner Herr.

»Ritter Toggenburg, welch exklusives Privileg! Wahrscheinlich bin ich der meist beneidete Mann von Wien«, scherzte Toni. Er spielte seine Rolle perfekt. Schein und Sein vermischten sich in seiner Person auf geheimnisvolle Art. Er genoss meine Gesellschaft wie ein treuer Gefährte, stets korrekt und immer zu meinen Diensten. Ein tief Ergebener, dem es genügte, mir behilflich zu sein, der niemals aufbegehrte ... weil er nicht durfte, nicht konnte, nicht wollte.

Ich nippte an meiner Melange. Baron Scudier hob sein Glas Cognac und prostete mir zu: »Ich trinke auf den Schein! Die wievielte Vorstellung dieser Komödie geben wir beide nun schon? Der eben noch mit Regierung und Politik so schwer beschäftigte Ernst sollte nun mehr an sich selber denken und endlich eine Entscheidung treffen ...«

»Glaubst du?«

»Ich bin sogar überzeugt davon.«

»Seine Frau wird Schwierigkeiten machen«, wandte ich ein.

»Ich denke nicht. Sie ist eine sehr nachgiebige Person und hat sich den Wünschen von Ernst stets gebeugt.«

»Und sie weiß von uns beiden.«

»Aber sicher, nur zu gut. Doch glaub mir, sie wird sich nichts anmerken lassen. Die größeren Sorgen bereiten mir die Launen von Ernst, seine Stimmungen ... Ich kann's verstehen, so wie Schuschnigg mit ihm umspringt.«

»Toni, *ich* verstehe nicht, was momentan vor sich geht. Diese Instabilität, diese Ungewissheit, diese ständige Unsicherheit, die einen allerorts umgibt. Um die Wahrheit zu sagen, ich habe mich nie wirklich dafür interessiert, was Ernst macht.«

»Liebe Nora, das ist doch nicht schwer zu begreifen. Ich glaube nicht, dass ich mich irre: Wir erleben derzeit den langsamen Epilog einer Agonie. Schau mich nicht so ungläubig an ... oh, ich merke schon, ich muss etwas klarer werden. Nun gut, ich werde versuchen, dir zu erklären, wie ich es sehe. Ich betone, es ist meine Sicht der Dinge, aber ich denke, sie ist leidlich objektiv. Ich kenne Ernst schon seit einer Ewigkeit, du weißt, wir sind beste Freunde, trotz unterschiedlicher Vorlieben und Zeitvertreibe. Uns verbindet die Tatsache, dass wir beide an diesen letzten Rest Österreichs glauben. Aber wenn ich ehrlich sein soll, dann kann ich meinem vor kurzem verstorbenen Freund Karl Kraus nur Recht geben, wenn er Wien eine ›Wetterwarte vom Ende der Welt‹ nannte. Mehr noch, mir scheint, dass sich die Stadt zunehmend von einer Wetterwarte in eine Ambulanz der Katastrophe verwandelt hat, seit diese Mittelmäßigkeit an der Macht ist. Die Fakten sprechen für sich. Schau dir dieses Wien doch an: Zwei Drittel rote Wähler … und zugleich die allzu große Hauptstadt einer allzu kleinen alpenländischen Republik, die von katholischen Faschisten beherrscht wird. Ohne starke Persönlichkeiten, ohne Menschen mit Charisma. Erinnere dich an den ach so jovialen Dollfuß! Mit nur einer Stimme Mehrheit im Parlament hat er sich gehalten. Bis er die Demokratie endgültig abgeschafft hat. Dabei war er felsenfest davon überzeugt, das einzig Richtige für sein Land zu tun! Nun, vielleicht war's wirklich gut, dem flegelhaften Benehmen der Abgeordneten ein Ende zu setzen. Wenn einmal die Tintenfässer durchs Hohe Haus fliegen … Vielleicht war's nicht verkehrt, das Parlament zu schließen. Zwar gibt es nun keine Parteien mehr, aber wenigstens sind auch die Nazis damit endgültig aus der Politik ausgeschlossen. Ich weiß noch genau, wie alles begonnen hat. Anfang der Dreißiger … eine permanente politische Instabilität. Starke Sozialdemokraten von links, aufkommende Nationalsozialisten von rechts. Von beiden Seiten eine ständige Bedrohung unserer Selbständigkeit und unserer kulturellen Identität. Am Anfang war Dollfuß durchaus bereit, mit den Roten zu kollaborieren, aber am Ende gab's kein Verhandeln mehr. Denn die Opposition bewies nur, dass ihr der Sinn für die Wirklichkeit fehlte. Dollfuß erkannte ihre beängstigende Beschränktheit recht schnell. Außer mit einer Diktatur des Proletariats zu drohen und Großdeutschland zu propagieren, kam von den Roten nichts.«

Toni war nun nicht mehr zu bremsen. Seine Wangen hatten Farbe bekommen. Heftig gestikulierend erklärte er, dass

»unser seliger Engelbert« selbstredend auch die Nazis gebührend verachtet hatte. Ihre Anschlusspläne waren ihm tief in der Seele zuwider. Darüber war er sich »mit meinem Ernst« so sagte er, mit seinem treuen Vizekanzler, einig gewesen. Ich wagte Toni zu unterbrechen: »Aber gerade deswegen war Dollfuß doch auch recht beliebt ... Oder täusche ich mich da?«

»Zweifellos, Nora, bei vielen war er sehr beliebt«, erwiderte Toni und schien fast verwundert über meine Bemerkung. »Die Regierung jener Jahre war selbst von Leuten wie dem kritischen Kraus nicht ungern gesehen. Es ist ein Jammer, auch Karl Kraus ist nicht mehr. Er war ja zunächst für die Roten, doch dann stellte er sich gegen sie und unterstützte Dollfuß, wo es nur ging. Aus purer Überzeugung. Mit den Nazis hatte Kraus natürlich nichts am Hut. Schon nach den ersten Propagandaschriften hatte er kein Hehl aus seinem abgrundtiefen Hass gemacht. Er hatte Hitler von Anfang an richtig verstanden. Dessen Wortwahl in den frühen Dreißigern ließ für ihn keinen Zweifel offen. Was für ein Wien, in dem ein Karl Kraus Tränen vergoss, wenn er an die Ermordung seines Kanzlers dachte! Kaum zu glauben, aber verständlich. Er sah in ihm eine Ultima Ratio, die österreichische Identität und die Unabhängigkeit des Landes zu behaupten. Die Situation schien damals ausweglos, unser kirchenhöriger Ständestaat ist aus einer Notwendigkeit heraus entstanden. Das ist uns allen klar. Aber vielleicht gelingt diesem bizarren Faschismus tatsächlich, was die Demokratie nicht mehr garantieren konnte: das Überleben des Landes zu sichern.«

Ich hatte aufmerksam zugehört und manchmal genickt.

»Ja, Nora, das ist leider die bittere Wahrheit«, fuhr Toni fort. »Was jetzt vor sich geht, ist der perfekte Beweis dafür. Ich habe nur eine einzige Hoffnung: Die Geschichte hat immer wieder gezeigt, dass das Beste aus jeder Zivilisation am Ende überlebt. Vielleicht bin ich ein Idealist. Aber es scheint mir unmöglich, dass unsere österreichische Hochkultur untergehen kann. Sie ist so einzigartig. So wie Mozart, meine liebe Nora, immer der Größte war und weiterhin sein wird ... trotz des ohrenbetäubenden Gekreisches, das man heute in den Konzertsälen hört.«

Toni redete und redete ... Der Kellner näherte sich unschlüssig und fragte letztlich doch, ob wir noch Wünsche hätten. Ich schüttelte den Kopf, ohne den Blick von Toni zu wenden. Doch anstatt weiter zu sprechen, ließ er sich die Rechnung geben.

»Toni, ich bewundere dich«, sagte ich schließlich und fügte hinzu: »Mir ist das Ganze noch nicht klar, aber eines weiß ich gewiss: Die Melange unserer österreichischen Kultur wird am Ende triumphieren, dessen bin ich mir sicher. Ich will es.«

Ich stand auf und Toni half mir in den Mantel.

»Ich muss ins Akademietheater ... Proben. Frühstücken wir morgen gemeinsam? Übrigens, Melange ... Ich habe dir noch nie von Görz erzählt. Ich kann mir vorstellen, es würde dich interessieren.«

»Aber sicher. Gehen wir zu Fuß? Ich begleite dich. Ist es dir recht?«

»Ich fühle mich geehrt, mein Ritter Toggenburg«, antwortete ich und verneigte mich galant.

»Ja, ja, leider nur ein Ritter Toggenburg«, entgegnete Toni lächelnd und bot mir seinen Arm.

Görz/Lido di Venezia, 1936

Ich läutete mit Nachdruck ein zweites Mal. Endlich öffnete sich die Tür und meine Mutter stand vor mir. Sie freute sich sehr mich zu sehen und rief herzlich: »Nora!«

»Da bin ich!«, erwiderte ich und breitete die Arme aus. Nach vielen Küssen auf die Wangen hielten wir einander lange und zärtlich fest.

»Wie gut du riechst!« Gerührt vergrub sie ihr Gesicht zwischen dem Fuchskragen meines grauen Mantels und meinen Haaren. Dann entschuldigte sie sich dafür, dass sie nicht gleich aufgemacht hatte. Sie habe den ganzen Nachmittag auf mich gewartet, irgendwann sei sie dann eingeschlafen. Erst durch das Klingeln sei sie munter geworden, aber dann konnte sie ihre Pantoffeln nicht gleich finden.

Ich musste lachen. »Aber Mama, das ist doch kein Problem. Zeig mir lieber wie du dich eingerichtet hast. Aber lass die Tür offen, mein Gepäck wird gleich kommen.«

Die Wohnung befand sich im zweiten Stock eines schlichten, eleganten Gebäudes am Corso. Nach all diesen Jahren war meine Mutter tatsächlich nach Görz zurückgekehrt. Sie nahm mich wie als kleines Mädchen an der Hand und zeigte mir Zimmer für Zimmer. Der Wohnsalon ging zur Straße und die vorbeifahrende Tram war nicht zu überhören. Vom Schlafzimmer im hinteren Teil der Wohnung konnte man die Burg auf dem Hügel sehen. Ich solle nur genau schauen, sagte meine Mutter, alles sei wieder aufgebaut. »Morgen möchte ich mit dir dort hinauf.«

Zu gerne hätte auch ich wieder einmal auf Castagnevizza, die Berge und den Wald von Tarnova geschaut. Aber ich musste gleich früh am nächsten Tag weiter, der direkte Zug nach Venedig war bequemer. Es tat mir leid, doch man erwartete mich am Lido, und ich konnte unmöglich verschieben.

»Also gut, dann eben das nächste Mal«, schlug Mama vor.

Wir setzten uns auf das Sofa. Sie nahm meine Hände in die ihren und drückte sie fest. Sie wollte alles wissen. »Du schreibst ja nie – außer ab und zu eine Ansichtskarte. Ich weiß gar nichts über dich. Bist du glücklich? Ja. Du musst es sein. Du hast doch alles erreicht. Genau, wie du es dir vorgenommen hast. Nora, nun sag!«

Ich lächelte und zuckte mit den Schultern. »Ich weiß nicht«, antwortete ich schließlich.

»Was hältst du davon, wenn ich uns einen Tee mache? Warte kurz auf mich!«

Ich blieb im Salon zurück und sah mich um. Da waren die Möbel aus meiner Kindheit, ich erinnerte mich noch genau. Nicht nur Möbel, auch Bilder, Drucke, eingerahmte Fotos. Alles war wie früher, nur etwas anders verteilt. Ich hatte nie wirkliches Heimweh nach Görz gehabt. Ich war erst fünfzehn als wir weggingen. Graz, Wien, Berlin! In meiner Erinnerung war Görz dagegen zu einer winzigen Stadt geschrumpft. Selbst die Nachricht von den Bombardierungen und die Bilder der Trümmerhaufen nach dem Krieg hatten mich nicht betroffen gemacht. Unsere Familie war in Graz in Sicherheit gewesen und vor meinem inneren Auge hatte ich damals bloß die Plätze, Parkanlagen, Straßen und Winkel Wiens gesehen.

Und jetzt ... zurück in Görz ... Ein seltsames Gefühl. Fast zwanzig Jahre war der Krieg schon vorbei, mit dem Wiederaufbau war man gut vorangekommen. Keine Spur der Verwüstung mehr, davon hatte ich mich auf der Fahrt von der Südbahnstation in den Corso Verdi überzeugen können. Ab und zu waren mir auch moderne Gebäude jüngerer Herkunft aufgefallen, die ich nicht kannte. Es gab wieder viele Gärten und öffentliche Parks. Auch die Gassen waren dieselben, mit dem Pflaster von damals. Selbst die Menschen in den Straßen hatten sich kaum verändert, immer noch die gleichen Gesichter, eine Mischung aus slawischen, friulanischen und italienischen Zügen. So gut wie niemand aus der alten deutschen Gemeinschaft war zurückgekommen, meine Mutter stellte eine Ausnahme dar. Ihr hatte Görz immer gefallen, sie mochte die milden Winter und die Temperaturen erschienen ihr wie allen Österreichern schlicht ideal.

Genau diesem Klima hatte Görz einst den Ruf eines mondänen Kurorts zu verdanken, eines Platzes, an dem es sich gut überwintern ließ. Seit Mitte des vorigen Jahrhunderts wurde es sogar das »Nizza Österreichs« genannt. Das Görz des Kaisers Franz Joseph hatte sich später in das Görz Mussolinis verwandelt. Dieselben Plätze, und doch ein anderer Ort. Mir war beides fremd geblieben, auch wenn ich hier aufgewachsen war und meine Mädchenjahre in Görz verbracht hatte. Die ersten Auftritte auf der kleinen Bühne der Schwestern der Nôtre Dame, die Jahrmärkte ... und dann, als ich älter wurde, die jungen Offiziere, all diese Erinnerungen huschten durch meinen Kopf. Die jungen Herren patrouillierten damals vor unserem Haus hin und her und hofften einen Blick auf mich zu erhaschen. Wir wohnten im Erdgeschoß und mehr als einmal rief mir meine kleine Schwester zu: »Nora, beeil dich, da sind sie wieder!« Und erst Papa, ein strenger Vater mit mürrischem Gesicht, stets auf der Hut, um die Zettelchen mit den heimlichen Liebesschwüren abzufangen. Bis heute geniere ich mich dafür.

Das Klappern und Klirren der Tassen und Löffel, mit denen Mama in der Küche hantierte, riss mich aus meinen Gedanken. Das Gefühl, das ich für meine Mutter empfand, war schwer zu beschreiben. Ihre Entscheidung, nach Görz zurückzukommen, um hier allein zu leben, vermengte Zartes und Zerbrechliches mit Bestimmtem. Nach Görz! In mir löste die Idee einer Rückkehr in diese kleine, so weit an den Rand meines Lebens gerückte Stadt bloß Panik aus. Für mich wäre es ein Sturz ins Nichts gewesen. Doch Mama hatte eben ihren Dickkopf, sie besaß noch immer dieselbe Wohnung und in dieser und keiner anderen wollte sie bleiben – allein, weit weg von ihren anderen drei Kindern, die sich in Graz und Wien gut eingelebt hatten.

Mama war eine schmächtige, etwas anfällige Frau, fast

schwächlich, nicht mehr die Jüngste, aber mit festem Willen und stets elegant. Sie drückte sich gewählt aus, wenngleich ihre Stimme etwas rauh klang. Sie rauchte sicher zu viel. Als die Dienstmänner mit meinem Gepäck kamen, sorgten sie für ein kurzes Wirrwarr. Doch schließlich kehrte Ruhe ein und wir machten es uns wieder im Salon gemütlich und nahmen eine Tasse Tee.

»Erzähl mir vom kleinen Heini!«

»Ach, dem geht's gut. Du solltest sehen, wie hübsch er ist, und dabei so ein braver Bub. Ich habe ihn ein paar Tage allein bei seinem Kindermädchen gelassen, ich kann ganz beruhigt sein, sie ist eine tüchtige Person, ich vertraue ihr. Du weißt, meine Situation ist etwas heikel.«

»Und sein Vater?«, fragte sie mit Fingerspitzengefühl.

»Ach, er ist viel unterwegs, oft in Italien bei Mussolini. Ständige Verpflichtungen ... politische, gesellschaftliche, familiäre ... Und noch mehr Heimlichkeiten. Bitte Mama, ich möchte nicht darüber sprechen. Aber mach dir keine Sorgen. Bald wird sich alles lösen, es muss sich lösen. Übrigens, bekommst du hier überhaupt mit, was in deiner alten Hauptstadt passiert? Die Lage wird immer befremdlicher und undurchschaubarer. Auf offener Straße werden Menschen erschossen. Geschäfte werden überfallen, Schaufenster eingeschlagen. Wenigstens in meiner Umgebung scheint die Welt noch heil zu sein und am Burgtheater herrscht immer die gleiche, angenehme Atmosphäre. Ich bin zuversichtlich, es wird bald ruhiger, es werden bald bessere Jahre kommen. Also, kein Grund zur Sorge. Aber erzähl von dir, wie gefällt es dir hier? Ich hätte es lieber gesehen, wenn du in Graz geblieben wärst. Wir könnten uns dann öfter treffen.«

»Nora, mir geht es hier gut, ich fühle mich wohl in diesem ruhigen Städtchen. Auch wenn die Italiener alles vereinheitlicht haben. Schade, kein Slowenisch und kein Friulanisch mehr, von Deutsch will ich erst gar nicht reden. Ich finde, die Politiker übertreiben ein wenig. An den Schulen unterrichten Lehrer aus dem Süden, die keine Ahnung von der Geschichte dieses Landstrichs haben. Und in den Gemeinden fängt man an, die Familiennamen zu italianisieren. Manchmal wird nur die Schlusssilbe geändert, manchmal wird auch der ganze Name übersetzt. Weißt du, wie sich der alte Baumgarten nun nennt?«

»Nein, wie?«

»Alberini! Deprimierend, wie man einen so schönen Name derart verschandeln kann. Dabei ist das kein Einzelfall. Was soll's. Wer deutsch kann, findet es lächerlich. Aber sonst geht es mir gut. Es ist mir gelungen, ein paar alte Freundschaften aufzufrischen. Bekannte hatte ich vor dem Krieg ja genug, nicht zuletzt wegen des Geschäfts von Papa in der Via Rastello. Erinnerst du dich? Es war auf Nummer 3, quasi noch unten auf dem Hauptplatz. Es ist ziemlich gut gegangen. Wir führten Waterbury! Alle haben bei uns gekauft, nicht nur die Görzer. Unsere Kunden kamen aus dem gesamten Umland, aus dem Collio, aus dem Wippachtal und aus dem Karst. Auch Taschenuhren aus Nickel von Remontoir mit einer Dreijahresgarantie hatten wir im Programm. Wahre Prachtstücke waren das, unempfindlich gegen Temperaturschwankungen und obendrein wasserdicht. Sie waren unverwüstlich und gingen exakt.«

»Wenn du es sagst. Wirklich gut kann ich mich nur an die magischen Laternen mit den Glasbildern erinnern. Die waren schön!«

»Stimmt, sie waren sehr schön, aber Gott sei Dank war dein Vater in erster Linie Juwelier. Im Sommer hatten wir sogar eine Filiale in Grado. Die bessere Gesellschaft aus Wien war vor dem Krieg ein zahlungskräftiges Publikum. Ihr Kinder habt das Meer so sehr geliebt, dass wir oft tagelang nicht nach Görz zurück, sondern in Grado geblieben sind.«

»Wem sagst du das! Das war eine wunderbare Zeit. Papa stand im Geschäft und du warst bei uns am Strand. Wir hatten ein Zelt in der ersten Reihe und durften von morgens bis abends im Sand und im Wasser herumtollen. Ich weiß noch wie unleidig Papa an den Abenden war. In der Villa Reale gab es kein Lesezimmer und Papa konnte sich nach Ladenschluss nirgends zurückziehen. Bei Schönwetter hatten wir Glück, dann setzte sich Papa auf die große Terrasse vor unser Zimmer. War das Wetter aber schlecht, mussten wir mucksmäuschenstill sein oder trotz Regens Abendspaziergänge auf dem Damm bis zum Fortino machen, nur damit Papa in Ruhe die Zeitung studieren konnte ... Wie ich sehe, hast du noch den alten Bücherschrank von Papa«, sagte ich und deutete auf eine große, verglaste Vitrine. Ich stellte die Schale auf den Tisch, stand auf und öffnete die Flügel des Schranks. Er war randvoll mit alten Büchern.

»Sind sie tatsächlich noch vollständig?«

»Ja, Papa hat sie alle nach Klagenfurt und dann weiter nach Graz mitgenommen. Du weißt ja, er war ein begeisterter Sammler und versäumte kaum eine Messe für alte Bücher. Mit der Zeit war es ihm gelungen, fast sämtliche Druckwerke, die in Görz seit dem 18. Jahrhundert verlegt worden waren, zusammenzutragen. Unter uns Nora, ich habe die Ausführungen deines Vaters immer furchtbar langweilig gefunden. Denn hatten wir Gäste, so ließ er es sich nicht nehmen, Buch für Buch seiner Sammlung zu zeigen und die Hintergründe zu erklären. Unermüdlich betonte er, dass in unserem kleinen, entlegenen Görz in ein und derselben Druckerei Mitte des achtzehnten Jahrhunderts Bücher auf Latein, Italienisch, Deutsch, Friulanisch und manchmal auch in der Krainer Mundart, also auf Slowenisch, gedruckt worden sind.«

Ich strich mit den Fingerkuppen über die tadellos geordneten Buchrücken. .»Richtig, selbst ich erinnere mich, dass Papa oft einige Exemplare voller Stolz aus dem Regal genommen hat. Waren es nicht diese?«

Neugierig zog ich ein Buch nach dem anderen so weit heraus, dass ich Umschlag und Titelseite erkennen konnte. Nach mehr als zwanzig Jahren fand ich die Sammlung meines Vaters keineswegs langweilig, ganz im Gegenteil, es handelte sich um einzigartige Raritäten. Da ein Werk von Casanova! Dort Gedichte und Lehrbücher auf Deutsch und ein Teil der *Abderiten* von Wieland, der Prozess um des Esels Schatten. Allesamt zur Zeit Maria Theresias in Görz verlegt. Eine lateinische Abhandlung über das lokale Klima, Biographien von allen österreichisch-friulanischen Schriftstellern der letzten zweihundert Jahre. Unglaublich, sogar Vergils Äneis ins Friulanische übersetzt. Manche Adelige und hohe

Kirchenherren schrieben tatsächlich auch auf Friulanisch.

Ich schob die Bücher wieder in das Regal zurück, griff stattdessen zu einem reich verzierten Heft mit einem langen Titel und las ihn laut vor: »*Raccolta di composizioni e di poesie italiane, francesi, friulane, tedesche, cragnoline, inglesi, greche ed ebraiche*, gedruckt bei Tommasini 1779. Schließlich entdeckte ich, höchst verwundert, ein großformatiges Buch von Erzherzog Ludwig Salvator aus dem Jahr 1915, zwar in Prag gedruckt, aber in Görz entstanden: *Zärtlichkeitsausdrücke und Koseworte in der friulanischen Sprache.*

»Welch Sammelsurium an gefühlvollen Begriffen! In allen drei Sprachen!«, rief ich erstaunt.

»Nimm es ruhig mit und lies dem kleinen Heini daraus vor«, sagte Mama.

»Darf ich? Bist du sicher? Ich dank dir.«

»Dein Vater war vor dem Krieg ein begeisterter Görzer. Er hat sehr gerne hier gelebt: in einer richtigen Vielvölkerstadt, in der südlichsten aller deutschen Städte. ›Seit vierhundert Jahren Österreich!‹, rief er oft und betonte im selben Atemzug, wie einmalig Görz sei. Natürlich gab es noch andere multikulturelle Städte, Tschernowitz oder Fiume zum Beispiel. Aber nirgendwo anders als in der Hauptstadt der Grafschaft Görz lebten Slawen, Deutsche und Italiener seit Jahrhunderten zusammen. Die Österreicher haben inzwischen schon vergessen, wie es war, die Italiener haben es nie gewusst.«

»Mama, wir sollten uns ausführlich und in Ruhe unterhalten. Weißt du was? Heute Abend gehen wir aus! Du und ich! Ich lade dich zum Abendessen ein. Der Tivoli, existiert er noch?«

»Ja, schon, aber der liegt außerhalb der Stadt. Ziemlich weit von hier.«

»Lass das nur meine Sorge sein, dann nehmen wir eben ein Taxi.«

Ein kurzer Artikel auf der zweiten Seite eines Görzer Blattes hatte die Nachricht von meinem Besuch in der Stadt verbreitet. »Die aus Görz stammende, jenseits der Alpen gefeierte Bühnen- und Filmschauspielerin wurde in Begleitung ihrer betagten Mutter auf dem Ex-Tivoli gesehen. Die Mutter lebt nach wie vor in Görz, die berühmte Tochter ist aus Wien gekommen und weilte kurz zu Besuch bei ihr ...«

Ich las den Ausschnitt einige Wochen später, Mama hatte ihn mir, versehen mit ein paar humorigen Bemerkungen, geschickt. Während unseres gemeinsamen Nachtmahls in Görz hatte ich meine Mutter von einer anderen Seite kennengelernt. Ich sah sie in einem völlig anderen Licht. Meine Gefühle ihr gegenüber waren plötzlich viel intensiver und ... anders.

Zum ersten Mal hielt ich meine Mutter für eine starke, unabhängige Frau, eine Persönlichkeit, die ihr Leben meisterte, mit eigenständigen Gewohnheiten, Vorlieben und mit Entscheidungen, die sie nur für sich traf. Bis zu diesem Abend hatte ich es nie so empfunden, sie war bloß »die Mama«, etwas langweilig, in einer bemitleidenswerten Situation, einsam und weit weg von ihren Kindern. Ich hatte sie nie zu Gesellschaften mitgenommen und über lange Zeit nicht besucht. Hie und da war sie nach Wien gekommen, aber zu mehr als zu flüchtigen Begegnungen hatte es nie gereicht. Dachte ich an meine Mutter, so schwang bei diesem Gedanken stets eine gewisse Traurigkeit mit, zu weit entfernt, nicht völlig aus dem Gedächtnis gestrichen, aber auch nicht präsent, ein unscharfes Empfinden.

Nach diesem Abend im Restaurant war mir, als hätte ich eine völlig andere Mutter. Wir hatten uns gut unterhalten, die Vergangenheit heraufbeschworen, gemeinsam über sie gelacht und über ehemalige Bekannte gesprochen. Ganz gegen mein sonstiges Verhalten, hatte ich ihr Frage um Frage gestellt. »Was machst du die ganze Zeit? Was ist dein Lieblingsessen? Gehst du ins Kino, ins Theater? Mit wem? Bist du nie niedergeschlagen? Von mir wollte ich nur wenig preisgeben, sie fühlte das und bedrängte mich nicht.

Wir tranken Wein und nach dem Essen rauchten wir eine Zigarette nach der anderen. Ich hatte das Gefühl, dass sie sich sehr wohl fühlte. Wieder und wieder erklärte sie mir, wie unabhängig, wie frei sie sei. In der Stadt hatte sie einige

Kontakte auffrischen können, mehrmals die Woche spielte sie Bridge, und ins Theater Verdi ging sie in netter Begleitung, entweder um sich einen Klassiker anzusehen oder ein Konzert zu hören. Bei kleinen Spaziergängen auf dem Corso schnappte sie im Schatten der alten Platanen frische Luft – wie es gerade passte, allein oder mit einer Freundin. Meine jüngere Schwester Teodolinde kam häufig von Graz nach Görz, und meine Mutter fuhr mit der Eisenbahn auf Gegenbesuch zu ihr und blieb dann für ein paar Tage. Auch Norbert kam des Öfteren aus Wien. Nur meinen kleinen Bruder Karl sah sie selten.

An diesem Abend saß ich ihr einige Stunden gegenüber und las aus den Falten ihres Gesichts. Ihr Blick war lebhaft und fröhlich, sie strahlte vor Geist und Witz. Ich sah ihr nicht im Geringsten ähnlich. Ich war ganz nach meinem Vater geraten. Wir vermieden es, über Papa zu sprechen, außer es ging um das Geschäft in der Via Rastello. Ich wollte sie nicht unnötig traurig machen. Auch meine Mutter wich dem heiklen Thema aus und erwähnte mit keinem Wort die anstrengende Reise zu meinem Debüt nach Wien ... und wie sehr ich darauf bestanden hatte.

Ich grübelte darüber, wie unterschiedlich meine Mutter und ich waren ... Und wie unterschiedlich das Leben, das wir jeweils führten. Dennoch erlaubte ich mir kein Urteil über sie, sondern nahm sie so, wie sie war. Schon am nächsten Tag, im Zug nach Venedig, plagten mich leise Zweifel, ob ich ihr nicht nachgeben und noch einen Tag in Görz hätte bleiben sollen. Ich musste mir eingestehen, dass ich meine Mutter bis zu diesem gemeinsamen Abend nicht wirklich gekannt hatte. Trotz der Entfernung, die uns nach wie vor trennen würde, war die Verbindung zwischen uns nun viel inniger als zuvor. Ich genoss dieses neue, unbekannte Gefühl, es stimmte mich innerlich froh.

In den folgenden Tagen am Lido dachte ich in den wenigen arbeitsfreien Stunden immer wieder über meine neuen Empfindungen nach. Das Schöne, Zwanglose an der Beziehung zu meiner Mutter war, dass wir uns gegenseitig nicht verpflichtet fühlten. Keine schrieb der anderen vor, wie sie ihr Leben zu gestalten hatte. Gleichzeitig spürte ich aber auch etwas Beklemmendes. Die Vorstellung, das Leben meiner Mutter zu führen – allein, in der tiefsten Provinz, alt werden ohne ein Ziel vor Augen, keine Aufgabe und keinen Plan zu haben – bedrückte mich sehr. Einfach vor sich hinzuleben, die Dinge gottergeben hinzunehmen, als könne es nicht anders sein.

Wie konträr dazu war mein Leben. Ich, Nora Gregor, würde schon in der folgenden Woche in Wien mit den Proben zu Shakespeares *Romeo und Julia* beginnen. Für mich wäre ein Alltag ohne Aufgaben, Verpflichtungen, Selbstbestätigung, Anerkennung und ständigen Herausforderungen – mit nur kleinen Unterbrechungen zwischen den einzelnen Rollen – unvorstellbar gewesen. Wieder dachte ich an die Zukunft meiner Mutter und gleichzeitig an meine Arbeit, und war mir sicher, dass ich auf meine Art leben wollte. Um nichts auf der Welt hätte ich darauf verzichten können.

Wien, 1936

Man sah uns häufig zusammen in der Innenstadt. Entweder waren wir zu Fuß auf dem Weg in diverse Geschäfte oder wir fuhren mit dem Taxi am Kohlmarkt, am Graben und in der Wollzeile vor. Toni holte mich zu Hause ab und einige Stunden später brachte er mich wieder zurück. In der Kärntner Straße 10 im »Salon für Kinder- und Damentoiletten« der Berta Farnhammer gab es eine Ecke mit Fauteuils, wo der Baron in Ruhe Zeitung lesen oder rauchen konnte, während ich gustierte, probierte und ich weiß nicht wie oft meine Meinung änderte.

Baron Scudier war auf seine Art wirklich perfekt. Es gab keine Situation, in der er sich nicht sofort zurechtfand, so schien es jedenfalls ... auch während der unendlichen Wartezeiten in den Geschäften. Ab und zu wagte eine der Verkäuferinnen, mich um ein Autogramm zu bitten. Verstohlen musterte sie mich dann aus der Nähe, nicht ohne mir devot zu versichern, dass ich, die berühmte Schauspielerin, wirklich »so schön sei, wie man sagt«. Nach unseren Einkaufstouren beehrten wir manchmal den Demel, meine Lieblingskonditorei.

»Urbis conditor!« rief Toni. Wie jedes Mal, wenn wir über die Schwelle traten. Er fand das Wortspiel stets aufs Neue originell. Nur gebildete Wiener, wie er, der lateinischen Sprache kundig, verstanden es. Natürlich war Demel nicht der Gründer der Stadt, sondern nur der Konditor der Stadt ... und zwar *der* Konditor der Stadt. Als ehemaliger k.u.k. Hofzuckerbäcker der Extraklasse war der Demel eine Institution, die auch die Monarchie überlebt hatte und weiterhin mit ihrem Angebot glänzte.

Auch ich pflegte ein Ritual. Ich stand meist lang und unschlüssig vor den Vitrinen und staunte über die enorme Vielfalt an Mehlspeisen, Törtchen und Petit-four. Wie immer beendete ich die Qual der Wahl, indem ich doch wieder eine Nusstorte mit Schlag bestellte.

Wir nahmen an einem der kleinen Tische Platz. Während wir auf die Bedienung warteten, fiel mein Blick auf das Artaria-Haus gegenüber und ich bemerkte, dass so ein Anklang moderner Architektur der Häuserzeile des Kohlmarkts recht gut stand. Toni wusste sofort zu erzählen: Am Morgen nach der Einweihung des Hauses machten die Leute am Kohlmarkt Halt und starrten belustigt auf die beiden großen Figuren hoch oben auf dem Sims. In der Nacht war ein Spaßvogel hinaufgeklettert – die Leiter musste ziemlich lang gewesen sein – und hatte den Unterleib von Adam und Eva mit zwei riesigen roten Unterhosen verhängt. Dabei zeigte weder Adam noch Eva das Geschlecht. Der Besitzer ließ die Hosen den ganzen Tag über hängen, ihm war's nur recht, denn die Gaffer bewunderten nicht nur das Haus, sondern warfen auch einen Blick in das Schaufenster des neuen Geschäfts. »Eine eigenartige Zeit«, bemerkte Toni am Schluss heiter: »Selbst Karl Kraus mokierte sich damals über die Nacktheit, allerdings in den Bildern von Klimt.«

»Die Geschichte von den Unterhosen kenne ich auch«, antwortete ich. »Der Bildhauer dieser Halbreliefs ist übrigens ein Friulaner, Alfonso Canciani.« Mir fiel ein, dass ich Toni von Görz erzählen wollte.

Eine Kellnerin unterbrach uns und servierte Kaffee, einen Cognac und meine Nusstorte. Wie sorgsam und akribisch sie alles auf dem Tisch anordnete, die Bedienung war wirklich perfekt.

»Görz hat sich sehr verändert. Es ist mir fremd geworden. Vorige Woche war ich in Venedig. Auf der Hinfahrt habe ich in Görz Station gemacht und meine Mutter besucht. Sie wohnt jetzt wieder dort. Auch sie meint, dass die Stadt nicht mehr dieselbe ist. Der alte Charakter aus der Vorkriegszeit schimmert nur noch an einige Ecken durch. Görz war klein, aber elegant, mit schönen Palais und vielen hübschen Villen sowie unzähligen Gärten und Parks. Man hatte den Eindruck bereits am Ufer des Mittelmeers zu sein: Olivenbäume, Lorbeer, Palmen und ringsum Weinberge. Und dann diese selbstverständliche Mehrsprachigkeit. Auf der Straße konntest du Friulanisch, Slowenisch, Deutsch und ein Italienisch hören, das ein wenig venezianisch klang. Als Mädchen war mein Italienisch recht passabel, jetzt bin ich leider aus der Übung. Als wär's gestern gewesen, sehe ich die Zeitungen in den verschiedenen Sprachen vor mir. Damals achtete ich nicht weiter darauf. Es war so normal. In den Schulen legte man Wert darauf, dass alle – Slowenen, Friulaner, Italiener und Deutsche – die eigene Sprache und Kultur sorgsam pflegten. Wir wurden dazu erzogen, miteinander zu leben. Meine Mutter hat mir erzählt, dass man das gesamte Gebiet jetzt italianisiert. Schluss ist's in den Schulen mit der Toleranz, dort lernt man nun, dass die österreichische Vergangenheit eine Zeit verhasster Knechtschaft war.

Ich glaube, ich bin ein typisches Kind dieser Stadt. Zur Welt gekommen mit Hilfe einer friulanischen Hebamme, Fanny Massetti hieß sie. Getauft von Don Josip Lican, einem Slowenen. Mein Taufpate war ein Deutscher, ein gewisser Johannes Necas. Deutsch war auch die Sprache in unserer Familie. Mein Vater stammte aus Böhmen und meine Mutter kam aus Kärnten, aus St. Veit an der Glan. Oft denke ich an die Atmosphäre in den Straßen und auf den Märkten zurück. Slowenische Bäuerinnen kamen aus dem nahen Hügelland in die Stadt, um ihr Gemüse, ihre Kräuter und ihre Setzlinge zu verkaufen. Das Angebot war groß und polyglott. Natürlich boten die Frauen ihre Produkte auch auf Deutsch und Friulanisch feil. Die Wörter der verschiedenen Sprachen hingen dann in der Luft, wie die Gerüche und Düfte der Waren, die aus den vollgestopften Taschen und Körben quollen. Das war unser Alltag. Warum hat man ihn bloß mit aller Gewalt zerstört?« Ich hielt inne und blickte Toni fragend an. Er nickte nur.

»Eigenartig, so richtig bewusst wird mir das erst jetzt. Görz nach dem Krieg, das war eine Stadt, die für mich damals nicht mehr existierte. Ich hatte keine Sehnsucht nach der Vergangenheit, sie war abgeschlossen wie meine Kindheit. Die Gegenwart war viel spannender, ich konnte endlich machen, was ich schon immer wollte. Doch wenn ich mich richtig erinnere, haben alle dieses Miteinander als die natürlichste Sache der Welt empfunden. Im alten Österreich, so scheint es mir heute, hat man im Grunde die Leute sein lassen, was sie waren.«

Toni nickte wieder, dann rief er achselzuckend: »Im Gegensatz zu jetzt. Schau dir nur unser Heute an. Mir fällt nichts anderes dazu ein als ›Rückkehr und Invasion der Barbaren‹. Nora, das ist die Gegenwart. Lies nur.« Er gab mir eine Zeitung, klopfte mit dem Finger auf einen Satz im Text und zitierte: »› ... das eben ist ja das große Wunder, dass der Schöpfer des neuen Deutschlands die bezwingende Gewalt besitzt, selbst die kompliziertesten Mitmenschen wieder zur volkhaften Schlichtheit zu formen.‹ Siehst du, es ist schrecklich, schlichtweg furchtbar, am liebsten würden sie aus uns Wienern vollkommene Deutsche machen. Ich frage mich, wie es sein kann, dass die menschliche Seele plötzlich vor solchen Abgründen steht? Wie kann sich ein Volk im Lauf einer Generation so ändern? Wie schaffen es Fanatiker oder einzelne Abenteurer, ganze Völker zu beeinflussen? Meine Antwort ist immer dieselbe. Der Lauf der Geschichte entwickelt sich nicht aus einer Notwendigkeit, er wird weder von den Gesetzen der Wirtschaft und der Politik, noch von sozialen Prozessen bestimmt, wie uns ein paar Idioten glauben machen, sondern es ist meist eine tragische Zufälligkeit, die oft aus einer kriminellen Dummheit entsteht und im falschen Moment den Weg in eine irre Richtung weist. Wir sind und wollen keine Fraktion Großdeutschlands sein, die wahren Österreicher gehören nicht zum deutschen Volk, und die wahren Wiener sind sogar die einzigen Europäer mit einer übernationalen Kultur. Wir beide, zum Beispiel, sind eine Mischung aus deutscher, italienischer und slawischer Kultur mit einem Schuss jüdischen Witzes.«

Das hörte ich gern. Genau so hatte ich stets gedacht, immer schon. Genau so fühlte ich mich seit meiner Kindheit.

Vielleicht war ich mir dessen nicht ganz bewusst, weil es für mich normal und alltäglich war. Aber in diesem Moment wurde es mir klar. Mag sein auch deshalb, weil sich gerade alles veränderte.

»Niemand weiß, was passieren wird«, meinte Toni. »Auch ich habe keine Ahnung, was auf uns zukommt. Österreich-Ungarn ist nach dem Krieg wie eine Kristallvase in tausend Splitter zersprungen. Manche haben versucht wenigstens einen kleinen Teil davon zu retten. Aber sicher nicht diejenigen, die mit der Diktatur des Proletariats drohen und dabei ›Tod der Bourgeoisie‹ schreien … Und schon gar nicht jene, die jetzt in Hitler den Mann der Stunde sehen. Dein Ernst meint, der Nationalsozialismus wird wieder zum Krieg führen. Er hat seit längerem, mehr als einmal und auch öffentlich davor gewarnt. Aber anstatt auf ihn zu hören, zählen seine Gegner bloß die Nachtlokale auf, wo Fürst Starhemberg sich so gerne blicken lässt: Beim ›Hadele‹, dem ›Haus der Leidenschaften‹ in der Josefstadt, in der ›Opiumhölle‹, in der ›Oase‹ …«

Eine Sekunde schaute ich Toni betroffen an. Warum sagte er das? Dann konzentrierte ich mich ganz auf meine Torte und tat, als ob ich seine letzte Bemerkung überhört hätte. Genüsslich leckte ich einen Klecks Schlagobers vom Löffel. Die Augen geschlossen, ließ ich die cremige Köstlichkeit auf der Zunge zergehen. Schließlich schob ich den letzten Bissen Torte in den Mund. Toni beobachtete mich schweigend. Unvermutet, mit plötzlichem Schalk im Blick, wechselte er das Thema: »Seit kurzem kursiert übrigens ein Witz über dich.«

»Und zwar?«, fragte ich nebenbei und blickte aus dem Fenster der Konditorei auf die Straße.

»Nora Gregor ist, wie man weiß« – Toni genoss es sichtlich, mir den neuesten Klatsch zu servieren – »als Schauspielerin sehr freizügig mit der Enthüllung ihres Busens. Bekanntlich lässt die Akustik auf der Galerie im Burgtheater zu wünschen übrig. Am Stehplatz flüstern zwei Herren, den Operngucker gespannt auf Frau Gregor gerichtet:

Verstehst du den Werner Krauss?

Kein Wort!

Verstehst du den Raoul Aslan?
Kein Wort!
Verstehst du die Hedwig Bleibtreu?
Kein Wort! Ich verstehe nur den Fürsten Starhemberg.«

Viña del Mar, 1948

Schon zu Reinhardts Zeiten in der Josefstadt war mir klar geworden, eine überzeugende Künstlerin des ›Pianissimo‹ zu sein. Das Übertriebene, Exzessive entsprach nicht meinem Wesen, das war nicht ich. Meine Stärke war das Verschämte, das Verinnerlichte, meine Sprache war jene eines scheinbar einfachen und dennoch unnahbaren Gemüts. Das sagten viele und einer schrieb: »Die nunmehr als ›Salondame des Burgtheaters‹ allgemein Anerkannte fasziniert ihr Publikum nicht nur als Verkörperung der Schönheit und als schöne Seele zugleich, sondern auch weil aus ihren reinen Zügen so viel grenzenlose und wehrlose Innigkeit, so viel schmerzliche Gefasstheit und so viel harmonische Ergebenheit in das Schicksal schimmert.«

Natürlich war ich stolz auf das, was ich mir geschaffen hatte. Aber erst hier in Viña wird mir durch die Gespräche mit Amalia bewusst, dass ich mich im wirklichen Leben nicht viel anders verhielt, als es damals in den mir heute übertrieben anmutenden Kritiken stand. Ich fügte mich in das, was das Leben scheinbar von mir verlangte. Wirklich wichtig war mir nur eines: Ich durfte meiner Kunst dienen, mir zum Glück und den anderen zur Freude.

Darüber hinaus lobte man mich, »dem unerwarteten Ruf an das Burgtheater mit bescheidener Würde gefolgt zu sein«. All das wurde meinem scheuen und schüchternen Wesen gerecht. Denn das Jungmädchengefilde am Burgtheater, diese Welt der Träume und Wünsche, der Hoffnungen und Leidenschaften, war in der Tat ein wenig verwaist. Für viele war ich dort zur »schönsten Schweigerin« geworden.

Ja, ich war mir meiner Schönheit bewusst, aber ich habe mich nie, nie bloß mit dem Zauber meiner Erscheinung zufrieden gegeben. Von Jahr zu Jahr wurde mein Wort leiser, aber auch entschiedener, ausdrucksstärker ... Ich rang um Ausdruck, Profil, Linie und Vertiefung jeder Silbe, jeder Geste, und reifte langsam zur starken, sicheren Schauspielerin.

In der Wiener Theaterwelt trat ich immer unbefangener und selbstsicherer auf. Die Auseinandersetzungen, die Unruhe und die Widersprüche des wirklichen Lebens, vor und in meinem Haus, negierte ich. Vieles wollte ich nicht wahrhaben. Die Gewalt auf den Straßen erschreckte mich nicht, denn ich glaubte tatsächlich, das Theater würde mich schützen. Ich empfand die Bühne als eine Innenwelt der Außenwelt. Das Theater war meine Realität und steuerte mein Bewusstsein. Die Täuschung auf der Bühne gab mir eine Sicherheit, die mir das tägliche Leben nicht bot. Aus meinem Wiener Alltag flüchtete ich mich in etwas, das scheinbar losgelöst von den Zeitläuften war.

Wien, 1936

»Wirklich schade, dass Hermann nicht länger bleiben konnte. Ist er wirklich schon weg? Er war ein derart rührender und authentischer Johnny, wie ich ihn mir besser nicht habe vorstellen können«, sagte ich just im Moment, als Zeska zu uns stieß. Die Zahl derer, die sich im Foyer um mich geschart hatten, um zu gratulieren, wurde langsam kleiner, und schließlich waren wir nur noch zu dritt: Zeska, der renommierte Regisseur, Julius Stern, ein angesehener Journalist, und ich. Stern sollte ein paar Zeilen für die »Wiener Theaterwoche« der Volks-Zeitung schreiben und über die Uraufführung des Werkes von Franz Dattner berichten. Der junge österreichische Schriftsteller feierte an jenem Novemberabend mit seinem Stück *Das nächste Schiff* am Akademietheater Premiere.

Julius Stern wurde nicht müde zu betonen, dass mein Aussehen geradezu strahlend gewesen sei und mein Gesichtsausdruck leuchtender als je zuvor. Meine öffentlichen Auftritte beschränkten sich damals auf gelegentliche Geselligkeiten nach dem Theater. Sie waren unvermeidlich, zudem empfand ich stets eine besondere Sympathie für Regisseure und meine Kollegen. Nach den Vorstellungen plauderte ich gerne mit ihnen, sei es, um den Abend Revue passieren zu lassen oder um gemeinsam noch schnell eine Kleinigkeit zu essen.

Auch Zeska erging sich in überschwänglichen Glückwünschen, ehe er beiläufig fragte: »Nora, haben Sie den Brief bekommen, den ich Ihnen knapp vor Beginn der Vorstellung in Ihre Garderobe bringen ließ?«

»Bekommen habe ich ihn«, antwortete ich »aber, verzeihen Sie, gelesen habe ich ihn nicht. Ich bin sehr abergläubisch und fürchte mich, knapp vor dem Auftreten einen Brief zu öffnen. Er könnte etwas Unangenehmes enthalten, und ich würde vielleicht meine Konzentration verlieren.«

Stern nickte und gab mir damit zu verstehen, dass er dieses Verhalten einer Künstlerin vollkommen begreiflich fand. Er fügte hinzu: »Tatsächlich ist es an vielen Theatern strengstens verboten, Damen und Herren unmittelbar vor dem Auftritt und schon gar nicht während der Vorstellung eine Botschaft zu überbringen. Das hieße riskieren, dass die Schauspieler abgelenkt werden oder völlig aus der Stimmung geraten.«

»Hier war aber der Regisseur selbst der Absender«, warf Zeska belustigt ein. Inzwischen hatte ich den Brief aus meiner Tasche geholt und ihn überflogen. Ich schmunzelte und reichte ihn dem Journalisten. »Es ist doch kein Amtsgeheimnis, oder?«, fragte ich meinen Regisseur. Zeska hatte mir einen sehr hübschen, herzquickenden Brief geschrieben, der so recht zeigte, wie väterlich auch ein junger Regisseur für seine Schauspieler zu sorgen wusste. Stern las laut vor: »Noch ein letztes Wort, bevor Sie auftreten: Weinen Sie nicht zu viel, gnädige Frau! Halten Sie den Schmerz der unglücklichen kleinen Billie in Ihrem Herzen fest und lassen Sie ihn nicht zu Ihren Augen aufsteigen und zu Tränen werden. Mit Handkuss Philipp Zeska.«

»Jetzt ist's leider zu spät«, sagte ich und schmunzelte. »Die Tränen, die Sie verhindern wollten, sind längst geweint, und es bleibt mir nichts übrig, als ihre letzten Spuren wegzulächeln. Apropos Tränen …«, fuhr ich fort und begann meine Emotionen zu schildern, als ich mich bei den Proben in die Lage der Protagonistin versetzt hatte. Tatsächlich war ich bei der Gestaltung einer Liebesheldin noch nie so mitgenommen, wie bei diesem Arbeitermädchen Billie aus einer englischen Fabrikstadt. Die Handlung des Stückes dreht sich um den jungen Johnny, der mit leeren Taschen zurück nach London kommt. Seine Verlobte ist ihm zwar treu geblieben, aber in der Zwischenzeit die Adoptivtochter eines Millionärs geworden.

»Ich habe mit den Augen Billies geweint und nie gedacht, es seien meine eigenen«, erzählte ich. »Selbst zu Hause nach der Arbeit hatte ich Kopfweh vom Weinen und war den Rest des Tages ärgerlich und erregt. Die Meinen hatten es wahrhaftig nicht leicht. Sie werden überglücklich sein, dass die Premiere vorbei ist.«

Im Übrigen war ich auch beim Film eine begnadete Heulsuse. Ich konnte mich in eine traurige Stimmung dermaßen einfühlen, dass mir die Tränen nur so aus den Augen schossen. Manchem Regisseur war das freilich noch zu wenig ... »In Berlin«, erzählte ich weiter, »vor mehr als zehn Jahren in *Michael*, ist mir etwas ganz Arges passiert ... Gelinde gesagt: eine herbe Enttäuschung ... Theodor Dreyer inszenierte den Film und ich musste eine große tragische Szene spielen. Um mein Unglück zu schildern, hatte ich mich so intensiv in das Gefühl des Elends eingelebt, dass ich zu flennen begann. Eben sollte eine Großaufnahme gemacht werden. Ich denke mir: Meine Tränen müssen diesmal fabelhaft sein! ... und bin mit mir sehr zufrieden. Da erhebt sich die Stimme des Regisseurs: ›Wir werden es doch lieber mit Glyzerin versuchen.‹ Man bringt mir tatsächlich Glyzerin, um Filmtränen zu erzeugen. Na, die Folge dieser Verkennung meines Weintalents: ein wahrhaftiger Weinkrampf. Ich war furchtbar und ehrlich gekränkt. Bis der Regisseur begütigend zu mir sagte: ›Aber, Fräulein Gregor, ich wollte Sie doch nicht verletzen. Merken Sie sich: Glyzerintränen wirken im Film stets echter als die schönsten eigenen Tränen. Von da an verwendete ich, wenn ich weinen sollte, das bewährte Mittel und ließ gewärmtes Glyzerin aus den Tränendrüsen fließen und über die Wangen rinnen. Die echten Tränen sind seit damals für meinen Privatgebrauch reserviert!«

»Sie Ärmste«, scherzte Zeska »ein Jammer mit den Regisseuren, dem einen weinen Sie zu viel, dem anderen zu wenig. Aber ich darf doch annehmen, dass dieser Film trotz allem den gleichen Erfolg hatte, wie unser Stück heute Abend?«

»Lieber Philipp«, antwortete ich, »erstaunlich, dass Sie darüber nichts wissen ... *Michael* war ein einziger Flop. Aber trotz der Totalverrisse ist dieser Film bis heute der wichtigste aus meiner Stummfilmzeit geblieben. Michael war ein Modell, eine Schönheit, die man auf den ersten Blick nur schwer einem Geschlecht zuordnen konnte. Er verlässt seinen Gönner, einen berühmten Maler, wegen einer kapriziösen, aber verarmten Prinzessin, die ich spielte. Natürlich verstanden alle den Wink auf Rodin.«

Vergnügt erzählte ich meinen aufmerksamen Gesprächspartnern, wie angewidert sich die Kritiker damals über die homoerotischen Aspekte dieses Films geäußert hatten. *Michael* war als Kammerspielfilm angelegt und zeigte die Abgründe der Seele auf sehr feinsinnige Art.

»Der Film lief auch in einigen Lichtspielsälen in New York und Chicago«, fügte ich hinzu. »Dort wurde er noch schlechter aufgenommen. Zu den Vorführungen kamen nicht mehr als zehn, zwölf Personen. Die New York Times stempelte ihn als ›geistloses Werk‹ ab... ›Mist‹, schrieb Variety lakonisch ... ›ein Stückwerk der stümperhaften Regie ... unmöglich ... eine derartige Lächerlichkeit, grobschlachtig und abstrus ist nicht einmal das Zelluloid wert, auf das es gepresst ist‹. Der Zorn der Kritiker machte auch vor mir nicht halt. Ich käme auf der Leinwand schlecht und wenig überzeugend, schrieben sie. Oder auch: ›Ihr abgehacktes Dahergetrippel erinnert an einen alten Mississipidampfer.‹«

Philipp Zeska und Julius Stern waren in schallendes Gelächter ausgebrochen.

»Aber von meinen Tränen«, betonte ich stolz, »spricht man noch heute. Meine Glyzerin-Episode mit Dreyer ging in die Filmgeschichte ein.«

Stern war nicht entgangen, dass ich des Öfteren auf meine Armbanduhr schielte.

Ein junger Statist wagte sich näher an uns heran, auch er wollte mir offensichtlich ein Kompliment machen. Jede Minute des Stücks hätte er in vollen Zügen genossen, meinte er gerade heraus. »Wie charmant! Der junge Mann will damit sagen, dass er nicht müde wurde, Sie anzuschauen«, sagte Stern und legte seine Hand wohlmeinend auf die Schulter des Burschen.

Dabei hatte Philipp Zeska nach unserem gemeinsamen Empfinden die Streichung einiger Szenen durchgesetzt. Deren Dauer und vor allem deren Inhalt hätten dem Stück wohl geschadet. Da wurde dem Arbeitermädel Billie eine Schlafzimmerszene zugemutet, die ich sofort nach dem ersten Lesen als ›unmöglich‹ abgetan hatte.

»Oh«, rief ich, »wenn ich einmal älter bin, könnte ich mir schon vorstellen, als Regisseurin zu arbeiten und Szenen zu gestalten!«

»Da Sie aber, gnädige Frau, nicht altern«, fiel mir Regisseur Zeska ins Wort, »fürchte ich absolut nicht, dass Sie mich von meiner Stelle verdrängen werden.«

Der junge Mann stand noch immer neben uns und beglückwünschte mich zu meinem Kleid, das ich in der Hotelszene trug: goldene Spitze auf weißem Grund.

»Ja«, erklärte ich ihm, »das habe ich gemeinsam mit meiner Farnhammer entworfen. Da Johnny im ersten Akt doch davon spricht, nach seiner Rückkehr aus Amerika im Hotel Savoy ›unser Verlobungsdinner‹ feiern zu wollen, habe ich mir für diese Szene eine Toilette ausgedacht, die ein Mittelding zwischen vornehmer Abendrobe und Hochzeitskleid sein sollte. Hat man das bemerkt?«

»Gewiss«, antwortete Zeska, »auch der Benda hat es sehr gefallen. Unsere alte Frau Eugenie Benda ist immerhin eine der höchsten Richterinnen in Modeangelegenheiten. Alle Damen des Burgtheaters respektierten ihr Urteil.«

Nach und nach war es spät geworden. Der Regisseur und der Journalist verbeugten sich galant und akzeptierten, dass ich nach einem derart anstrengenden Abend nach Hause wollte, um mich auszuruhen.

»Auch Triumph ist eine Last für zarte Schultern«, fühlte sich Stern bemüßigt zu sagen.

Wieder schielte ich auf mein Handgelenk und auf die Uhr und beharrte: »Jetzt ist es wirklich Zeit. Ich muss los. Danke für die Plauderstunde, ich habe sie sehr genossen. Ich wünsche allen eine gute Nacht.« Ich gab Stern die Hand und er drückte sie herzlich. Dann reichte ich sie Zeska. Er küsste sie, lächelte und flüsterte: »Gute Nacht, eine *felicissima notte*, Eleonore.«

Draußen auf der anderen Straßenseite wartete bereits die schwarze Limousine von Ernst. Ich beeilte mich, die Fahrbahn zu überqueren. Zuvorkommend sprang der Chauffeur aus dem Wagen und riss die hintere Türe auf. Welch Überraschung. »Du bist's!« rief ich erstaunt. Auf dem Rücksitz saß in korrekter Haltung Anton Scudier.

»Ernst kann nicht kommen, er wurde aufgehalten und bittet dich um Entschuldigung. Er hat mich angerufen und gebeten, dass ich dich abhole.«

»Oh, da kann man nichts machen. Außerdem, es ist mir völlig egal! Aber wie lieb von dir, Toni. Ich bin zwar etwas müde, trotzdem habe ich absolut keine Lust, nach Hause zu gehen. Wie schaut es aus? Hättest du Zeit?«

Ohne eine Sekunde zu überlegen, antwortete der Baron: »So viel du willst, wohin gehen wir?«

»Hmm ... Etwas Einfaches, Geselliges ... Nichts Überzogenes ... Vielleicht das Beisl neben dem Apollo? Wär' dir das recht?«

Toni unterwies den Chauffeur und der Wagen fuhr los. Ich schmiegte mich an Toni und hängte meinen Arm bei ihm ein.

»Heute Abend habe ich Lust etwas zu trinken. Und reden möchte ich, einfach reden ... und singen und tanzen. Ich will mich amüsieren. Lachen, an nichts denken. Aber wirklich an gar nichts.«

»Das wird schwierig werden. Dazu braucht's einen völlig leeren Kopf«, bemerkte mein stets spitzfindiger Begleiter auf seine übliche lakonische Art.

Auf Höhe des Apollo stiegen wir aus und überquerten die Straße. Toni bot mir erneut den Arm, aus einer plötzlichen Laune heraus begann ich zu summen. Lachend betraten wir das Lokal.

Der Schankraum war gut besucht, doch hinten in der Ecke war noch ein gemütliches Plätzchen frei. Wir bestellten, und man bediente uns sofort. Ich trank ein wenig Rotwein. War es der Wein oder meine Stimmung, ich merkte jedenfalls, wie ich begann, Löcher in die Luft zu starren. Toni saß mir vis-à-vis und zündete sich bedächtig eine Zigarillo an. Ab und zu traf mich sein Blick.

»Toni ...«

»Ja, Nora?«
»Ich halte es nicht mehr aus.«
»Was, Nora, hältst du nicht mehr aus?«
»Alles, Toni.«
»Alles was, Nora?«
»Alles, alles. Mich selbst und meine Lebensweise.«

Toni nahm nachdenklich einen weiteren Zug und blies den Rauch langsam nach oben. Dann griff er nach seinem Glas und hob es hoch.

»Also gut, Nora, lass uns anstoßen.«
»Worauf trinken wir?«
»Na, auf eine andere Lebensweise!«

Auch ich hob mein Glas, ließ es gegen das von Toni klirren und sagte: »Gut, nur kann ich sie mir nicht recht vorstellen.«

»Aber Nora, was hast du denn?«

»Toni, ich fühle mich so leer. Nach jeder Vorstellung, … nach jedem Abend … nach jedem Abend mehr. Ich fühle mich nicht frei, weder bei dem, was ich tue, noch bei dem, was ich sage.«

»Könntest du versuchen, etwas deutlicher zu werden?«

»Ja. Schau, mein Lieber, es stimmt, ich habe alles erreicht, was ich wollte. Wenn ich auf der Bühne stehe, dann bin ich auch unbeschwert. Doch sobald der Vorhang fällt und ich wieder ich selbst bin, fühle ich mich verlassen. Der Applaus und die Komplimente putschen mich ein wenig auf. Aber dann … wenn ich wieder ich selbst bin, wird mir bewusst, dass ich außer Schauspielen nichts mache, was ich wirklich will. Muss es nicht genau umgekehrt sein? Nicht im Leben, sondern bloß auf der Bühne sollte ich mich in eine Rolle fügen, in einen Text, in die Regie, in die jeweilige Zeit. Stattdessen lebe ich nur auf der Bühne und werde dort zu dieser Person aus dem Stück. Ich fühle wie diese Figur, weil ich mir ganz bewusst die Rolle ausgesucht habe und keine andere. Zudem vergleiche ich diese Person ständig mit mir und frage mich, was ich an ihrer Stelle tun würde. Nach einer Vorstellung schlüpfe ich aus einer Rolle, bin wieder nur ich und fühle mich leer.«

»Hmm, was würdest du also machen, wenn du könntest, wie du wolltest?«

Ich schaute ihm in die Augen, dann kippte ich den Wein hinunter und stellte das Glas auf den Tisch. Zuvorkommend wie immer, füllte mir Toni augenblicklich nach.

»Jetzt möchte ich mich zum Beispiel betrinken und mich selbst überlisten und damit die Leere füllen, die ich empfinde. Spricht irgendetwas dagegen?«

»Nora, ich bitte dich inständig, lass es sein. Ich stelle mir gerade vor, wie ich dich nach Hause schleppen müsste, oh Gott, vielleicht würdest du einen Wutausbruch bekommen, würdest anfangen zu toben oder hysterisch zu weinen. Das wäre so gar nicht sympathisch.«

Ich antwortete mit einem gekünstelten Lachen.

»Nun sag schon, was ist heute Abend mit dir los? Ist etwas schief gelaufen?«

»Nein, alles war bestens. Nach der Vorstellung haben wir noch ein wenig geplaudert. Nichts Aufregendes. Doch auf einmal war mir so, als würde ich nicht sprechen, sondern mir selbst zuhören. Mitten im Satz wurde mir bewusst, dass ich Sachen sage, die ich gar nicht denke. Zum Beispiel über einige gestrichene Szenen im Stück. Ich habe eine Schlafzimmerszene als unmöglich bezeichnet.«

»Oh, das ist interessant«, bemerkte Toni. »Weiter, erzähle weiter!«

»Während die anderen von belanglosen Dingen redeten und auch ich mich scheinbar am Gespräch beteiligt habe, ging mir eines nicht aus dem Kopf: Genau genommen hätte es mir sehr gut gefallen, nackt auf dem Bett unter der Decke zu liegen – ohne mich auf der Bühne zu entblößen ... Bereits beim Aufzug des Vorhangs nackt unter der Decke liegen, mich nicht wirklich nackt zeigen, sondern nur zu wissen, dass ich nackt bin.«

Toni riss die Brauen hoch und bemühte sich um einen entrüsteten Gesichtsausdruck, was ihm gänzlich misslang – dazu unterhielt er sich zu prächtig. »Na ja, ein Schauspieler, eine Schauspielerin müsste doch in der Lage sein, jede erdenkliche Situation zu spielen ... Gewalt, Zartgefühl, Zuneigung, Fleischeslust. Ihr müsst zeigen, was in euch steckt und müsst auch aus euch heraus gehen können.«

»Toni, hör auf mir Schauspielunterricht zu geben! Ja, ich möchte aus mir heraus gehen, aber anders als du denkst! Ich möchte ein anderes Leben spielen, besser gesagt, ich möchte mein Leben anders spielen. Das ist aber das einzige, was ich nicht kann. Ich kann mir selbst nichts vormachen. Ich kann nicht so tun, als ob ich glücklich wäre, ohne es wirklich zu sein. Ich kann nicht grundlos weinen. Ich kann mir keine Freude vorgaukeln, die ich nicht wirklich empfinde. Du bist doch ein gebildeter Mann von Welt, sag mir, was ist aufregender: Quasi sich selbst spielen zu müssen oder in eine fremde Person zu schlüpfen, in eine Rolle, die mir erlaubt, das zu tun, was ich heimlich und unbewusst machen möchte? Frei von Konvention und gesellschaftlichem Zwang! Nun sag schon!«

»Ich nehme an, du sprichst von der Bühne«, sagte Toni streng und fixierte mich kurz. »Dazu kann ich nur so viel sagen: Der Zuschauer weiß ohnehin nicht, wie sich der Schauspieler fühlt. Ich fürchte, es beschäftigt ihn auch nicht. Ihn interessiert nur die Bravour des Interpreten, mit der dieser die Emotion auf die Bühne bringt.«

»Schön und gut, aber eine Schauspielerin empfindet natürlich etwas, während sie spielt. Sie muss damit umgehen können.«

»Also, du meinst, ich soll versuchen, mich in diese Situation einzufühlen? Ich glaube, es kann auf keinen Fall anregend sein, das zu spielen, was man ohnehin ist. Oder meinst du vielmehr: Man gibt vor, nur zu spielen, und niemand ahnt, dass man sich in Wirklichkeit gar nicht verstellt?«

»Toni, bravo! Endlich jemand, mit dem ich über wichtige Dinge reden kann!«, rief ich aus.

»Nun ja«, fuhr Toni fort, »so etwas wäre sogar sehr delikat, sowohl für den Schauspieler als auch für das Publikum. Weil jedes Wort und jede Geste dann absolut zweideutig wären.«

Toni schaute mich an. Ich grinste unschuldig, sicher auch ein wenig herausfordernd, überlegte, wie ich fortsetzen sollte, verwarf meine Gedanken und schüttelte den Kopf.

»Nun, was mir vorschwebt … Ich möchte provozieren,

ein wenig schockieren. Stell dir die weibliche Version eines Schnitzlerschen Anatol vor. Die Protagonistin bekommt in jeder Szene Besuch von einem neuen männlichen Partner ... ab und zu auch von einer Frau.«

»Nora«, unterbrach er mich, »sag mal, sprichst du über diese Dinge auch mit anderen?«

»Nein, nie. Darüber unterhalte ich mich nur mit meinem Ritter Toggenburg.«

Ich schwieg einen Augenblick nachdenklich, dann nahm ich einen Schluck und kicherte vor mich hin. »So! Und jetzt möchte ich etwas Stärkeres trinken.«

Toni bestellte eine Runde Schnaps. Wir hatten aufgehört zu scherzen, und rauchten und tranken nun schweigend weiter. Irgendwann gab ich ein Zeichen, die Grenze überschritten zu haben. Plötzlich war ich nur noch melancholisch. Der Wirt machte sich daran zu schließen. Ich schaute mich um. Auch die Tischrunde neben uns, deren feuchtfröhliche Stimmung den ganzen Abend bis zu uns herübergeschwappt war, hatte sich aufgelöst.

»Toni ...«

»Nora, sprich.«

»Das ganze Gerede von heute Abend ... Es ist, weil ich mich so gefangen fühle.«

»Nora! Auf! Schluss! Ich bring' dich jetzt nach Hause.«

Im Auto sprachen wir kein einziges Wort. Ich lehnte den Kopf an Tonis Schulter. Als ich vor meinem Haus ausstieg, schaute mir Toni ins Gesicht und sicherlich bemerkte er das Glitzern der Träne, die mir über die Wange lief. Ich dachte daran, dass mein Leben wenige Tage zuvor um ein Haar eine völlig andere Wendung genommen hätte.

Fräulein THILDE TRAUTMANN freundlichst zugeeignet
Weihnachten 1928

Slavische Serenade

Aufführungsrecht vorbehalten.

Johann Rismondi
Arrangement von B. Geiger

Musikalienverlag Johann Rismondi, Wien II/1, Hillerstr. 8

In den verschiedenen Sektoren des Zuschauerraumes schalteten sich die Scheinwerfer unkontrolliert ein und aus. Sie verglommen langsam, um im nächsten Moment grell zu blitzen und penetrant zu blenden, sobald man von der Bühne in den Saal hineinschaute. Eine Truppe von Technikern führte Wartungsarbeiten am Beleuchtungssystem durch. Gerade schob ich den Vorhang ein wenig zur Seite, um das Lichtspiel besser zu sehen, als jemand hinter den Kulissen eine liebliche Melodie auf dem Klavier anstimmte. Dem Anschlag nach konnte es nur Salmhofer sein. Die Musik verstummte, und ich hörte den Professor sagen: »Frau Gregor, kommen Sie, kommen Sie, ich muss Ihnen etwas zeigen!« Ich drehte mich um und ging zu Salmhofer hinüber. Er hatte mich ungeduldig an seine Seite gewunken, jetzt deutete er mit breitem Schmunzeln auf einen Schriftzug am Ende der Partitur und fragte, ob ich damit etwas anfangen könne.

»Musikaliendruckerei Nora!« rief ich erstaunt. »Noch nie davon gehört – bis jetzt jedenfalls! Und das Stück, von wem ist das?«

Salmhofer schlug die Partitur zu und ich konnte den Titel lesen: »Slawische Serenade von Johann Rismondi ... das ist doch nicht möglich!«

»Warum? Kennen Sie ihn?«

Ich lächelte verwirrt. »Ich denke schon, aber es kann sich auch um einen Zufall handeln, vielleicht nur eine Namensgleichheit. Ich bitte Sie, spielen Sie doch weiter!«

»Das Stück ist mir aufs Geratewohl in die Hände gefallen, es kommt morgen als Hintergrundmusik in der Wohnzimmerszene zum Einsatz. Eine nette Sequenz, unaufdringlich, aber gemütvoll und harmonisch, sowohl im Kontrapunkt als auch in der Komposition.«

Feinfühlig fing Salmhofer nochmals zu spielen an. Mit

der Musik wurden die Augenblicke am Strand wieder lebendig: Der Lido von Venedig, nackte Füße im seichten Wasser, wir beide, Johann Rismondi und ich. Unsicher wie zwei verträumte Backfische hatten wir einander beäugt ... Das verlegene Lächeln von Johann ... Die Lichter im leeren Saal erloschen erneut und für einen Moment war es stockfinster. Nur die kleine Lampe über dem Klavier beleuchtete Salmhofers Gesicht. Er spielte das Stück nun mit überzeichnetem Gefühl und einem Anflug von Ironie zu Ende. Während der letzten Takte kam ich einen Schritt näher und musterte nochmals die Partitur. Sogar die Adresse des Verlegers war aufgedruckt: Im Selbstverlag des Komponisten, Musikalienverlag Johann Rismondi, Wien II, Hillerstraße 8.

Ich war plötzlich völlig durcheinander, vollkommen aufgewühlt. Was für eine verrückte Idee packte mich da und ließ mich nicht mehr los! Ich sagte mir, dass es eine riesen Dummheit sei, wenn ... und war im nächsten Moment davon überzeugt, gar nicht anders zu können. Mein Herz schlug bis zum Hals. Ja, es war das einzig Richtige! Mit einem Mal fühlte ich mich frei, was sollte mich daran hindern, es zu tun. Abrupt entschuldigte ich mich bei Salmhofer und bat ihn, den anderen auszurichten, man möge auf mich warten. »Ich muss weg«, murmelte ich, »ich muss ... muss dringend etwas erledigen.«

Draußen schneite es in dicken Flocken. Vor dem Bühneneingang stieg ich in ein Taxi und ließ mich Richtung Prater chauffieren. Nach kurzer Fahrt steckten wir an einer Kreuzung fest. Irgendjemand oder irgendetwas blockierte den Verkehr. Vielleicht ein Unfall, meinte der Taxilenker und drehte sich zu mir um. Ich saß auf dem Rücksitz, spähte aus dem Seitenfenster und sagte geistesabwesend: »Ja, ja, vermutlich.« Ich dachte an etwas ganz anderes, fragte mich unentwegt, ob mein Verhalten nicht sehr unreif sei, eine pubertäre Laune vielleicht. Plötzlich fielen mir Dougs Worte von damals ein: »Das brennende Verlangen nach etwas wird am Ende zum Einzigen, das zählt.« Folgte ich bloß meinem Instinkt? Was es auch war, ich spürte wie mich dieses Empfinden in Wellen erfasste, es kam und ging, aber jedenfalls bestärkte es mich in meiner Entscheidung noch mehr. Selbst über mein Leben bestimmen, nicht länger der Spielball anderer sein. Phrasen wie »entscheiden, statt entscheiden lassen« oder »gegen den Strom schwimmen, statt mitgerissen zu werden« schossen mir durch den Kopf und hatten plötzlich einen Sinn. Oder handelte ich bloß egoistisch, gewissenlos? Trieb mich gar ein körperliches Verlangen? »Nein, das ist kein Traum, das ist meine Wirklichkeit. Ich bin dieser Wunsch ...«, wiederholte ich mir. Um uns herum ertönte lautes Gehupe, dann endlich löste sich der Stau und das Taxi kam zügig voran.

In der Hillerstraße stieg ich aus und bat den Taxifahrer, auf mich zu warten. Ich betrat das Gebäude, einen Sozialbau, und stand in einem schmutzigen Durchhaus, von dem ein langer Gang abbog. Wohnung um Wohnung reihte sich aneinander, irgendwann stieß ich auf eine Tür ohne Namensschild. Ich läutete. Kein Klingeln war zu hören, entweder war die Glocke kaputt oder ohne Strom. Ich versuchte es mit Klopfen. Keine Reaktion. Ich fühlte mich fehl am Platz. Ein paar Schritte weiter bemerkte ich eine Tür, die nur angelehnt war. Zögernd schubste ich sie auf und lugte in den Raum dahinter ... um sogleich zurückzuprallen. Beißender Latrinengestank schlug mir entgegen, ich hatte mich auf das Etagenklo im Parterre verirrt und starrte auf eine gelbe, verdreckte Muschel mit einer vergilbten Holzbrille. Vom Spülkasten oben an der Wand baumelte eine rostige Kette ohne Griff.

Das ganze Erdgeschoß erweckte den Anschein, als wäre es schon längere Zeit nicht mehr bewohnt. Um das sauber zu bekommen, müsste man eine ganze Putzbrigade engagieren, dachte ich, und flüchtete auf die Straße. Ich bat den Taxifahrer mich in den achten Bezirk in die Alserstraße 55 zu bringen. Noch immer herrschte dichtes Schneetreiben. An der angegebenen Adresse hielten wir vor dem Schaufenster einer Musikalienhandlung. Ich betrat das Geschäft. Drinnen war es angenehm warm und still. In den Regalen lagen Bücher und Partituren in gefälliger Ordnung nebeneinander. »Wie kann ich Ihnen helfen, gnädige Frau?«, fragte mich der Verkäufer hinter dem Ladentisch. Er trug einen dunklen Kittel und wirkte desinteressiert.

Ich sagte ihm, auf der Suche nach Kompositionen eines

gewissen Rismondi zu sein, Johann Rismondi. »Haben Sie welche hier?« Er nickte zustimmend und meinte, irgendwo müsse noch ein Restposten sein. Nachdem er lange in seinen Stößen gekramt hatte, zog er eine Partitur und ein Heft aus dem Regal. »Na bitte, ›Meer‹, das ist ein Boston-Walzer für ein Salon-Orchester. Und dann habe ich noch das hier: ›Slawische Serenade‹, als Teil einer Sammlung von mehreren Stücken. Das ist alles, womit ich dienen kann. Möchten Sie eines der Werke haben?«

»Ich nehme beide.« Wie aufgeregt ich war. Möglicherweise würde ich Johann wiedersehen. Entschlossen fragte ich: »Können Sie mir sagen, wo ich den Komponisten, diesen Rismondi, finden kann? Sie werden ihn vermutlich kennen, schließlich verkaufen Sie seine Werke.«

»Aber sicher. Ich selbst weiß es zwar nicht genau, aber ich kann unseren Besitzer fragen. Einen Moment bitte, ich hole ihn.«

Der Besitzer ließ auf sich warten. Endlich öffnete sich die Tür zum Nebenzimmer und er tauchte auf. Er musterte mich mit verdrossener Miene ... Wieder eine, die nur gekommen war, um seine wertvolle Zeit zu stehlen ... Als er mich letztlich erkannte, riss er die Augen auf und rief freudig bewegt: »Sie sind es wirklich! Frau Gregor! Welche Ehre, wie kann ich Ihnen behilflich sein?« Geduldig hörte er sich an, aus welchem Grund ich zu ihm gekommen war und sein Gesicht wurde dabei immer ernster. Er sagte nichts und schüttelte nur den Kopf. Ja, er habe ihn gekannt ... Doch könne er mir leider nicht helfen, Johann zu finden ... Der Musikalienhändler studierte die Mimik in meinem Gesicht. Dann erzählte er mir, Johann sei im Sommer in einen Vorfall verwickelt worden und dann an den Folgen seiner Verletzungen gestorben, als das Geschäft eines Freundes in der Taborstraße überfallen worden war. Vandalen hätten das Lokal mit Eisenstangen kurz und klein geschlagen. Johann sei zufällig anwesend gewesen, er wollte eine Bestellung abholen. Er habe versuchte seinem Freund zu helfen, da hätten sie Johann zu Tode geprügelt. Der Musikalienhändler sah mir dabei in die Augen. Fassungslos und unfähig auch nur ein Wort hervorzuwürgen, war ich seinen Ausführungen gefolgt.

»Sie müssen wissen, dieser Freund von Johann war Jude. Obendrein waren beide Sozialisten. Es war nicht klug, sich zu verteidigen. Ohne Gegenwehr hätten sie zwar das Geschäft, aber nicht ihr Leben verloren«, warf er ein.

»Hat Johann jemanden hinterlassen?«, stammelte ich.

»Soweit ich weiß, war er alleinstehend. Er hat mich einmal gefragt, ob er bei mir im Geschäft einsteigen und seinen Anteil abarbeiten könne. Er spielte mal dort, mal da, war oft mit einem großen Ballorchester unterwegs. Johann war sehr ambitioniert, er hatte zu komponieren begonnen, wollte einen Musikverlag gründen.«

»Ja, ich weiß«, flüsterte ich und bedankte mich. Der Mann bemerkte, dass ich leichenblass geworden war. Er eilte mir Richtung Tür voraus und hielt sie mir auf. Es täte ihm leid, dass er keine besseren Nachrichten für mich hatte, meinte er bedauernd und verabschiedete sich übertrieben höflich. Im Schneegestöber vor dem Geschäft wartete mein Taxi mit laufendem Motor.

Eine Verrücktheit, eine einzige Verrücktheit, hämmerte ich mir auf der Rückfahrt weiß Gott wie oft ein. Als ich Hals über Kopf aus dem Burgtheater gestürzt war und mich ins nächstbeste Taxi gesetzt hatte, da dachte ich, die mutigste, die impulsivste Entscheidung meines Lebens getroffen zu haben. Eine dieser goldrichtigen Entscheidungen. Ein Entschluss, durch den sich alles zum Guten wenden würde. Ich hätte nicht lange herumgeredet, hätte Johann im Moment unseres Wiedersehens meine Gefühle offenbart. Ich wäre bereit gewesen, auf die Annehmlichkeiten und die Sicherheit meines momentanen Lebens und meiner Stellung zu verzichten, alles hätte ich für ihn aufgegeben. Doch was mir wenige Minuten zuvor als die größte Chance meines Lebens erschienen war, kam mir nur noch unverantwortlich und kindisch vor.

Ich fuhr zum Theater zurück. Die anderen hatten seit mehr als einer Stunde auf mich gewartet und wollten endlich mit den Proben beginnen. Als ich die Bühne betrat, gab es wohl niemanden, der meinen verstörten Gesichtsausdruck nicht bemerkt hätte. Ich sah elend aus – und fühlte mich auch so.

Davos, 1938

Der Blick auf die Donau und die Stadt war durch Nebelschwaden zum Teil stark verschleiert. In diesen ersten Dezembertagen herrschte ein graues, verdrießliches Wetter. Aus den Fenstern des Restaurants am Kahlenberg spähten Köche, Küchenmädchen und Kellner zur kleinen Josefskirche hinüber und beobachteten gespannt, wie langsam Bewegung in den trüben Vormittag kam. Bereits gegen zehn Uhr war eine uniformierte Wache gemeinsam mit Polizisten in Zivil zur Stelle gewesen, um Reporter, Fotografen und Schaulustige auf Abstand zu halten.

Man hatte die Zone rund um die Kirche abgeriegelt und den Zutritt strengstens verboten. Ernst war in einem schwarzen Austro-Daimler Cabriolet vorgefahren, begleitet von seinen Trauzeugen Graf Georg Thurn-Valsassina und … Baron Anton Scudier. Wenige Minuten später traf auch ich ein, an meiner Seite zwei Damen der Gesellschaft. Ich trug ein silbergraues Kostüm und einen Kragen aus Fehpelz, mein Stoffhut war mit einem Band in dezentem Blau verbrämt. Zu unserer Freude hatte sich ein besonderer Organist spontan bereit erklärt, bei diesem wichtigen Ereignis zu spielen: kein geringerer als Professor Salmhofer. Der Zeremonie selbst wohnten nur die engsten Vertrauten bei; von den Meinen waren Mama und mein Bruder Karl gekommen.

Nach einem Empfang in einem der Starhemberg'schen Palais in der Stadt fuhren wir zwei Frischvermählte in das Jagdschloss in Niederösterreich und von dort weiter auf Urlaub nach Davos. Man erwartete mich erst im nächsten Frühjahr wieder an der Burg zurück. Als wir die Schweizer Grenze passierten, war ich bestens gelaunt und der Kleine machte keine Probleme. Ernst redete zwar kaum, erschien mir aber leidlich entspannt. In diesem Moment hätte ich mir nicht im Traum vorstellen können, dass meine Absenz von der Bühne weit über die Zeit unseres Urlaubs hinausgehen würde.

Kurz bevor es soweit gewesen war, hatte mich Toni gefragt, ob ich mir sicher sei und den Schritt wirklich wagen wolle. Nun, es war bestimmt die richtige Entscheidung, allein schon wegen unseres gemeinsamen Sohnes. Folglich hatte ich bejaht. Toni kannte Ernst nur zu gut. Er machte sich offensichtlich Gedanken, wie unsere Liaison enden würde, und seine Meinung stand wohl bereits fest. Manchmal versuchte er sie mir in ein oder zwei Sätzen zu vermitteln, in scheinbar nebensächliche Anspielungen verpackt. Er tat dies ohne mich dabei besonders eindringlich anzuschauen, sondern blickte meistens achtlos auf einen Punkt im Nirgendwo.

Unser Heini war schon drei Jahre alt. Ein süßer Fratz, ich liebte ihn jeden Tag inniger. War ich am Theater, so wusste ich ihn von seinem Kindermädchen bestens betreut und ich konnte mich unbesorgt meiner Arbeit widmen. Ohne die Last der Regierungsverantwortung war Ernst zwar freier, allerdings führte dieser Umstand auch dazu, dass er zusehends nervös und unleidlich wurde.

Naturgemäß hatte es in der Wiener Gerüchteküche zu brodeln begonnen, als ich 1934 eine Zeit lang von der Bühne verschwunden war. Ich musste den laufenden Zyklus von *Maria Theresia und Friedrich II.* unterbrechen und konnte erst im darauf folgenden Jänner mit dem *Misanthrop* von Molière in der Rolle der Celimène ans Theater zurück. Ehe meine Liebschaft mit dem Vizekanzler zum Stadtgespräch wurde, hatte sie diskret und in aller Heimlichkeit schon etliche Monate gedauert. Die ersten Gerüchte waren bereits kurz nach Heinis Geburt im Umlauf, und in bestimmten Kreisen hielten sie sich hartnäckig fest.

Heini war in Luzern zur Welt gekommen – als Heinrich Gregor, ziemlich genau ein Jahr nach meinem Debut an der Burg. Nur meine Mutter hatte mich damals in die Schweiz begleitet. Eine Zeit lang trug ich an meinem Schicksal recht schwer. Vielleicht war ich auch bloß überempfindlich und dumm, zerquält durch die vielen harten Jahre, die folgten. Ernst war damals noch verheiratet, ein zweifelhafter Ruf eilte ihm voraus. Selbst in den eigenen Reihen, im christlichsozialen Lager, war er umstritten und wurde wegen seiner privaten Ausschweifungen kritisiert. Ich hielt mich bedeckt. Erzählte mir jemand vom fragwürdigen Charakter des Vizekanzlers, so antwortete ich bloß, damit kein Problem zu haben.

Ernst, für den seine Heimwehr immer an erster Stelle gestanden war, hatte sich in den Monaten vor unserer Hochzeit ganz auf seine Güter zurückgezogen. Kein Wunder, Schuschnigg hatte ihn ausgebootet und aus der Regierung entfernt. Ernst war enttäuscht und fühlte sich gedemütigt. Er tröstete sich mit ausgedehnten Jagdausflügen. Oft war er bis zu einer Woche unterwegs. Im Wald herumzustreifen hatte ihm immer schon Spaß gemacht. Ausreiten, die Abende mit Freunden verbringen, egal ob mit seinen Heimwehr-Mitstreitern, den Jägern seiner Ländereien oder den Bauern aus dem Mühlviertel. Doch mir schien, er benutzte diese Streifzüge nun, um nicht weiter über sein Scheitern in der Politik nachdenken zu müssen und der Frage auszuweichen, ob er nicht irgendwie hätte reagieren sollen. Er schickte mir wunderschöne und wertvolle Geschenke, aber unser Beisammensein beschränkte sich auf kurze Besuche, vage Umarmungen und flüchtige Küsse. Manchmal kam er mir begeistert und kämpferisch vor, dann wieder wirkte er melancholisch.

Wir hatten bereits einige unbeschwerte Wochen in Davos verbracht. Ich war am Vormittag mit Heini unterwegs gewesen, die üblichen harmlosen Rutschpartien auf seinem kleinen Schlitten. Ernst hatte sich die Zeit mit Schilaufen vertrieben. Als wir ins Hotel zurückkamen, fanden wir an der Rezeption eine Nachricht vor. Irgendjemand habe aus Österreich angerufen, er werde es in einer halben Stunde nochmals versuchen. Namen konnte man uns keinen nennen. Ernst zuckte bloß mit den Schultern.

Wir gingen auf das Zimmer, Ernst begann seine Kleider

abzulegen und verschwand in der Dusche. Ich spielte ein wenig mit Heini. Gerade hatte Ernst seinen Bademantel angezogen, als das Telefon wie angekündigt klingelte. Er ging zum Apparat und hob den Hörer ab. Eine aufgeregte Stimme drang undeutlich bis zu mir. Ernst wiederholte mehrmals: »Ja, ich verstehe.« Ich beobachtete ihn stumm. Nun setzte er sich in den Lehnstuhl und fuhr fort, dem Anrufer Recht zu geben. Plötzlich änderte sich sein Tonfall und ich hörte ein wiederholtes: »Nein, auf gar keinen Fall, nein.« Er beendete das Gespräch mit den Worten: »Sag ihnen, sie sollen warten, wir sind nicht vorbereitet. Wir dürfen nichts überstürzen, darüber muss man reden ... Wir müssen genau verstehen, was passiert ...«

Als er den Hörer auflegte, schien er völlig abwesend zu sein. Erst als er mich ansah, wurde ihm bewusst, dass ich auf eine Erklärung wartete. Nie zuvor hatte ich eine so tiefe Traurigkeit in seinen Augen bemerkt.

Schließlich stieß er ein »es ist aus« hervor. Österreich war eine Mark des Reiches. Was er immer befürchtet hatte, sei tatsächlich wahr geworden. Hitlers Truppen waren kaum in Österreich einmarschiert, und siehe da, Seyß-Inquart hatte das Gesetz für den Anschluss an Deutschland fixfertig aus der Tasche gezogen. Mussolini habe mit keiner Wimper gezuckt. All die schönen Worte vor vier Jahren, die Versprechen eines elenden Bajazzo!

Ängstlich fragte ich, wer angerufen habe und was er entscheiden solle. Georg. Die alten Freunde hätten sich an ihn gewandt. Sie ließen ihm ausrichten, dass sie bereit wären und nur auf sein Zeichen warteten. Er wusste wohl, dass er auf sie zählen konnte. Aber es ging nicht. Sofort zu reagieren wäre Wahnsinn gewesen. Erst müsse man abwarten ... nachdenken. Bis jetzt gebe es noch keinerlei Reaktionen. Nicht einmal die Roten hätten sich bewegt, sie seien wie gelähmt, wie hypnotisiert. Diese Bastarde, rief Ernst aus, auf die eigenen Landsleute hätten sie 1934 geschossen, für die Deutschen spielten sie nun Straßenkehrer und räumten den Dreck weg. In Wien juble die Menge den Nazis streckenweise schon zu ... denselben Typen, die noch vor zwei Jahren Illegale waren.

Ob wir nach Hause zurück könnten, fragte ich schließlich. Ernst sah mir lange in die Augen, dann sagte er zögernd: »Nein, vorerst nicht.« Georg habe ihn auch deshalb angerufen, um ihn zu warnen. Ein gemeinsamer Freund hatte ihn wissen lassen, dass die Nazis ihn unverzüglich inhaftieren würden, sobald er Österreich betritt. Sogar seine Mutter sei schon unter Hausarrest gestellt worden.

Ich war sprachlos. Auch Ernst schwieg. Nach einer langen Pause sagte er zögernd: »Ich habe das Gefühl, dass wir uns auf einen sehr langen Urlaub einstellen müssen.«

Es folgten mehr als unruhige Tage; ein Telefonat nach dem anderen; kaum erreichte uns eine Nachricht, wurde sie im nächsten Gespräch dementiert. Ich ließ mich mit der Direktion des Burgtheaters verbinden, schließlich sollte ich noch in diesem Monat wieder auf der Bühne stehen. Doch Röbbeling war Geschichte ... Die Sekretärin teilte mir mit, dass einen Tag nach dem Anschluss Herr Mirko Jelusich zum Direktor bestellt worden sei. Natürlich habe sich dadurch auch der Spielplan geändert.

Ernst erreichte schließlich seinen alten Freund Fritz Mandl. Er lud uns in seine Wohnung nach Paris ein und schlug vor, das Beste aus der Situation zu machen. Paris ... mir gefiel die Idee und wir willigten ein.

Der Anschluss bedeutete für mich nicht nur die Unterbrechung meiner Arbeit am Burgtheater, sondern verzerrte auch mein Bild in der Öffentlichkeit. Die Zeitungsredaktionen wurden in Windeseile auf einen nationalsozialistischen Kurs gebracht und schossen sich in den folgenden Wochen darauf ein, den Ex-Vizekanzler, den Anführer der Vaterländischen Front, den historischen Feind der NSDAP, den erbitterten Anschluss-Gegner in Misskredit zu bringen. Natürlich färbte das auch auf seine frisch angetraute Gemahlin ab. Titelzeilen wie »Das Ende einer Karriere« oder »Nora Starhemberg gesucht« waren nur einige davon. Letztere bezog sich auf den Umstand, dass mich der Modesalon Berta Farnhammer wegen einer offenen Rechnung in Höhe von 1.660,50 Schilling für meinen letzten Kleider- und Wäschekauf angezeigt hatte. Schließlich wisse man nicht, wo sich

›die Frau Starhemberg‹ zur Zeit aufhalte. Die Wiener Blätter sparten nicht mit Kommentaren. So konnte man unter anderem lesen: »Die fabelhafte Laufbahn dieser Schauspielerin fand ein jähes Ende ... Mehrere Millionen Schilling dunkler Herkunft sind Ernst Rüdiger in den Händen zerronnen als sich ›der große Staatsmann‹, Heimwehrführer und Erbe von Gütern und Titeln des Hauses Starhemberg noch an der Macht befand. Die Juden, genauer Bankiers aus Brünn und Industrielle aus Hirtenberg, haben dem Fürsten immer wieder aus der finanziellen Klemme geholfen. Auf Dauer hat es nicht gereicht. Starhemberg bewies stets eine gute Hand für Geld – aber nur, wenn es darum ging, das der anderen auszugeben! Er hatte einiges zu schlucken – vorwiegend Champagner extra trocken. Nicht zu vergessen sein großes Herz – schönen Frauen stand es allzeit weit offen!«

Über die Frauen wusste die Presse bestens Bescheid. Wenig Glück hätte er ihnen gebracht, den offiziellen wie den inoffiziellen: »Die erste Frau würdigt er keines Blickes mehr. ›Ehe wegen mangelndem Ehewillen annulliert‹, so lautet das dehnbare Urteil der Sacra Rota. Seine zweite Gespielin, Frau Hedwig Kiesler-Mandl, ließ er sitzen. Sie versuchte ihr Glück in Hollywood, scheiterte jedoch am erbosten Widerstand amerikanischer Suffragetten, weil sie im anrüchigen Film *Ekstase* nackt tanzend zu sehen gewesen war. Und seine derzeitige Ehefrau weiß nicht, wie sie ihre Dessous bezahlen soll, mittels derer sie in ihrem Mann das Feuer der Leidenschaft zu entfachen pflegte. Man darf wohl mit Recht behaupten: fürwahr ein vortrefflicher Kavalier. Und so einer hat es zum Führer der Vaterländischen Front und Vizekanzler von Österreich gebracht!«

Die Anzeige des Salons Farnhammer blieb nicht die einzige Notiz, die über mich in den Wiener Zeitungen erschien. Man interessierte sich für mich, allerdings nicht mehr wegen meiner Schauspielkunst. Einige Zeit später prangte auch auf der ersten Seite einer Berliner Illustrierten ein ganzseitiges Foto von mir, es erschien unter dem Titel: »Prominente Jüdinnen der Ostmark!«

Paris, 1939

Trotz allem was geschehen war und weiter geschah, in Paris durchlebte ich viele schöne Momente, und ich gewöhnte mir an, Notizen zu machen. Es war mir wichtig, all das festzuhalten, was rings um mich passierte. Wenn ich jetzt in meinen Aufzeichnungen aus der Pariser Zeit blättere, wird mir wieder bewusst, wie zwiespältig unser Leben damals war. Einerseits war es prall gefüllt mit wunderbaren und bemerkenswerten Ereignissen, andererseits überkam uns bei jeder neuen Nachricht aus Österreich der Jammer unseres Exilantendaseins.

Viele attraktive Projekte hatte man an mich herangetragen – Operetten, Musikkomödien, aber auch Bühnenstücke. Beinahe hätte ich die Elisabeth von Österreich gespielt, aber der Film kam letztlich nicht zustande. Andere Rollen lehnte ich ab, weil ich mich im Französischen noch nicht sattelfest fühlte. Doch dann kam das Angebot, mit Jean Renoir zu drehen! Die Rolle in *La Règle du jeu* reizte mich, darauf wollte ich nicht verzichten.

Bis zu unserer Pariser Zeit hatte ich so gut wie kein Französisch gesprochen. Zwar waren einige Wörter im Gedächtnis hängengeblieben, als das Burgtheater anlässlich der Weltausstellung 1937 ein Gastspiel in Paris gab, aber das war es auch schon. Die Rolle in *La Règle du jeu* spornte mich an, binnen kurzem Französisch zu lernen, und ich begriff schnell.

Neben der Dreharbeit tauchten wird in das Pariser Kulturleben ein. Wir gingen oft ins Theater oder ins Kino und zeigten uns häufig in der Öffentlichkeit. Dergleichen war ich von Wien nicht gewöhnt, Wien hatte mir diesbezüglich viel vorenthalten. In Paris war ich »die Fürstin im Exil«, entsprechend gehoben war mein Umgang. Einmal wurde ich während eines Empfanges dem Herzog von Windsor vorgestellt. Er erwies sich als liebenswürdiger Charmeur. Ein anderes Mal trafen wir Otto von Habsburg bei einer Ausstellung österreichischer Maler. Ich war aufgeregt. Es ist nicht schwer zu verstehen, was Otto für uns Vertriebene repräsentierte.

Waren die Werfels in der Stadt, so führte Alma selbst im Pariser Exil einen kleinen, feinen Salon, weniger üppig als in Wien, doch immerhin. Die Treffen mit der alten Wiener Truppe taten mir gut. Vertraute Gesichter, vertraute Geschichten, nur die vertraute Umgebung fehlte.

Dann gab es wiederum »französische Abende«. Wir besuchten beispielsweise ein Konzert von Maurice Chevalier im Casino de Paris! Ich kannte Maurice aus Hollywood, doch live singen hörte ich ihn zum ersten Mal in Paris.

Gerne vertrieb ich mir die Zeit mit langen Spaziergängen im Bois de Boulogne oder bummelte über den Place d'Etoiles und die Champs-Elysèes. Nicht selten war ich dabei mit der Garbo unterwegs. Gott, wie bewunderte ich diese Frau! Schon als wir in Hollywood zusammen filmten, war sie berühmt, jetzt, acht Jahre später, spazierten wir gemeinsam durch Paris! Bis heute hüte ich ein Foto, das uns Seite an Seite zeigt: zwei Stars ganz privat. Greta hatte eine ganz eigentümliche Ausstrahlung, und wenn sie mich auf ihre Art anschaute, brachte sie mich völlig durcheinander. Was nichts daran änderte, dass sie ausgesprochen herzlich zu mir war.

Trotz aller Betriebsamkeit litt ich an Heimweh. Französische Zeitungen schrieben immer wieder Artikel über Ernst und über mich. Im Gespräch mit einer Journalistin erwähnte ich, dass ich mich bei meinem letzten Auftritt in Wien quasi mit einem Lied von der Stadt verabschiedet hatte: *Adieu Vienne*. Als hätte ich geahnt, was kommen würde.

»Tatsächlich?«, staunte die Journalistin und erzählte, dass sie ein paar Tagen zuvor bei Radio 37 dieses Lied während der Aufnahme der Sendung *Le Bar des Vedettes* gehört hatte. Renè Lefèvre und seinen Studiogästen gingen Text und Melodie spürbar unter die Haut. Die Sängerin selbst war letztlich so ergriffen, dass sie nicht mehr weiter konnte und zu schluchzen begann.

Ich verstand das sehr gut. Wenig später ist mir das gleiche passiert. Ich hatte mich bereit erklärt, bei einer Benefizgala für österreichische Emigranten und Flüchtlinge mitzuwirken. In heiterem Ton trug ich einige Gedichte vor. Doch noch während ich las, machten sich meine Gedanken selbständig. Ich dachte an zu Hause und an das Schicksal der Heimat. Ich dachte an meine Geschwister, die meinetwegen nun im Visier der Nazis standen. Ich dachte daran, dass ich seit meiner Hochzeit keinen einzigen Tag als Nora Starhemberg in Wien gelebt hatte. Vor versammeltem Publikum brach ich in Tränen aus.

Das wichtigste Ereignis – eine glückliche Fügung, ja geradezu ein Geschenk – war meine Begegnung mit Renoir. Eines Abends besuchten wir eine Vorstellung im Gymnase Theater. Renoir saß in einer Reihe mit einigen anderen Schauspielern, ich war nicht weit von ihm entfernt. Immer wieder schaute er zu mir herüber und schließlich bestand er darauf, mich kennenzulernen. Erst im Nachhinein erfuhr ich, dass er fortwährend seine Blicke auf mich gerichtet hatte. »Das ist Christine!«, hatte er einem seiner Freunde ins Ohr geraunt. »Diese Frau ist die Idealbesetzung für meinen Film! Wer ist sie? Sie soll die Hauptrolle übernehmen ...«

»Keine Ahnung, wer das ist«, hatte der Freund geantwortet. »Aber sie kommt mir bekannt vor, irgendwo habe ich sie schon gesehen.«

Während der Pause machte uns Regisseur Henry Bernstein miteinander bekannt. Renoir lud mich und die anderen auf ein Glas Champagner ein. Ich kannte Renoir nur dem Namen nach, bewunderte ihn jedoch für seinen Film *Grande Illusion*.

»Möchten Sie Christine sein?«, fragte er ohne Umschweife.

»Wie bitte?«, antwortete ich. Jean Renoir klärte mich auf, wie seine Frage gemeint war. Wir plauderten bis zum Ende der Pause und schließlich offerierte er mir allen Ernstes die Hauptrolle in seinem nächsten Film – nicht ohne mehrmals durchblicken zu lassen, wie angetan er von mir war.

Jean hielt sein Wort und warf die ursprünglich für die Rolle vorgesehene Schauspielerin hinaus. Er verlegte den Ort der Handlung von Schweden nach Österreich und schnitt das Drehbuch auf mich zu. Christine ist die Tochter des berühmten Dirigenten Stiller aus Wien. Man muss ihn sich als eine Art Toscanini vorstellen. Ein französischer Baron holt Stiller nach Paris, wo er ein Konzert dirigieren soll. Der Baron, dargestellt von Marcel Dalio, ist Kunsthändler und Mäzen zugleich. Er lernt Christine kennen, sie heiraten. Aber Christine ist für das Leben als Dame der besseren Gesellschaft nicht geschaffen. Ihr Vater bringt es auf den Punkt: Bloß Ehefrau des Barons zu sein, die Zeit nur mit Nichtstun zu verbringen, daran könne sich seine lebhafte Tochter nicht gewöhnen. Empfänge, Feste, Jagdpartien ... nichts tröstet Christine über ihre Melancholie hinweg. Die Zeit ist reif für einen Liebhaber ...

Als Regisseur war Jean rührend, er tat sein Bestes, um mir die Arbeit zu erleichtern. Bei diesem Film war er alles in einer Person. Er führte Regie, schrieb die Texte und kümmerte sich um die Dialoge. In seinem Kopf war der Streifen schon fix und fertig, ehe er seine Ideen niederschrieb. Schließlich brachte er den Film auf die Leinwand und übernahm selbst eine der Rollen! Im Grunde für eine Person viel zu viel, aber Jean hatte kräftige Schultern, er konnte diese Last tragen.

Außerdem wusste er sein Talent richtig einzusetzen. Es schien, als würde er nie müde werden, er war ganz auf die Arbeit konzentriert, das brachte auch sein Gesicht zum Ausdruck. Seine präzisen Vorstellungen erklärte er uns mit ebenso präzisen Gesten und mit derart lauter Stimme, dass es nur so durch die Burg von Colinière schallte. Besser gesagt: durch die Kulissen der Burg, die in zwei aneinander gekoppelten Aufnahmestudios nachgebaut worden war.

Oh, wenn ich daran denke, dann sehe ich uns noch heute durch dieses künstliche Schloss marschieren. Die gesamte Truppe trippelte hinter Jean her und hörte ihm aufmerksam zu. Schließe ich die Augen, so stehen sie wie damals vor mir: Roland Toutain als stolzer Spanier, Julien Carette in der Kleidung eines Jagdaufseher – ein versteckter Scherz, denn im

Film spielte er einen Wilderer – Marcel Dalio im Hemd und Paulette Dubost im Pelz. Inmitten der Männer stand ich – im prächtigen Dirndl mit geschnürtem Leib, mit duftigen Puffärmeln und mit einem Blumenkranz im Haar, grün, rot, gelb, blau ... bestimmt mangelte es meinem Kleid nicht an Farben, um die Blicke der anderen auf mich zu ziehen. Doch stattdessen beobachteten alle amüsiert mein Gesicht, wie ich gebannt den Anweisungen des Regisseurs folgte. Ich hing an seinen Lippen. Angeblich veränderten sich meine Züge, wenn er sprach, und meine Mimik passte sich seinen Worten an. Zwar bringt ein Gesicht höchst selten die Gedanken eines anderen zum Ausdruck, aber in diesem Fall war es so. Ich war dafür bekannt, ein recht lebhaftes Mienenspiel zu haben.

Wie glücklich war ich an jenem Tag, als ich einen »Tunnel« bravourös und fehlerfrei meisterte. Wir vom Theater meinen damit einen langen Monolog, einen endlosen Text, den man, ohne Atem zu holen, in einem Zug sprechen muss. Ich war hoch zufrieden mit mir. Ich fühlte, wie gut ich funktionierte. Jean war sehr aufmerksam und bemüht, er kam mir entgegen, wo er nur konnte.

Fast zwei Monate waren wir ein Team. Allein die Außenaufnahmen in Sologne dauerten vier Wochen. Wir hatten Pech mit dem Wetter, häufig war es schlecht. Aber was die Beleuchtungstechniker unter schlecht verstanden, war reichlich bizarr: Sie hassten den Regen, doch sobald die Sonne schien, empörte sie das noch mehr ... Als man mir die Aufnahmen des wolkenverhangenen Himmels und des Sumpfgestrüpps zeigte und ich die scharfen Hell-Dunkel-Kontraste sah, verstand ich warum.

Wochenlang drehten wir Jagdszenen. Wie sehr ich mich auch bemühte, Jean alles recht zu machen, aber zu schießen? Selbst er konnte mich nicht dazu bringen. Ich hasste die Jagd ... Trotz allem gab es einiges zu lachen: Dalio, das Gewehr in der Hand, wurde von einem Fasan buchstäblich niedergerannt, der Vogel hätte sich beinahe in seinen Bauch gebohrt und Dalio war vor Schreck wie erstarrt.

Die Jagdszenen standen im Drehbuch, damit Christine die Untreue ihres Mannes erkennt. Christine muss mit ansehen, wie sie Dalio mit Mila Parely betrügt ... Aber sie liebäugelt inzwischen ohnehin mit Pierre Nay und lässt sich überdies von Roland Toutain den Hof machen.

Als Christine ihren Mann in den Armen einer anderen sieht, empfindet sie zunächst Hass, dann aber nur noch Verachtung. Seine Manie, kuriose Dinge zu sammeln, macht sie krank. Spieldosen, alte Plattenspieler, absurde kleine Jahrmarkt-Klaviere und Maultrommeln ... Maultrommeln! Wie kann er nur ... Sie ist doch die Tochter eines berühmten Dirigenten und Komponisten aus Wien!

Jean war ganz offensichtlich vernarrt in mich, hatte sich aber gut unter Kontrolle. Er war sympathisch, immer ein interessanter Gesprächspartner, nie überschritt er die Grenze. Ich wertete es als das Zeichen eines großen Respektes mir gegenüber. Er wollte mich mit seiner Menschlichkeit erobern, mit seiner genialen Intelligenz. Eines Tages erzählte er mir, wie sehr ihn die französische Barockmusik bei der Arbeit beeinflusst hatte: »Du verbringst einen Abend damit, Schallplatten anzuhören, und am Ende hast du einen Film im Kopf. Ich kann nicht behaupten, dass die französische Barockmusik allein dafür ausschlaggebend war, *La Règle du jeu* zu machen, aber sie hat sicher das ihre dazu beigetragen. Ich verspürte plötzlich den Wunsch, Charaktere in die Welt zu setzen, die dem Geist dieser Musik entsprechen.«

Jean war von seiner Idee überzeugt. Auch ich fühlte, dass dieser Film zum wichtigsten meiner Karriere werden könnte. Doch nicht weniger wichtig war der Halt, mehr noch der Trost, den mir die Arbeit in dieser schwierigen Zeit gab. Jean erzählte mir, dass er anfänglich die Geschichte von *Caprices de Marianne* drehen und die Handlung in die Gegenwart verlegen wollte. Nach und nach kamen andere Elemente hinzu, sodass die ursprüngliche Idee nur mehr als grobe Skizze erkennbar war. Noch während der Dreharbeiten schwankte er täglich zwischen Komödie und Tragödie, unsicher, welches Genre er bedienen sollte. Jean war teilweise völlig entmutigt, dann wieder, wenn er sah, wie wir Schauspieler seine Vision auf dem Set verwirklichten, sprühte er vor Begeisterung. Vielleicht war genau das die Idee – man sollte seine Unschlüssigkeit ruhig spüren, sowohl in der Geschichte selbst, als auch darin, wie er sie umsetzte.

Sicher war Jean auch von unserem Schicksal berührt. Er liebte die Geschichte der Nora Gregor, der Schauspielerin, die nun eine Fürstin war, und die Geschichte des Ernst Rüdiger Starhemberg, der mit der Heimwehr eine Gruppierung angeführt hatte, die den Führer in die Schranken weisen wollte. Die Flutwelle der Nazi-Gewalt habe uns aus der Heimat weggespült, erklärte Jean stets, noch während er mich jemandem vorstellte. Ich wusste wohl, dass er überall erzählte, wie spürbar unsere Erschütterung für ihn sei. Alles woran wir geglaubt hatten, sei am Zusammenbrechen. Unser Gemütszustand im Exil, *das* wäre ein Stoff – wie gemacht für einen Roman.

Letztlich profitierte Jean davon und war über meine Stimmung nicht wirklich betrübt. Denn laut Jean passte der Gedanke eines aufrichtigen »Flattervögelchens« gut zu mir und half mit, Christines Charakter zu formen.

Jean war bass erstaunt, als sein Film, der doch unterhalten sollte, ein Durchfall war. »Dem Großteil des Publikums geht er gegen den Strich«, war sein erster, ungläubiger Kommentar. Bestimmt lag es nicht an den Charakteren, sie waren freundlich und sympathisch angelegt. Aber Jean hatte einer in Auflösung begriffenen Gesellschaft einen moralischen Spiegel vorgehalten und die Rechnung prompt serviert bekommen. Fast allerorts schlug ihm blanker Hass entgegen. Einzelne Kritiker lobten den Film – doch was half es – die Zuschauer nahmen es persönlich und reagierten pikiert. Der Misserfolg von *La Règle du Jeu* kränkte ihn sehr, so sehr, dass er ernsthaft daran dachte, mit dem Filmen Schluss zu machen oder Frankreich zu verlassen.

Nicht nur Jean, auch ich hatte mit dem Ganzen und mit mir selbst zu kämpfen. Ich hielt dem Druck nicht stand und erlitt einen Nervenzusammenbruch. Erst im Sanatorium kam ich zur Ruhe und musste mir eingestehen, dass auch ich zu große, viel zu hochfliegende Hoffnungen in den Film gesetzt hatte.

Porto, 1940

Geschafft! Vor mir liegt der Atlantik. In zwei Tagen geht es mit dem Dampfschiff nach Südamerika. Nur noch zwei Nächte in unserem kleinen, bescheidenen Gasthaus. Ich spiele ausgiebig mit Heini, zwischendurch habe ich genügend Zeit, mich meinem Tagebuch zu widmen, das ich seit Paris sehr konsequent führe. Während ich schreibe, fällt mir auf, dass ich viel mehr sagen und notieren möchte, als es ursprünglich meine Absicht war. Auch wenn ich nicht genau weiß, für wen ich das alles niederschreibe. Vielleicht für Heini, eines Tages?

Während unserer Pariser »Verbannung« hatte Ernst alles daran gesetzt, eine österreichische Exilregierung aufzubauen. Seine Bemühungen waren jedoch auf Skepsis gestoßen – sowohl bei den Sozialdemokraten als auch bei Otto von Habsburg. Für die Roten blieb Ernst der Austrofaschist, Otto hingegen sah in ihm einen möglichen Gegner, falls eine Rückkehr zur Monarchie vielleicht doch spruchreif wäre.

Ernst fing an, seine Memoiren zu schreiben. Er hatte einen englischen Verleger gefunden und sah darin eine Möglichkeit, seine Standpunkte und seine Ansichten über ein freies Österreich schlüssig aufzubereiten.

Bereits einige Monate vor dem Einmarsch der Deutschen in Paris waren wir in den Süden übersiedelt. Wie viele aus der Exilkommune hatten auch wir uns an der Côte d'Azur niedergelassen, allerdings etwas abgesondert von den anderen. Von dort sollte es direkt nach Argentinien gehen. Ernst hatte entschieden, dass ich mit Heini allein vorausfahre, und ich hatte mich schweren Herzens gefügt. Ernst hatte sich zur französischen Luftwaffe gemeldet. Er wollte seine Überzeugung und seine Ausrichtung unmissverständlich unter Beweis stellen, natürlich unter der Bedingung, keine Einsätze über Österreich fliegen zu müssen. Die Nachricht von seiner freiwilligen Meldung hatte sich im Dritten Reich wie ein Lauffeuer verbreitet. Als unmittelbare Reaktion auf diesen »Hochverrat« wurden seine Güter und Ländereien in der Sekunde beschlagnahmt. Über Nacht waren wir mittellos und auf die Freundschaft eines Waffenfabrikanten angewiesen. Wieder dieser Fritz Mandl!

Der Kampf an der Seite der Alliierten war Ernsts Antwort an all jene, die ihm geheime Verhandlungen mit den Nazis unterstellt hatten. Es war auch eine Botschaft an die Sozialdemokraten, viele hatten in einer von den Nationalsozialisten organisierten Volksabstimmung, die zwar im Grunde genommen nur eine Farce war, mit einem Ja für den bereits erfolgten »Anschluss« gestimmt. Eine der roten Leitfiguren hatte öffentlich zu einem Ja aufgerufen.

Wie unvorstellbar weit liegen die Tage in Antibes und in Paris zurück! Verdrängt durch die Erlebnisse der letzten Junitage! Ich kann sie kaum in Stichworten zusammenfassen, so geballt sind sie über uns hereingebrochen.

Juni 1940! Nicht einmal eine Woche ist es her. Ein von aller Welt vergessenes Nest an der Westküste Frankreichs. Grand'mère Geoffrei, eine liebe alte Bäuerin, hat uns drei Zimmer in ihrem Haus überlassen. Anfangs nur zögerlich, denn sie hat Angst vor jeder Unruhe. Nun aber umsorgt sie uns liebevoll. Es sind die letzten freien Zimmer in der ganzen Gegend. Keine Spur von Möbeln, rasch werden ein paar große Säcke zusammengenäht und mit Stroh vom Nachbarn gefüllt, das sind unsere Betten. Alte Kisten benützen wir als Tische, einen Trog in der Waschküche als Badezimmer. Aber es macht mir nichts aus. Wenigstens kann ich so einige Tage mit Ernst zusammen sein. Er ist als Fliegerleutnant ganz in der Nähe stationiert.

Manchmal überkommt mich eine heiße Sehnsucht nach dem kleinen Märchenschloss an der Côte d'Azur. Wie unendlich liebenswürdig von diesem Amerikaner, es uns für die Kriegsdauer zu überlassen. Es lag auf einer kleinen Anhöhe. Mitten zwischen blühenden Orangenbäumen, mit Blick auf das ewig blaue Meer und die schneebedeckten Berge – so sah ich es zum letzten Mal. Ehe es hieß ... weg von hier ... weiter nach Westen!

Wenigstens mein kleiner Heini ist in Grand'mères Dorf restlos glücklich. Ein süßes Kind mit langen blonden Locken und großen dunklen Augen. Mit seinen fünf Jahren lebt er da wie dort sein Leben mit Schneewittchens sieben Zwergen weiter. So wie er einst seinen geliebten Dowpy unter Mimosenbäumen und blühenden Rosen spazieren führte, so trägt er ihn nun zwischen Salatbeeten und Kornfeldern herum, um die ganze Zwergenfamilie dann auf einem Misthaufen in Grand'mères Gemüsegarten rasten zu lassen.

Er ahnt nichts von den Aufregungen, die die Flüchtlinge in das kleine Dorf bringen. Sie kommen aus Mittelfrankreich, und täglich werden es mehr. Alles drängt sich zusammen, die Leute schlafen auf dem Boden, es gibt kein Brot und keine Lebensmittel. Gekocht wird schon lange nicht mehr, die Kohlen sind längst ausgegangen. Heini und sein Dowpy essen das, was man ihnen gerade gibt ... und fühlen sich wohl dabei.

18. Juni. Ich fahre mit dem Auto in die nächste Stadt, um meine Papiere in Ordnung zu bringen. Die Flüchtlinge sind wortkarg, mit zusammengebissenen Zähnen sehen sie der Zukunft entgegen.

Plötzlich jemand, der sich zu mir neigt. »Fürstin, verlieren Sie keine Minute! Lassen Sie alles stehen und liegen! Wenn Sie ihr Kind retten wollen, dann fahren Sie sofort los!«

Schon sitze ich im Auto, nur vorwärts mit meinem Kind!

Vor unserem Haus treffe ich Ernst. Er kommt vom Flughafen. »Die Deutschen sind nur einige Kilometer entfernt«, ruft er mir zu, »alles liegen lassen und nur fort!« Was gerade griffbereit ist, werfen wir ins Auto, dann ein letztes Adieu.

Zum Abschied steht er neben mir. Der Mann, mit dem ich gemeinsam durch so schicksalsschwere Jahre gegangen bin, ist jetzt französischer Fliegerleutnant. Ernst will nicht mit uns fliehen, will bis zum letzten Augenblick seinen Dienst tun. Was wird ihm das Schicksal bringen? Werden wir uns wiedersehen? Eine innige Umarmung, dann reiße ich den Wagen herum.

Ein letztes Mal drehe ich mich um. Ein letzter Blick auf ihn ... stattlich und groß, jeder Zoll ein Grandseigneur. Noch einmal winkt er uns zu. Ich sehe, wie auch ihm die Tränen über die Wangen rinnen.

Nun vorwärts, immer vorwärts! Der kleine Heini muss an einen sicheren Ort gebracht werden! Unser Kind sitzt neben mir und spricht kein Wort. Diesmal scheint es den Ernst der Lage zu verstehen. Neben ihm Ada, seine treue Begleiterin. Seit zwei Jahren teilt sie unser Schicksal. Sie ist in dieser harten Zeit zu unserer treuesten Freundin geworden.

Die Straßen sind voll mit Militär, pausenlos heißt es: Papiere vorweisen, Marschkolonnen abwarten. Jeder Aufenthalt ist mir eine Qual. Nirgends ist Benzin zu erhalten, der Tank ist fast leer. Es wird langsam finster und es gießt in Strömen. Eine Tankstelle! Durch eine schmale Ritze fällt ein Lichtschein ins Freie. Ich halte an, ein Soldat steht davor. »Helfen Sie mir bitte, ich brauche Benzin, ich bin in besonderer Mission hier«. Er sieht meine Aufregung, geht den Besitzer wecken. Schwer besoffen kommt dieser aus dem Haus, er schreit herum und will mir nichts geben. Sein Angestellter füllt mir schließlich Benzin ein.

Jetzt nur schnell durch Bordeaux, solange das Gewitter so heftig ist. Das Wetter schützt uns vor Bombenangriffen. Gespenstisch beleuchten die Blitze eine wie ausgestorben scheinende Stadt. Heini schläft schon fest. Gott sei's gedankt, wir haben die Stadt durchquert! Ein Wagen überholt uns und hält uns auf. Es ist ein Fliegerleutnant ... und er kennt Ernst. »Fahren Sie nach Arcachon, Ihr Mann ist an die Südwestküste Frankreichs geflogen, vielleicht können Sie ihn dort noch sehen.« Schon rast er in seinem Auto weiter. Bis Arcachon ist es noch weit. Ich bin furchtbar müde. Aber ich muss es heute noch schaffen.

In einem kleinen Ort hält mich ein Gendarm an. »Wieso fahren Sie mit Licht, wissen Sie nicht, dass wir eine *Alerte* haben?« Nein, ich wusste es nicht. Nun fahre ich ohne Licht, es ist stockdunkel, ich komme nur im Schritt voran. Um ein Uhr nachts bin ich in Arcachon. Endlich! Alles schläft. Ich frage nach einem Zimmer. Nur ein paar Stunden ausruhen und allein mit meinen Sorgen sein. Alles ist überfüllt, gegen zweitausend Menschen schlafen in ihren Wagen.

Auch für uns heißt es, die Nacht im Auto verbringen. Heini ist aufgewacht. Er sucht seine Zwergerln. Ich helfe ihm dabei. Sie sind nicht mit. Mein armer Heini. Große Tränen rinnen über sein Gesicht, er schluchzt bitterlich. Ich weiß nicht, wie ich ihn trösten soll. Sie waren seine ständigen Begleiter. Nie ist er eingeschlafen, ohne sie im Arm zu halten. Armer Kleiner! Immer bist du unterwegs! Kaum hast du dich eingewöhnt, reißt man dich wieder von allem los.

Ich mache kein Auge zu. Wohl versuche ich mich zum Schlafen zu zwingen, doch es geht nicht. Die Ereignisse der letzten Jahre kreisen vor meinen geschlossenen Augen. Ich sehe meinen Mann auf der Terrasse von Schönbrunn, wie er zu seinen Heimatschützern spricht. Vierzigtausend sind seinem Ruf gefolgt. »Heil Starhemberg! Heil Ernst Rüdiger Starhemberg!« So hallte es in einem fort durch den weiten Park der kaiserlichen Residenz. Seine ganze Kraft, sein ganzes Vermögen hat er für sein Österreich geopfert. Über zwei Jahre hat er nun schon keine Heimat mehr. Wie schon als Vizekanzler, kämpft er nun als Fliegeroffizier für die Ideale von damals. Grau und gespensterhaft sieht die Zukunft aus. Meine Flucht mit dem Kind, ohne Geld, ganz allein – wohin?

Endlich bricht der Tag an. Heini will nicht mehr schlafen, er geht ans Meer und sieht sich die Boote an. Aus einem nahen Haus kommt eine einfache Frau und bringt uns eine Waschschüssel, Seife und Handtücher. Wie wohl das tut. Ihr Mann kocht Kaffee und streicht uns Butterbrote. Die Leute sind aus Belgien geflüchtet. Der Mann war Fabriksbesitzer, jetzt arbeitet er als Mechaniker in einem Werk.

Nun aber rasch mit der Suche nach Ernst beginnen! Ich frage in mehreren Hotels nach ihm, niemand hat ihn gesehen. Massenhaft kommen uns Fliegeroffiziere entgegen, ich frage sie alle, doch keiner weiß etwas. »Wo wollen Sie denn hin«, fragt mich ein höherer Offizier. »Nach Pau.« »Dann fahren Sie gleich! Versäumen Sie keine Zeit!« Er hat Recht, ich werde auf das Wiedersehen mit meinem Mann verzichten, zuerst muss ich an Heini denken.

Wir fahren durch eine herrliche Gegend, ein wunderbarer Wald, der unseren österreichischen Wäldern gleicht. Unterwegs wieder ein furchtbares Gewitter, wir bleiben auf der Straße stehen, an ein Weiterfahren ist nicht zu denken. Glücklicherweise ist das Haus, bei dem wir angehalten haben, ein Gasthaus. Zufällig gibt es hier sogar etwas zu essen. Je näher wir Pau kommen, desto schwieriger wird die Fahrt, unentwegt Kontrollen. »Der Weg nach Pau ist gesperrt, sie können und dürfen nicht weiterfahren.« Ich zeige dem Beamten meine Empfehlungsbriefe. »Ich muss nach Pau hinein!« Mein Herz scheint still zu stehen. Noch ein letzter Anlauf. »Mein Herr, sehen Sie nicht, dass es sich um mein Kind handelt! Ich muss dieses Kind retten, muss womöglich heute noch über die Grenze! Haben Sie doch Erbarmen mit einer Mutter, die um ihr Kind bangt.« Der Gendarm sieht mich immer noch finster an. »Passieren«, stößt er hervor, und denkt dabei vielleicht an seine eigenen Kinder.

Ich fahre, was ich nur fahren kann. Endlich sind wir in Pau. Der Weg führt an einem Spital vorbei, verwundete Soldaten schauen aus den Fenstern. Mir schnürt es das Herz zusammen.

Die Préfecture in Pau ist belagert. Wie durch ein Wunder kann ich vorsprechen. Verzweifelt schildere ich meine Lage. Der Mann hat mich merkwürdigerweise rasch verstanden. Ich bin am Zusammenbrechen, nach einem Glas Wasser komme ich wieder zu mir.

Während wir am spanischen Konsulat warten, kaufe ich Heini einen kleinen Freund. »Hiasl« nennt er ihn und schließt ihn gleich in seine Arme und in sein Herz.

Nun so rasch als möglich nach Bayonne. Doch nur zu bald merke ich, dass ich es nicht mehr schaffen kann. Wir halten in einem größeren Dorf, kein Zimmer ist mehr frei. Eine alte Frau sitzt vor ihrem Haus, sie spürt unsere Müdigkeit und unsere Verzweiflung.

»Sie können sich bei mir ausruhen«, sagt sie, »es ist zwar bescheiden, aber sauber.« Rasch richtet sie uns die Betten, ich fürchte, wir haben ihr die eigene Schlafstätte genommen, doch kann ich vor Müdigkeit an nichts mehr denken. In der Früh gibt es sogar warmes Wasser zum Waschen und in der Küche ist ein herrliches Frühstück hergerichtet. Gott vergelt's dieser lieben Frau, sie will nichts von mir annehmen. Gesegnet seist du Land mit so großer Gastfreundschaft. Wie ein Sonnenstrahl hat mich dieser Freundschaftsdienst gewärmt.

In Bayonne ein Auto neben dem anderen, man kommt nur mit Mühe weiter. Das portugiesische Konsulat ist überfüllt. Bis auf die Straße stehen die Leute. Sie schreien, sie stoßen, Soldaten müssen einschreiten, um Ordnung zu schaffen. Da mache ich nicht mit, lieber gleich an die Grenze fahren.

Wieder meint es die Vorsehung gut mit uns. Niedergeschlagen komme ich ins Hotel, treffe dort die Dame, die uns anempfohlen wurde.

»Sie brauchen sich keine Sorgen zu machen, Madame. Sie müssen mir nur sagen, wie viel Geld Sie wollen und ich borge es Ihnen.« Aus tiefstem Herzen umarme ich diese Frau. Ich möchte ihr einen Ring als Pfand dalassen, sie lehnt ab, will nicht einmal eine Bestätigung.

Nun doch das portugiesische Visum besorgen und dann schnell weiter, um so wenig Geld wie möglich zu verbrauchen! Wir übernachten in einem kleinen sauberen Gasthaus mitten auf der Landstraße. Heini findet sogleich kleine spanische Freunde. Sie verstehen nicht die Sprache des anderen, doch sie spielen wunderbar miteinander.

Was soll nur aus uns werden?

Am nächsten Morgen geht es mit frischen Kräften weiter. Trotz aller Eile zeige ich Heini die wunderbare Kathedrale von Burgos, dieses gotische Meisterwerk. Fast scheint mir, er fühlt die Größe und Erhabenheit des Domes, denn sein Plaudermund – fast nie steht er still – schweigt.

Als nächstes plane ich in Salamanca zu übernachten. Mysteriöse Gestalten halten meinen Wagen auf, stellen sich beiderseits auf die Trittbretter. Sie reden in allen Sprachen auf mich ein, jeder will mir einen Weg zeigen. Ich fürchte mich, und da ich von der Fahrt unendlich müde bin, steigert sich diese Furcht immer mehr. Jeder Mensch wird für mich zum Feind.

Ich frage in mehreren Hotels, alle Zimmer sind besetzt. Ich weiß mir keinen Rat. Endlich finden wir eine kleine Pension. Noch nie habe ich in einem Haus so einen widerlichen Gestank wahrgenommen, angebrannte Milch, ranziges Öl, faule Eier, es dreht mir den Magen um. Wir legen uns angezogen auf die Betten, alles klebt vor Schmutz. In aller Früh fahren wir weiter. Die Straße, die von hier zur Grenze führt, gleicht einem steinigen Feldweg, rundum ödes Land, nur selten ein Dorf, das mit seinen kleinen niederen Hütten an die Zeit der Höhlenbewohner erinnert.

Endlich die Grenze. Nie hätte ich bei unserer Ankunft geahnt, dass unser Leidensweg erst jetzt beginnt.

Wir sehen uns um, sehen an die hundert Autos bei der Zollstation warten. Nun heißt es Geduld haben. Ein furchtbarer Sturm beginnt zu toben, kaum möglich aus dem Auto zu steigen. Heini kann nicht mehr still sitzen. Wir gehen in dem kleinen Grenzdorf auf und ab. Der Kleine hat Hunger, außer ein paar Kirschen ist nichts zu bekommen. Da helfen unsere Wagennachbarn, es sind zwei Amerikaner. Sie geben Heini Brot, Kekse und Schokolade, der Kleine braucht nicht mehr zu hungern. Wir versuchen, bei Bauern Eier zu beschaffen, erklären es ihnen in allen Sprachen. Mit Kikeriki und Kokoko gelingt es endlich, sie bringen uns ein Ei.

Ein Eisenbahnzug mit Flüchtlingen hält an. Ein kleines Mäderl stürzt auf uns zu. »Catherine, was machst du denn hier?« Catherine ist eine der Spielgefährtinnen meines Buben von der Côte d'Azur, ihr Vater war polnischer Legionär. Auch sie flüchten in eine ungewisse Zukunft. Heini und Catherine haben sich viel zu erzählen und tauschen Geschenke aus. Ich sehe einen kleinen Ball und einen Radiergummi in Heinis Taschen wandern.

Endlich komme ich zur Zollabfertigung. Die restlichen Peseten muss ich hier lassen, ich darf sie nicht mitnehmen. Wieder stehe ich vor dem Nichts und wieder ist Hilfe nahe. »Ich kann im Augenblick nicht viel für Sie tun Fürstin, aber wenn ich Ihnen mit einigen Dollars aushelfen darf, so wird mir dies eine Freude sein.« Wie soll ich ihm danken, meinem Retter in der Not? Es war einer der beiden Amerikaner. Überglücklich nehme ich sein Angebot an.

Um neun Uhr abends lässt man mich bis zur eigentlichen Grenze fahren. Ödes Land, ein kleines Haus, ein Brunnen und eine lange Schlange mit Autos. Wieder im Auto übernachten. Eisig bläst der Wind über die Steppe. Wir richten aus Koffern und Decken ein Bett für Heini zurecht, er schläft sorglos ein, nur einmal sucht er im Schlaf seinen Hiasl, der ihm heruntergefallen ist. Wir machen es uns so bequem wie möglich, doch die Kälte hält uns wach.

Endlich wird es Morgen. Wenn ich nur ein Frühstück für meinen Buben hätte! Da sehe ich einige Männer mit Körben herumgehen. Sie verteilen Butterbrote und heißen Tee. Es ist das englische Hilfskomitee, das wirklich rührend für uns sorgt.

Die Sonne arbeitet sich durch. Es wird etwas wärmer. Der Kleine spielt auf der Wiese, pflückt ein paar armselige Blumen und baut aus den herumliegenden Steinen kleine Häuser. Endlich sind wir bis zum Grenzdorf vorgefahren. Es ist dasselbe Warten, doch steht man bereits zwischen menschlichen Behausungen und kommt sich nicht mehr so verlassen vor. Ins Dorf zu gehen ist verboten, dennoch erobern wir eine Schachtel Sardinen und wieder kommt uns das englische Komitee zur Hilfe. Sie verwöhnen uns geradezu und Heini fühlt sich wie im Paradies mit all der Schokolade, den Biskuits und den Früchten, die sie ihm bringen.

Gegen Abend kann ich meine Sachen verzollen, doch die Passformalitäten werden erst morgen erledigt. Noch eine Nacht im Auto! Als hätten wir's geahnt, haben wir uns vorweg bemüht, ein Zimmer zu finden, vergebens. Diesmal schlafen wir auf dem Bahnhofsplatz, eingepfercht zwischen den anderen Wagen. Bis gegen Mitternacht hört man es Tuten und Rufen, einige Wagen fahren noch ab. Ich schlafe über dem Volant ein und wache durch heftiges Hupen auf. Wahrscheinlich habe ich mich zu fest auf das Lenkrad gestützt und die Hupe erwischt. Schon steht ein Gendarm neben mir und befragt mich mit strenger Miene. Ich stammle »Dormir – tüt, tüt!«, damit ist der Friede wieder hergestellt. In der Früh verhängen wir die Fenster mit Decken und halten die Katzenwäsche ab.

Dann stellen wir uns um die Pässe an. Viele neue Gesichter sind dazugekommen, aber auch viele Bekannte trifft man wieder, Menschen, mit denen man so manch fröhlichen Abend in Paris verbracht hat. Vielleicht helfen sie mir weiter. Ich schildere ihnen meine Situation, dass ich mittellos und allein mit meinem Heini hier stehe. Sie hören es nicht, sie wollen mich nicht verstehen.

Warum einer von ihnen ausgerechnet vor meinen Augen seine Brieftasche öffnen muss? Damit ich seine großen Dollarnoten sehe? Will er mich aufs Tiefste erniedrigen?

Ich gehe zur Seite, ich kann nicht mehr weiter. Ein portugiesischer Beamter kommt auf mich zu, er trägt sich an, mir zu helfen. In wenigen Minuten habe ich alle Papiere parat. Er begleitet mich zum Auto. Ob er für mich Benzin tanken dürfe? Ich bin so müde, dass ich annehme. Dieser mir gänzlich fremde Mensch bittet mich, ihm nichts zu bezahlen, es solle mir Glück für diese Reise bringen. Wie wohl das tut!

Nach sechzigstündigem Aufenthalt an der Grenze fahre ich nun in das so gastfreundliche Portugal hinein. Einen Tag raste ich nicht weit von der Grenze in einem kleinen englischen Hotel, dann geht es weiter nach Porto. Meinen Kontaktmann, einen Portugiesen, kenne ich bloß dem Namen nach. Ich habe mich telegraphisch von der Grenze aus an ihn gewandt. Er bietet mir sein Haus an, Liebenswürdigkeit pur. Er kümmert sich rührend um uns, ich darf bleiben, bis ich weiß, wohin ich gehen soll. Nun habe ich für einige Tage ein sicheres Obdach, endlich kann ich mich ausruhen.

Und dann?

Wann werde ich Ernst wiedersehen?

Welches Land wird uns Flüchtlinge aufnehmen?

Und Heini, wird er jemals seine Zwergerln wiederfinden?

Mar del Plata (Argentinien), 1941

»Endlose Wochen auf dem Dampfer und eine Entfernung, die nur aus Ozean besteht und von Stunde zu Stunde wächst ...« Ich empfand diese Reise damals nicht als Flucht, vielmehr hatte ich das Gefühl, weggeschwemmt zu werden – als schwankte ich zwischen einzelnen Momenten hin und her, in denen ich glaubte, ins Nichts zu stürzen.

Dann die Ankunft in Buenos Aires, auch sie von Mühen geprägt, doch sollte sie nur der Beginn unserer schwierigen Zeit in Argentinien sein. Die ersten Tage war ich recht wackelig, ich hatte Herzschmerzen und einen heftigen Schnupfen. Man erklärte mir, dass diese Herzzustände und die Schwäche vom Klimawechsel kämen. Wir wohnten in einer kleinen Pension in Belgrano, in einem Stadtviertel, wo viele Deutsche lebten und den ganzen Tag und beinahe auch die ganze Nacht ein höllischer Lärm herrschte.

Langsam nahm ich unser Schicksal an. Aber es war schwer, Arbeit zu finden. Jeder Handwerker, jedes Stubenmädchen, jede Köchin bekam eine Stellung – nur für mich gab es nichts. Ich versuchte mich irgendwie selbständig zu machen, was aber in diesem Land aussichtslos war. Als Schauspielerin hatte ich keine Chance. Allein schon deswegen fühlte ich mich oft schlecht, war deprimiert. Außerdem ging mir das Leben in jener mickrigen Pension schrecklich auf die Nerven.

Eines Tages ging ich in die Oper. Ich hatte eine Karte geschenkt bekommen und war vor Freude außer mir. Man gab den »Zigeunerbaron« in deutscher Sprache. Fast hörte ich Papa das »Wer uns getraut« singen. Auch meine Mutter hörte ich im Geiste, denn sie hatte dieses Lied gerne und oft vor sich hergesungen. Während der Aufführung fühlte ich mich wie in einer besseren Welt.

Von Ernst hörte ich nichts, was mir das Herz oft recht schwer machte. Ich konnte es verstehen – wo und wie hätte er schreiben sollen? Wie gerne wäre ich in seiner Nähe gewesen, aber was nützte alles Grübeln und Jammern – so war es, und damit musste ich mich abfinden.

Irgendwann kam Fritz Mandl aus New York zurück – und war so wie immer. Es gefiel ihm, »uns« um sich zu haben. Mein Leben war nicht erfreulich, in keiner Weise.

Auch das mit dem Klima war so eine Sache. Oft litt ich an krankhafter Schläfrigkeit, was manchmal recht angenehm war, denn ich hatte ein Leben lang immer zu wenig geschlafen. Dann kamen wieder Tage, an denen der Nordwind wehte – der bei uns in Europa ein Südwind ist – und ich wurde unruhig, kribbelig und streitsüchtig. Zu Weihnachten war es in Buenos Aires zum Schlagtreffen: 35 Grad bei 85 Prozent Feuchtigkeit, wie in einem Treibhaus. Auf Anraten von Fritz übersiedelten wir deshalb nach Mar del Plata, an die Adresse 2921 Bernardo Irigoyen. Dort war das Wetter etwas angenehmer und es ging uns besser, nicht zuletzt dank einer mehr als freudigen Überraschung: ein Brief von Alma. Merkwürdig, gerade zehn Tage vorher hatte ich mir Franzls letztes Buch gekauft und während des Lesens oft in Sehnsucht an die beiden gedacht – ohne eine Ahnung zu haben, wo sie eigentlich waren. »Embezzled heaven« liebte ich heiß, weil unsere verlorene Heimat darin auflebte – ich genoss wehmutsvoll jede Seite. Teta ist eine prachtvolle Person, und so lebensnah und österreichisch. Bei jeder Zeile stand mein lieber Franzl so lebendig vor mir, dass ich eine unbändige Sehnsucht nach den beiden bekam. Arme Alma, was musste sie alles erlebt haben! Ich war von Herzen froh, dass Alma und Franz nun in ihrem geliebten Hollywood waren. Alma berichtete selig über ihr kleines, liebes Haus am Berg. Mir war, als wäre ich selbst erst gestern dort gewesen. Man kann in Hollywood sehr gemütlich und ruhig leben und gut vergessen, vor allem wenn man abends die Millionen Lichter von Los Angeles vor sich und den Sternenhimmel über sich hat und der Nebel märchenhaft weich am Berg liegt. Wie schön ist das alles! Mein erster Gedanke nach der Flucht war, nach Hollywood zu gehen. Aber Hemmungen und Hindernisse jedweder Art hielten mich davon ab. Kein Geld, Scheu vor Publizität, Fritz Mandls Intrigen, tausenderlei Rücksichten – vor allem aber keine Finanzmittel im Hintergrund.

In Mar del Plata wohnten wir in der Nähe des Strandes. Dennoch ging ich kaum baden – ich hatte keine Lust dazu und mir fehlte die Leichtigkeit zu allem. Ich führte ein merkwürdiges Leben, als ob ich als Zuschauer dort gewesen wäre. Für Heini konnte ich alles tun und ich freute mich mit ihm – für mich selbst war mir nichts wichtig. Manchmal glaubte ich, gar nicht ich zu sein. Dieses Leben war zu grotesk. In Argentinien lebten viele Menschen im Überfluss – so wie ich mir vorstellte, dass die Reichen vor dem Weltkrieg 1914 bei uns gelebt hatten – ohne Ahnung von dem Jammer in Europa! Mir war klar, sie konnten es nicht verstehen ... und ich konnte nicht vergessen.

Ich dachte oft an die Pax, an das Sehnsuchtsland, in dem die meisten Märchen spielten, die ich für Heini in der letzten Zeit erfunden hatte, und auch an die Steinfeldgasse und an alle schönen Flecken zu Hause. Es wollte mir nicht in den Kopf, dass in Argentinien Januar und Sommer war, und immer wieder dachte ich daran, wie es meinen Freunden wohl ging und wie hart ihr Leben im Krieg sein musste.

Fritz Mandl finanzierte uns ein sehr bescheidenes Leben. Wir hatten das Nötigste, ein Dach über dem Kopf, Kleidung und zu essen. Zwar musste ich jeden Peso zweimal umdrehen, ehe ich ihn ausgab, doch wenn ich einen Brief von meiner Mutter erhielt, in dem sie mir von zu Hause berichtete, schämte ich mich, wie gut es uns ging.

Aber selbst in Mar del Plata war es oft unerträglich schwül und Heini litt darunter sehr. Man legte mir die Sierra de Cordoba ans Herz und riet mir, mich auch weiterhin unter die schützende Hand von Fritz Mandl zu stellen. Was blieb mir anderes übrig? Er war im Begriff sich in La Cumbre ein richtiges, kleines Schloss erbauen zu lassen.

165

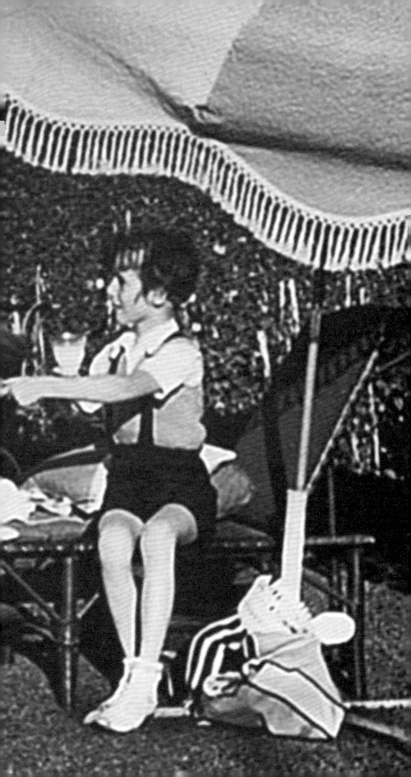

La Cumbre (Argentinien) 1941–1943

Zwei Tage Zugfahrt durch die argentinische Pampa. Stundenlang inmitten einer grenzenlosen, unabwendbaren Weite, die bedrückend auf mich wirkte. Irgendwann war die Müdigkeit stärker als die Beklemmung und die Angst, außerdem sagte ich mir, dass bald alles gut werden und diese Tristesse ein Ende haben würde. Heini hingegen schien völlig gelassen. Er schaute lang zum Fenster hinaus und beobachtete, wie die Landschaft gleichmäßig an uns vorbeizog. Zwischendurch las er in seinen Kinderbüchern und irgendwann legte er den Kopf in meinen Schoß und schlief ein.

Cordoba lag einige Stunden hinter uns, als endlich Bewegung in die Landschaft kam. Sanfte Wellen durchwoben nun das Land, in der Ferne tauchten bewaldete Bergrücken auf. Die Eisenbahn fuhr einen Fluss entlang und manchmal fielen mir europäisch anmutende Häuser auf, was mich deutlich ruhiger machte. Pfeifend und schnaubend und klappernd fuhr der Zug schlussendlich im Bahnhof von La Cumbre ein.

Als er hielt, schlief Heini tief und fest. Ich weckte ihn nicht gerne, denn als ich mich umsah, schreckte ich vor dem Aussteigen zurück: Unter dem Vordach, auf der einen Seite des Bahnsteiges, herrschte emsige Betriebsamkeit, auf der anderen standen große Eukalyptusbäume. In deren Schatten lag eine Handvoll Häuser und dahinter nichts als sonniges, leeres Land. Der Bahnhof erschien mir wie das Ende der Welt. Am liebsten hätte ich zu weinen begonnen, aber in Tränen aufgelöst – nein, so sollte Heini mich nicht sehen.

Vor der Station erstreckten sich die Häuserzeilen gleichförmig die unbefestigte Straße entlang. Die Gebäude waren einstöckig und in spanischer Bauart gehalten, jedoch mit italienisch anmutenden Elementen und Verzierungen umrahmt. Wir fuhren mit der Kutsche in das *Hostal de las Andes*, ein kleines Hotel, das von zwei englischen Schwestern geführt wurde und das vorerst unser Zuhause bleiben sollte. Auf halber Fahrt zeigte uns der Kutscher hoch über dem Ort das Mandel'sche Schloss, »el castillo de Mandel«. Selbst in diesem gottverlassenen Dorf in der Sierra di Cordoba kam ich also an Fritz Mandl, dem einzigen Freund, der Ernst geblieben war, nicht vorbei. Er war im Laufe des Krieges gut mit der argentinischen Regierung ins Geschäft gekommen. Fritz war so freundlich, wie er nur sein konnte. Er war mir trotzdem zuwider, aber ich musste ihn ertragen.

Das war der Beginn meines »Exils« in La Cumbre. Zwei Jahre, und kein Wink von Ernst, dass er nachkommen wolle, auch kaum mehr eine Nachricht von meinen Geschwistern oder von Mama. Zwei Jahre Einsamkeit, in denen ich tagein, tagaus mein Bestes gab, um Heini ein möglichst unbeschwertes Leben zu bieten. Er fühlte sich in La Cumbre recht wohl, rasch hatte er in der Schule Freunde gefunden. Ich traf mich unterdessen mit seiner Lehrerin und vertraute ihr so manch stillen Gedanken an. Im Gegenzug beantwortete ich geduldig jede Frage, die sie über Europa stellte. Ich führte ein zurückgezogenes Leben, doch wenn es in der Pfarrgemeinde etwas zu feiern gab, so half ich gerne mit. Heini besuchte eine von der Kirche geführte Schule und um ihn zu unterstützen, ging ich regelmäßig zur Messe und zeigte, dass ich eine gute Katholikin war. Vom Burgtheater und den Dreharbeiten mit Jean Renoir in die Pfarre von La Cumbre! Genau betrachtet gab es Schlimmeres, denn die Leute im Ort waren sehr nett zu mir.

Ab und zu verbrachte ich mit Heini ein paar beschauliche Stunden am Fluss. Funkelnd schlängelte er sich zwischen bemoosten Felsen durchs Tal und sein Wasser war sauber und klar. Am Abend las ich Heini Geschichten vor oder die immer seltener werdenden Briefe von Ernst, wenn auch in leicht veränderter Form. Allmählich lernte ich sogar argentinisch kochen.

Am meisten genoss ich die herrliche Ruhe. Ich spürte wie gut sie mir tat. Das Stadtleben fehlte mir nicht und ich fühlte

mich wohl, wenn ich möglichst wenige Menschen sah und nicht gezwungen war, mit ihnen zu sprechen. In La Cumbre herrschte meist strahlendes Wetter und den ganzen Winter blühten Mimosen und Mandelbäume. Ab und zu kam ein Colibri grün schillernd aus der Hecke hervor.

Es gab auch ein Kino, das zwei Mal die Woche spielte, was für die La Cumbrianer immer eine große Aufregung war. Sogar ich begann nach so vielen Jahren wieder diesem Laster zu frönen. Einmal sahen wir einen schönen argentinischen Film. »El Cura gaucho« (Der Gautscho-Pfarrer) spielte in der Sierra von Cordoba vor rund hundert Jahren. Mir gefiel er sehr gut und ich hoffte er würde nach Görz kommen. So hätte meine Mutter wenigstens sehen können, dass es uns zwar ans Ende der Welt, aber immerhin in eine schöne Gegend verschlagen hatte. Auch Heini war sehr begeistert, fand den Streifen aber ein bisschen traurig.

Eine Zeit lang schrieb ich Briefe an meine Freunde und war empört, wenn ich nicht sofort eine Antwort bekam. Erst damals begann ich zu verstehen, wie böse meine Mutter und alle meine Lieben gewesen sein mussten, als ich aus Amerika oder von sonst wo nie schrieb. Auch an Ernst hatte ich einen langen Brief geschickt, auf die Gefahr hin, dass er ihn nie erhalten würde. Seit Monaten hatte ich keine Ahnung, wo er sich befand, wahrscheinlich zigeunerte er irgendwo in der Welt herum. Beim Schreiben überfiel mich der Jammer des Alleinseins erst recht, aber trotzdem hielt ich es für richtig, mein Glück zu versuchen. Etwas gehandicapt füllte ich Seite um Seite, denn ich hatte auf dem Weg zur Kirche meine Wiener Brille verloren – und was in La Cumbre verlorenging, blieb für immer verloren. Kein Mensch dachte daran, etwas Gefundenes zur Polizei zu bringen. Ich musste warten bis wir das nächste Mal nach Cordoba fuhren, denn nur dort gab es einen guten Optiker. Als wir heimkamen, lag ein Telegramm von Ernst da: für Heini mit den innigsten Geburtstagswünschen für seinen Buben. Ich freute mich sehr und war trotzdem traurig ... Kein Wort war an mich gerichtet – aber das war nicht die Hauptsache.

Wir wohnten inzwischen in einem kleinen Haus mit

Patio. Ich hatte ordentlich geschuftet, um alles für unseren Bedarf herzurichten und mich gefreut, endlich wieder von richtiger Arbeit todmüde gewesen zu sein. Unser lacumbrianisches Häuschen war für mich wie ein Paradies. Abends saßen wir am Kaminfeuer und träumten von vergangenen schönen Tagen. Ein liebenswürdiger, alter Herr hatte uns einen Philips-Radioapparat geschenkt und mir damit die größte Freude gemacht. Denn nun konnte ich auf Kurzwelle all die schönen Konzerte aus Europa hören.

Ich erinnere mich noch genau an unseren schönsten Tag seit der Ankunft in Argentinien. Es war der 28. August. Den ganzen Tag über hatte es geschneit, und da in unserem Garten Nadelbäume standen, glaubten wir uns am Semmering oder in der Pax. Dazu erklangen im Radio Platten von Richard Tauber – er war wie ein Traum. Es ging uns so gut, wie es in diesen Zeiten möglich war. Aber glücklich, richtig glücklich konnte ich nicht sein.

Heini spielte oft mit dem Sohn der Lehrerin. Ich blieb meist zu Hause. Täglich klopfte der Milchmann an unsere Tür. Er war ein anständiger Mensch und sehr freundlich. Sobald ich mich im Eingang zeigte, um die Milch ins Haus zu tragen, zog er den Hut vor mir.

So waren an die zwei Jahre vergangen. Dann kehrte Ernst aus dem Krieg zurück. Einige argentinische Zeitungen ließen es sich nicht nehmen, nach der langen Zeit des Getrenntseins aus unserem Wiedersehen eine romantische Geschichte zu machen. Aber bereits an unserem ersten gemeinsamen Abend wurde mir klar, dass zwischen uns eine Kluft entstanden war. Ernst zeigte nicht die geringste Freude, mich wieder an seiner Seite zu haben, er begehrte mich nicht, vielmehr war er unerträglich. Dachte ich zuerst, es müsse wohl an der anstrengenden Reise liegen, so stellte sich bald heraus, dass dem nicht so war. Auch in der folgenden Zeit blieb er unleidlich und wiederholte nur, alles verloren zu haben. Selbst Heini gegenüber zeigte er Härte. Er ließ ihm eine eiserne Erziehung angedeihen, die ziemlich das genaue Gegenteil des zärtlichen Umganges war, den ich mit unserem Kinde pflegte.

Ernst fand, dass Heini verweichlicht sei und versuchte sein Wesen auf eine strenge, doch inkonsequente Art zu ändern. Mit wenig Erfolg.

Einzig die gemeinsamen Ausritte begeisterten Heini. An Feiertagen und während der Ferien unternahmen Vater und Sohn stundenlange Ausflüge zu Pferd. Oft vagabundierten sie von morgens bis abends durch die Sierra, manchmal waren Freunde und deren Kinderschar mit von der Partie. Und wieder blieb ich alleine zu Hause. Heini fand Spaß daran, seinem Vater auf verschlungenen Pfaden auf die Hügel und in die Täler rund um La Cumbre zu folgen. Grund genug, diese Ausflüge gutzuheißen und mich mit Heini zu freuen.

Kamen die beiden abends zurück, so fanden sie kein anderes Thema, als die Erlebnisse des Tages zu besprechen. Systematisch erforschten sie das Gebiet. Innerhalb kürzester Zeit gab es keine versteckten Wege, Bäche oder Ranchos mehr, die sie nicht im Sattel ihrer argentinischen Pferde erkundet hatten. Waren Gipfel, Gebirge und Wege bis dahin namenlos gewesen, so begannen sie passende Bezeichnungen zu erfinden. Bald sprach Heini nur noch vom Obeliskenspitz, dem Sattelgebirge oder dem Feuerberg, weil er dort einmal lodernde Flammen gesehen hatte. Auf ihren Ausflügen legten Ernst und Heini Entfernungen von bis zu sechzig Kilometern zurück. Meist begegneten sie keiner Menschenseele, denn in der Sierra trieben sich kaum Wanderer herum. Nur ab und zu trafen sie auf ein paar Gauchos oder Taglöhner, die auf dem Weg zur Arbeit waren.

Auf Heinis Drängen schloss ich mich dann und wann den beiden an. Allerdings ermüdete ich schnell. Diesen Tagen haftete der Geruch nach Pferd an – aber nicht nur. Zu meiner großen Freude war die Sierra in den frühen Morgenstunden mit dem lauen Duft eines blühenden Dornenbusches erfüllt, der wunderbar wohltuend roch. Welch ein Erlebnis für die Sinne ... für meine Nase und für mein Ohr. Denn flugs summten Bienen und Wespen durch die Luft und surrten Hornissen hin und her. »Chicharras« begannen ihr Konzert, Grillen ihr Gezirp. Gegen Abend gesellten sich Frösche mit ihrem Gequake dazu. Die Sierra an diesen Sommertagen –

das war eine Stimmung ... bedrohlich und gleichzeitig auf eine schaurige Weise schön ... Wetterleuchten in der Ferne, auf dem Weg nach Hause zurück und doch noch so weit davon entfernt.

Viña del Mar, 1948

Wenn ich heute mit etwas Abstand zurückdenke, dann wird mir klar, dass meine Geschichten Amalia bewegten. Ich habe ihr fast alles erzählt. Ich erinnere mich gut an jenen Augenblick, als ich in Gedanken versunken schien, aber gerade deshalb umso deutlicher fühlte, wie sehr sie mein Vertrauen berührte. Amalia sagte damals kein Wort. Nach einer Weile schilderte ich ihr, wie es zum endgültigen Bruch mit Ernst gekommen war.

Ernst vermittelte mir in La Cumbre zunehmend das Gefühl, nicht mehr schön und elegant zu sein. Kein Wunder, ich hatte keine neuen Kleider, mir fehlte es an allem, was zur Schönheitspflege notwendig gewesen wäre. Einmal witzelte er, ich würde den Bäuerinnen aus der Umgebung immer ähnlicher werden. Es sollte ein Scherz sein, aber der boshafte Unterton war unüberhörbar. Als ob es in La Cumbre Friseure, Boutiquen oder Parfümerien gegeben hätte ... »Oh Amalia, du warst nie verheiratet und kannst nicht nachempfinden, wie es ist, wenn sich Zuneigung in Überdruss verwandelt, Anziehung in Abscheu und Dankbarkeit in Groll.«

»Du irrst, ich kann es mir gut vorstellen«, erwiderte sie prompt.

»Weißt du«, setzte ich fort, »wenn ich ehrlich bin, dann muss ich mir eingestehen, nie jemanden wirklich geliebt zu haben. Ich habe mich immer nur lieben lassen. Es gab keinen Mann, in den ich so richtig verliebt gewesen wäre, mir hat nur das Gefühl gefallen, begehrt zu sein. Mit einer Ausnahme: Einmal habe ich einen jungen Mann getroffen ... wir kannten uns kaum und sind uns nur ein paar Mal begegnet. Als ich ihn wiederfinden wollte, stellte sich heraus, dass er tot war. Mitja war ihm ähnlich, ... zumindest dachte ich es. Tatsächlich war es nur eine Wunschvorstellung, die nichts mit der Realität zu tun hatte. Richtig geliebt habe ich nur auf der Bühne ... in meinen Rollen. Ich habe die innigsten Gefühle wiedergegeben und sie dabei auch wirklich empfunden. Im echten Leben waren diese Empfindungen lange nicht so stark, keineswegs so leidenschaftlich. Ich habe das Leben von all diesen Frauengestalten aus den Theaterstücken gelebt, mein eigenes aber ohne Tiefgang geführt. Amalia, ich weiß nicht mehr wer ich bin, ich kann mich auch nicht mehr selber spielen. Ich bin völlig konfus und fühle mich nur noch fehl am Platz.«

Natürlich war mir gleich zu Beginn unserer Beziehung der oft schwierige Charakter von Ernst aufgefallen. Ich hatte darüber hinweggesehen, denn Ernst konnte auch sehr liebenswürdig sein. Er machte mir viele Geschenke – eines der originellsten, ich habe es bis heute, war ein Fässchen aus Silber und Glas gefüllt mit grüner Tinte. Eine Zeit lang wirkte er wie ein vollendeter Kavalier. Uneigennützig war er wohl nie, denn er wog Geben und Nehmen stets gegeneinander ab.

Ich weiß noch genau, wann ich zum ersten Mal einen Anflug von Hass verspürte. Er erfrechte sich, mir ins Gesicht zu sagen, ich hätte meine Erfolge bloß ihm zu verdanken, meine Berufung ans Burgtheater wäre allein sein Verdienst.

In La Cumbre wurde er noch heftiger. Was in all den Jahren kein Thema gewesen war, brach nun aus ihm heraus. Er habe nach der Ermordung von Dollfuß neben anderen Gründen auch deshalb den Kanzlerposten ablehnen müssen, weil er erpresst worden sei. In seinen eigenen Reihen habe man ihm mit einem Skandal gedroht. Ernst war damals noch mit seiner ersten Frau verheiratet und man hätte ihm angeblich damit gedroht, unsere geheime Beziehung auffliegen zu lassen. Dieser Tratsch aus unserer ersten Zeit war mir nicht neu, aber ich hatte ihn stets für dummes Geschwätz gehalten.

Tag für Tag wurde unser Zusammenleben in La Cumbre

unerträglicher. Ernst hatte nichts Besseres zu tun, als irgendwo unterwegs zu sein oder allein auf die Jagd zu gehen. Als ich einen Brief aus Chile bekam, in dem mir französische Kollegen anboten, einen Film mit ihnen zu drehen, nahmen die Dinge ihren Lauf.

Es begann damit, dass Ernst mir vorschreiben wollte, wie Heini zu erziehen sei. Er kritisierte, dass mein Sohn aufgrund meiner übertriebenen Fürsorge zu sehr an mir hinge. Allmählich fing Heini an, nach dem Grund für unseren dauernden Zwist zu fragen, und Ernst antwortete ihm, ich sei nervenkrank und hysterisch. Am Ende befahl er mir sogar, das Filmen bleiben zu lassen.

An einem Sommerabend im Februar kam, was kommen musste: das unabänderliche, endgültige Zerwürfnis. Es passierte während einer Einladung in Fritz Mandls Castillo. Sein geschmacklos restauriertes Schloss im Tudorstil, das hoch über dem Ort auf den Ausläufern der Sierra hockte, war nie mein Fall gewesen und passte in die Gegend wie die Faust aufs Auge. Einzig die Aussicht von dort oben konnte mich versöhnlich stimmen: Weit unter uns lagen das Dorf und der kleine Rio. Alte Bäume säumten seine Ufer. Er wirkte wie ein grünes Band, das jemand mittig im Tal drapiert hatte. Richtung Horizont sah man ausgetrocknetes, gewelltes Land.

Mandl war erst vor ein paar Tagen angereist, und mit ihm seine neue Freundin, ein junges Ding, elegant gekleidet und perfekt geschminkt. Fritz war gerade im Begriff, seine Waffenproduktion in Argentinien auszubauen. Wie es schien, liefen die Dinge zu seiner Zufriedenheit. Er war bestens gelaunt und gefiel sich darin, den großen Herren zu spielen.

Wir waren an diesem Abend mit dem Pferd zu ihm geritten. Unser Haus befand sich einige Kilometer vom Schloss entfernt. Mandl begrüßte Ernst herzlich und bat uns, doch gleich Platz zu nehmen. Er zeigte auf die gedeckte Tafel vor den beiden großen Glasflügeltüren. Dahinter erstreckte sich eine Terrasse, die die ausklingende Hitze des Tages abstrahlte. Mir entging natürlich nicht, dass Ernst die Freundin von Fritz unentwegt anglotzte. Sie trug die Haare nach der neuesten Mode, ihr Parfum duftete ausnehmend gut, und erst die Juwelen – fantastisch. Ich roch an diesem Abend nach Wasser und Seife und fühlte mich alt. Unser kurzer Ritt hatte mich zudem etwas ermüdet.

Niemand redete mit mir. Nur der Kellner fragte, was er mir zu essen und zu trinken bringen dürfe, ob ich genug hätte oder noch einen Nachschlag möchte. Ich fühlte mich wie Luft. Mandl nannte das Mädel Mitzi. Ich weiß nicht mehr, wie oft Mandl im Gespräch mit Ernst das Wort »Mitzi« einflocht.

»Habt ihr etwas von Hedy gehört?«, fragte Mitzi plötzlich und schaute Ernst und Fritz an. Ohne eine Antwort abzuwarten fuhr sie fort: »*Ekstase* läuft nun auch in den USA. Endlich, nach sieben Jahren Blockade durch die Zensur! Hedy dreht in Hollywood einen Film nach dem anderen. Außerdem hat sie den Namen gewechselt und nennt sich jetzt Lamarr.«

»Ja, ja, Mitzi«, entgegnete Mandl, »aber weißt du auch, dass Hedy eine Zeit lang mit Ernst zusammen war? Nicht wahr, Ernst?«

»Eine Jugendsünde! Aber ich hatte schon immer eine Schwäche für Schauspielerinnen«, meinte Ernst grinsend und schaute mir frech ins Gesicht. »Fritz und ich waren nicht die ersten und wir sind sicher nicht die letzten.«

»Habt ihr Hedy damals in *Ekstase* gesehen? Unglaublich. Ich würde mich nie nackt fotografieren lassen.« Mitzi ließ nicht locker.

»Sich zur Schau stellen und nicht wissen für wie viele und für wen ...«, bemerkte Ernst und kicherte böse.

»Wer weiß, was sie sich dabei gedacht hat. Vielleicht wollte sie nur Aufmerksamkeit erregen. Das ist ihr auch gelungen. Mag sein, dass sie sich inzwischen auch deshalb so freizügig gibt, um von ihrem Alter abzulenken. Sie ist bestimmt an die vierzig.«

»Sie ist viel jünger als ich!«, bemerkte ich und nippte an meinem Champagner.

Niemand schaute zu mir und Mandl plapperte wie so oft vor sich her. »Mitzi, was redest du da? Mit vierzig ist man nicht alt! Manche Frauen kommen dann erst ins beste Alter, vorausgesetzt sie lassen sich nicht gehen.«

Ich fühlte, wie ich rot wurde, am liebsten hätte ich meinen Teller nach Fritz und Mitzi geworfen. Der Hausherr wechselte vorsorglich das Thema und machte einen Vorschlag: »Ernst, ich würde mich sehr freuen, wenn ihr eine Weile zu mir zieht. Ich komme erst in ein paar Monaten wieder. Tu mir den Gefallen! Ich denke, du würdest ebenso davon profitieren.«

Ich beobachtete Ernst und war gespannt auf seine Reaktion. Er antwortete nicht, sondern starrte bloß Mitzi an.

»Ernst, nun sag schon!«, hakte Mandl nach.

»Ich danke dir, mein Freund. Ja, eine gute Idee. Ich könnte in deinem Schloss quasi Wache halten.«

Fritz Mandl war in den letzten Jahren praktisch von Tag zu Tag reicher geworden. Ernst kannte ihn aus der Hirtenberger Zeit, als die Heimwehr im Februar 1934 die Waffenfabrik besetzt hatte, um sie vor Plünderungen der Aufständischen zu schützen.

Später hatte Mandl einen guten Riecher bewiesen und den Anschluss vorhergesehen. Ohne lange zu zögern, hatte er seine Fabrik gewinnbringend verkauft und war nach Frankreich gegangen. Auch dort hatte er nichts als Erfolg. Mandl wusste nur zu gut, dass sein alter Freund Ernst keinen Groschen besaß. Ernst war der Zugriff auf seine von den Nazis beschlagnahmten Güter noch immer verwehrt. Doch das schien Mandl nicht weiter zu stören. Er stammte aus kleinen Verhältnissen und war sichtlich stolz auf seine Freundschaft mit einem Fürsten. Wiederholt betonte er seine Ergebenheit und verhielt sich geradezu unterwürfig, obwohl ihm klar war, dass er von Ernst nichts mehr erwarten konnte.

Ernst zögerte einen Augenblick. Ohne mich um meine Meinung zu fragen, sagte er schließlich: »Aber sicher, im Laufe der nächsten Tage ziehen wir herauf.«

Mandl war in Hochstimmung und seine Witze wurden mit fortschreitender Stunde immer pikanter. Zumindest Mitzi unterhielt sich köstlich, ihre hellen, spitzen Schreie drückten ein gewisses Entzücken aus. Auch Ernst lachte viel und machte den beiden ein Kompliment nach dem anderen.

Mich ließen sie links liegen, während des gesamten Abendessens sprachen sie kein Wort mit mir. Ernst machte eine Bemerkung über Mitzi, wieder ging es um Schönheit und um das Alter von Frauen. Mandl brach daraufhin in schallendes Gelächter aus. Als er sich etwas beruhigt hatte, warf er mir einen boshaften Blick zu. Es war absurd. Derselbe Fritz Mandl, dem es sehr recht gewesen war, dass ich nach unserer Ankunft in Argentinien keine Arbeit gefunden hatte, um seine Hilfe noch gönnerhafter erscheinen zu lassen, derselbe Fritz Mandl, der meine Reiseabsichten in die USA hintertrieben hatte, um uns an sich zu binden, bedauerte mich nun mit spöttischem Gehabe dafür, dass ich in diesem Kaff saß und von der einst so begehrten Schauspielerin nicht mehr viel zu sehen war.

Ernst schien Mandls Sarkasmus nicht zu stören, im Gegenteil, er nickte zustimmend. Ihm war offensichtlich jedes Mittel, jede Geschmacklosigkeit und jede Anbiederung recht, solange Fritz nur bezahlte. Durch die Verbindung mit Ernst war ich nicht zur Fürstin, sondern zu einer Bittstellerin geworden. Nie wurde mir das klarer vor Augen geführt, als in diesem Moment.

Plötzlich konnte ich mich nicht mehr beherrschen. Ich sprang auf und schrie, dieses Geschwätz nicht länger ertragen zu können, wie widerwärtig mir die Gesellschaft sei, noch am selben Abend würde ich zu meinen Freunden nach Chile aufbrechen und wieder zu arbeiten beginnen, um nicht auf die Gnade sogenannter Freunde angewiesen zu sein. Ich war sehr erregt, aber ich wusste, was ich sagte.

Ich schaute Ernst herausfordernd an. Mandl schien etwas verlegen, Mitzi riss ungläubig die Augen auf. Ernst hingegen musterte mich kalt. Ich stand mitten im Raum, vor Empörung bebend, rot im Gesicht, erschöpft von meinem Gefühlsausbruch.

Ernst warf Mandl einen kurzen Blick zu, dann lächelte er und drehte sich wieder zu mir. Er deutete auf die Tür und sagte mit eisiger Miene: »Meine Liebe, dort ist die Türe, sie steht dir offen.«

Mandl und seine Mitzi schwiegen, sie schienen wie versteinert zu sein. Insgeheim amüsierten sie sich vermutlich recht gut. Letztlich brach ich in Tränen aus und stürzte aus dem Saal. Zu Fuß stolperte ich in der Finsternis nach Hause.

Ernst folgte mir nicht. Er verbrachte die Nacht bei Mandl und seiner Geliebten auf dem Schloss. Bestimmt weinten sie mir nicht nach, sondern unterhielten sich ohne mich umso besser.

Tags darauf brach ich mit Heini nach Chile auf. Als der Zug aus dem Bahnhof von La Cumbre rollte, war ich stolz auf mich. Ich hatte das Gefühl, den ersten Schritt zurück in mein wahres Leben gemacht zu haben. Nach langer Zeit wieder eine richtige Entscheidung ... so wie zu Beginn meiner Laufbahn. Heini verstand nichts von alldem, aber die Reise durch die Anden, teils im Zug teils in der Kutsche, gefiel ihm gut.

Am nächsten Tag fuhren wir durch eine ungewöhnliche Landschaft. Jenseits von Mendoza durchzogen weite Täler das Land. Die Berge waren kahl, aber dafür umso bunter. Schließlich erreichten wir die Brücke der Inkas. Die Vorstellung hinter dem Paso de los Libertadores ein Land zu betreten, in dem ich wieder arbeiten würde, richtete mich auf. Mein Gefühlsausbruch an der Mandelschen Tafel zwei Tage zuvor erschien mir rückblickend wie ein Akt der Befreiung. Ich hatte einen Schlussstrich unter mein Leben mit Ernst gezogen.

Auch wenn ich mich – rein geografisch gesehen – von Europa durch diesen Schritt noch weiter entfernt hatte, fühlte ich mich in Chile im Nu wohl. Die Passage durch den kargen, schmucklosen Abschnitt im Hochgebirge hatten wir bereits hinter uns. Nun stürzten die Anden in engen Schluchten zu Tal. Zu ihren Füßen erstreckte sich eine sonnendurchflutete Ebene. Sie glänzte hell, und weit in der Ferne leuchtete Santiago.

Viña del Mar, 1947

»Ein Datum oder die Farben des Gartens?«, lautet der erste Satz im letzten Schulheft, das ich damals als Tagebuch verwendet habe. Zehn Seiten sind eng beschrieben – bis zum Ende der Dreharbeiten in Chile. Danach, von 1945 bis 1947 nichts, außer ein paar Zettel und ein Brief.

Warum die Farben des Gartens? Die weichen, unscharfen Herbstfarben erschienen mir damals weniger endgültig und doch präziser als jede Ziffer auf einem Kalenderblatt. »Jedes Datum – habe ich als Antwort vermerkt – jedes Datum, jeder Augenblick umfasst die bis dahin verstrichene Zeit. Tage und Stunden schreiten beharrlich und ohne Pause voran und tragen das Geschehene mit sich. So vergehen Wochen und Monaten und im Lauf der Zeit bleibt ein unveränderbarer Teil des Lebens zurück: die Vergangenheit. Im Garten suchen sich die Dinge ihren eigenen Weg. Manchmal schnell, manchmal langsam, aber stets in aller Stille. Da gibt es kein Zurück ins Gestern, nur ein ständiges in die Höhe wachsen. Da heißt es leere Winkel zu entdecken, kahle Ecken zu erobern oder ganze Wände zu verschlingen.

Die Trompetenwinde ist heuer besonders rasch hochgeschossen und ungestüm über die Fassade bis zum Giebel des Landhäuschens hinaufgekraxelt. Kaum am Ziel angelangt, hat sie sich unter die Ziegel verkrochen, um irgendwo auf dem Dach wieder aufzutauchen. Inzwischen sind ihre Blätter bleich, schon segeln die ersten zu Boden.

Nicht so der wilde Wein nebenan. Er verabschiedet sich mit gedecktem Rot, gedämpftem Violett und gelben Stichflammen vom Sommer. Ein letztes Aufflackern. Für ein paar

Tage glost es dann im Lorbeergebüsch, wenn der Wein – längst hat er die Hecke durchrankt – in wirren Girlanden zu Boden hängt.

Der Efeu hat es bis zum Mauerfirst geschafft. Ein immergrüner Hintergrund für einen immergrauen, bewölkten Herbsttag. Mitten im nebeligen Nichts schweben die rosa Tupfen der letzten Rosen. Ab und zu zeigt sich die Sonne dann doch und rückt die blassblauen Blüten der Lavendelsträucher ins rechte Licht. Dann liegt im Nu ein intensiver Duft in der Luft. Den kleinen Feigenbaum hat niemand gepflanzt, er ist von alleine gewachsen. Frech reckt er sich in einen Himmel, der nach dem Regen am frühen Morgen nicht so recht zum Vorschein kommen will.

Ich ziehe mich ins Haus zurück. Noch ein kurzer Moment in der offenen Verandatür – die Schönheit des Gartens tut mir fast weh – und für ein paar Sekunden spüre ich, wie mich ein verstohlener Hauch von Freiheit streift.

In letzter Zeit habe ich meine Meinung über manche Dinge, die ich erlebt habe, geändert. Aber einige Fixpunkte sind geblieben, wie wenn mich ein unzerreißbares Band an sie fesseln würde. Sobald ich innehalte und über mich nachzudenken beginne, habe ich das Gefühl, als würde ich endlich zu mir selbst finden. Doch zu schnell verliere ich die Konzentration, abgelenkt durch irgendetwas, das es tagtäglich zu erledigen gilt.

Dabei wär' es wohl wichtig, dem Gefühl, das ich in diesen Nachdenkpausen habe, Platz zu lassen. Denn ich werde mir Schritt für Schritt meiner selbst bewusst, empfinde ein Gemisch aus starken, aber auch widersprüchlichen Emotionen, aus Angst und Mut, aus Niederlage und Sieg, aus Resignation und Widerstand, aus Enttäuschung und Sehnsucht. Von der Ahnung begleitet, dass alles zu Ende ist, und von der Hoffnung getragen, es könnte doch wieder von vorne beginnen.

Seit ich in Chile bin, befinde ich mich in diesem Gefühlschaos. Am Anfang der Dreharbeiten für *Le moulin des Andes* kam ich mir vor, als wäre ich von einem Tag auf den anderen in ein neues Leben katapultiert worden, als hätte ich mein

Schicksal nun wieder in die eigene Hand genommen. Nach langer Zeit war ich wieder ich, glücklich und stolz über die Entscheidung, Ernst und La Cumbre verlassen zu haben.

Das Zusammentreffen mit der Schauspielertruppe im Hotel Crillon in Santiago sorgte für die nötige Zerstreuung, die bittere Zeit und die erlittenen Demütigungen verblassten. Ein chaotischer Haufen – auf den ersten Blick sympathisch – begeisterungsfähig wie Halbwüchsige oder besser: wie Menschen, die losgelöst von jeglicher Verantwortung leben. Über mich wussten sie wenig. Es schien ihnen nicht wichtig zu sein, denn sie stellten keine Fragen, und so schwieg auch ich. Sie erzählten mir von Jean Renoir, er war inzwischen in die Vereinigten Staaten ausgewandert. Mein Kontakt zu Jean war in den letzten Wochen in Paris nur noch lose gewesen, unser Verhältnis war deutlich abgekühlt. Vielleicht hatte ich ihn enttäuscht. Wenn er mich nun sehen könnte, was für ein Gesicht würde er wohl machen?

Einige Tage nach dem Kennenlernen im Crillon brachen wir zu einer großen Estancia im Süden Chiles auf, um am Fuß der Anden in einer grünen, wasserreichen Gegend mit den Außenaufnahmen zu beginnen. Die Estaciòn Central mit ihrer riesigen Kuppel, unter der die wartenden Züge aus der Entfernung wie Spielzeugeisenbahnen wirkten, habe ich bis heute vor Augen, so sehr beeindruckte sie mich. Doch damals hieß es erst einmal zum Waggon zu kommen, sich mit dem Gepäck mühsam durch die Menge in der von Rufen, Lärmen, Singen, Schreien und Musik dröhnenden Halle zu kämpfen. Es war eine ermüdende Betriebsamkeit: fliegende Händler mit Süßigkeiten, Jausenbroten, Krapfen oder Obst, die sich um mich drängten und ihre Ware priesen, mitten auf dem Weg wartende Menschengrüppchen, Scharen von *chicos limpiazapatos*, junge Schuhputzer mit umgeschnallter Bank und Riemen und wachsschwarzen Händen, Bäuerinnen, die rasteten, um ihre Rückenkörbe, Pakete oder Bündel zu richten. Die Kleider der Menschen schillerten in allen Farben der Welt, während ihre dunklen Indiogesichter auf mich alle gleich wirkten ... ein mobiler Marktplatz, eingebettet in das unentwegte Summen und Dröhnen des Stimmengewirrs im

Alameda-Gebäude, einem der imposantesten Bauwerke der Stadt.
Ab und zu steckte ich fest, ehe es weiter ging. Ein kleines Mädchen lächelte mich an und hielt mir die Hand entgegen, um ein Almosen zu erbitten. Ich tat, als schaute ich woanders hin, ich musste los, konnte nicht mitten in diesem Höllenspektakel stehenbleiben, Koffer und Tasche niederstellen, um im Börsel nach Kleingeld zu suchen. Ich musste zum Zug, musste meinen Platz finden.
Die Wände entlang fädelte sich ein Verkaufsstand an den anderen, mit Kleidung, Krimskrams und Kunsthandwerk. Freilich fehlten auch die Musikanten in diesem bunten Getümmel nicht, ich stolperte bei jedem Schritt über neues Treiben, noch ehe ich das alte so richtig überblickt hatte.
Meine bevorstehende Reise machte mich neugierig. Ich war tatsächlich im Begriff wieder mit der Arbeit zu beginnen. Am liebsten hätte ich vor lauter Übermut gepfiffen, in diesem Lärm wäre es ohnehin untergegangen. Man hätte mich bloß entschlossen durch die Menge stechen sehen, die Lippen wie zum Kuss gespitzt, doch niemand hätte einen Mucks gehört.
Endlich hatte ich die Waggons der ersten Klasse erreicht. Viele Plätze waren noch frei. Das Unbehagen, besser die leichten Zweifel der Vortage waren wie weggeblasen. Ich zuckte mit den Schultern, ein Drehbuch in Reimen! Vielleicht war ich tatsächlich in die Hände von Irren gefallen. Vollkommen Verrückte. Während Frankreich besetzt war, fuhren sie bis nach Südamerika, um in Chile, im südlichsten Zipfel des Landes ein sentimentales Drama zu drehen. Meine Rolle verlangte viel von mir. Ich sollte eine alte Mutter spielen! Das zweifelhafte Privileg einer tüchtigen Vierzigjährigen ... eine Charakterrolle! Nach und nach gesellten sich die anderen im Zug zu mir und schon fuhren wir los. Heini hatte ich Ada Benigni anvertraut, beide waren vorerst gut bei den Vergaras untergebracht. Ich brauchte mir keine Sorgen zu machen – was mir natürlich nicht wirklich gelang.
Noch etwas beschäftigte mich sehr. Der Krieg schien zu Ende zu gehen. Die Nachricht hatte sich wie ein Lauffeuer verbreitet: Die Alliierten waren in Europa gelandet und ka-

men gut voran. Sobald alles vorbei ist, schwor ich mir, gehe ich nach Hause zurück. Zuerst nach Görz, dann weiter nach Wien. Ich fange einfach wieder von vorne an. Natürlich fahre ich auch nach Hollywood. Ich werde sie alle wiedersehen, alle meine Freunde, Douglas, Billy, Peter und Alma. Vielleicht ist Jean noch dort. Ich bin erst dreiundvierzig, mehr als vier Jahre habe ich nicht verloren. Vier Jahre lassen sich aufholen. Keine einzige Chance werde ich verpassen, ich werde nur noch an mich selbst denken.»Ja! Ich beginne wieder von vorne!«

Die dunkelbraunen Konturen der Anden zogen in der Ferne im Schneckentempo vorbei. Hie und da durchstießen majestätische Bergspitzen mit schneebedeckten Gipfeln die Wolken und ragten hoch in den Himmel hinein. Gemüsegärten, Felder, Weiden, grüne Wiesenflecken, Wäldchen und lange Reihen von Eukalyptusbäumen flogen hingegen nur so am Fenster vorbei. Passierte der Zug ein Wegstück mit raschem Wechsel von Schatten und Licht, so blitzte mein Gesicht für wenige Sekunden im Fenster auf und ich konnte ein zaghaftes, verschwommenes Lächeln sehen.

Während der Dreharbeiten – sie dauerten fast einen Monat – tat ich nichts anderes als spielen. Obwohl es für mich in jeder Beziehung eine Riesenanstrengung bedeutete, kam es mir nicht schwer vor, im Gegenteil, ich war endlich wieder in meinem Element. Ich fühlte keine Nervosität, hatte keine Hemmungen, fühlte nie Müdigkeit, selbst wenn die anderen fast nicht mehr konnten. Wir arbeiteten Woche um Woche bis zu 18 Stunden am Tag … mit einem Wort, nach vielen Jahren war ich zum ersten Mal wieder glücklich.

Ich spielte eine Nora Gregor, die sich in jeder Situation mehr als wohl fühlte. Ich gab mich unbeschwert, locker und entspannt. Am Abend, wenn wir uns völlig überdreht und todmüde zum Essen trafen, war ich mit dieser Rolle vollends im Reinen. Dann konnte ich mich erschöpft, aber selig fallen lassen. Obwohl ich überstürzt zum Film zurückgekehrt war, obwohl ich mich mitten unter scheinbar Übergeschnappten befand, die sich aus Frankreich davon gemacht hatten. Der Wein schmeckte mir gut, ich konnte herzlich über Witze lachen – Jules Sepurville, der »Dichter« war manchmal wirklich originell –, die Musik berührte mich und ich geizte nicht mit Schmeicheleien für meine neuen Kollegen.

Wir waren auf einem stattlichen Landgut untergebracht. Ein deutschstämmiger Großgrundbesitzer aus Sachsen, hatte es uns zur Verfügung gestellt. Wir genossen die Gastfreundschaft in seinem riesigen Haus, obwohl er selbst nicht anwesend war. Der Besitz strahlte Atmosphäre aus: Ein geschlossener Hof mit einem weiten, üppig begrünten Patio bildete den ruhenden Kern. Die Seitenwände entlang lief eine überdachte Innengalerie, von der man direkten Zugang zu den Zimmern hatte. Der Stil strahlte etwas kurios Koloniales aus, die Einrichtung des Hauses selbst wirkte jedoch europäisch.

Kurios auch die anderen Schauspieler! Robert Darène, ein athletischer, faszinierender Typ und beim französischen Publikum schon hinlänglich bekannt. Er war gleichzeitig Produzent und Hauptdarsteller und jedenfalls einflussreicher als der Regisseur, was er ihm auf sympathische Art auch zu verstehen gab. Obwohl er nur wenige Jahre jünger war als ich, spielte er meinen Sohn. Elisabeth Prèvost hielt ich im ersten Moment für seine Freundin, doch ich hatte mich getäuscht, sie war bloß für den Verwaltungskram zuständig. Jacques Rèmy, der Regisseur, erwies sich als wortkarger Typ, ziemlich einsilbig und bei seinen Anweisungen oft von Robert unter Druck gesetzt. Der Autor des Drehbuchs in Reimen hieß Jules. Er war ein unerträglicher Schwätzer, mit keinem Kompliment zufrieden. Es ging uns auf die Nerven, wenn er jeden Zwischenton seines Textes einzeln besprach, um ihn uns begreiflich zu machen. Unsere wohlwollende Langmut setzte er dabei wie selbstverständlich voraus.

Wir Frauen waren zu sechst; außer Elisabeth und meiner alten Freundin Gisèle Freund, der Fotografin am Set, gab es mit Catherine Moissant, Andrée Tainsy und der unüberhörbar lauten Jacqueline Made noch drei Schauspielerinnen.

Jacqueline war ausgesprochen schön. Auch wenn ich das in den ersten Tagen nicht wahrhaben wollte, so musste ich es, spätestens als wir die Liebesszenen mit »meinem Sohn« Fabien drehten, wohl oder übel zur Kenntnis nehmen. Mein Part im Film forderte mich sehr. Was kostete es mich an Überwindung, ein Äußeres zu akzeptieren, das mich übertrieben alt aussehen ließ! Als ich mich nach der ersten Maske im Spiegel sah, hätte ich den Dreh am liebsten abbrechen wollen.

Jacques entging das nicht. Es war mir sicher ins Gesicht geschrieben. Wortreich bemühte er sich, mir meine Rolle schmackhaft zu machen. Es sei eine schöne Charakterrolle, eine standesbewusste Mutter, die die Gefühle ihres Sohnes für ein Mädchen vom Land bemerkt und versucht, die beiden zu entzweien. Meine Herausforderung sei es, meinem Sohn den sozialen Stand von Francoise, die überdies dem Gutsverwalter versprochen ist, vor Augen zu halten und ihn dazu zu bringen, doch lieber eine Bürgerliche aus der Stadt zu nehmen.

Es sollte mir gelingen, doch die neue Beziehung entfernt den Sohn nur weiter von der Mutter und dem Besitz der Familie. Viel zu spät wird ihr klar, welchen Fehler sie begangen hat, und sie bleibt nach dem Tod des Gatten zum zweiten Mal einsam zurück. Der Film endet mit einem Blick auf Francoise. Während die Wolken aus den Anden über die Landschaft ziehen, läuft sie alleine eine breite Allee entlang. Winter und Frühjahr wechseln im Zeitraffer, was ihre Einsamkeit effektvoll betont.

Wenn wir uns in den Pausen einzelne Szenen gemeinsam anschauten, bekam ich von allen Seiten überschwängliches Lob. Ich spielte meine Rolle offensichtlich sehr gut. Auch unser Textdichter war mit dem, was er sah, sehr zufrieden. »Wie ein Stück einer Anthologie«, warf er oft ein und applaudierte dabei.

Man hatte uns im ersten Stock dieses herrschaftlichen Landhauses einquartiert. Die Abende verbrachten wir in heiterer Stimmung entweder draußen im Patio oder drinnen im Speisesaal, jedenfalls aber mit musikalischer Untermalung. Einmal spielte ein Bursch aus dem Dorf, ein andermal das Grammophon. Manchmal zogen wir uns vorzeitig zurück. Jeder hatte einen anderen Grund, ab und zu Gedanken zu wälzen oder alleine sein zu wollen. Im Allgemeinen waren wir aber ein fröhliches Grüppchen und die gute Laune sprang wie ein Funke von einem zum anderen über.

Eines Abends – wir kommentierten die Szenen, die wir untertags gedreht hatten und lachten über unsere Fehler – unterhielten wir uns darüber, wie oft wir manche Einstellungen hatten wiederholen müssen. Zwischendurch servierte man uns Unmengen an Speisen: Fleisch, riesige Tabletts voll Gemüse, Kalbsbraten, gegrillte oder geschmorte Hühnchen, Kartoffel, Kukuruz und Zwiebel. Zum Nachtisch gab es *Kuken*, der sich als von den deutschen Einwanderern importierter Kuchen entpuppte. Zu trinken gab es einen sehr guten Rotwein mit viel Frucht und viel Körper. Kaum waren die Karaffen leer, schleppten laut lachende Mädchen weitere, randvoll gefüllte Krüge aus dem Keller herbei. Die Stimmung war bestens, wahrscheinlich dachten wir alle an die Szene im Heustadel, von der Jacques Remy an diesem Tag drei oder vier Versionen gedreht hatte. Eine davon ließ mich nicht los.

Fabien liegt im Schuppen auf einem Strohhaufen und döst vor sich hin. Kurz zuvor ist er mit dem Pferd zum Stadel geritten und hat das Tier einem Bauern übergeben. Später schmuggelt sich auch Francoise in den Schuppen hinein. Mit halb geschlossenen Augen bemerkt Fabien, dass Francoise näher kommt. Während sie sich lautlos anschleicht, stellt er sich schlafend. Still betrachtet sie ihn, wie er ausgestreckt und entspannt und scheinbar wehrlos vor ihr liegt. Dann kniet sie sich nieder, das Stroh raschelt laut.

Fabien fährt hoch, umarmt sie und zieht sie an sich. Er küsst sie leidenschaftlich auf den Mund ... Es ist ein langer Kuss und es herrscht absolute Stille. Nur das Surren der Kamera ist zu hören.

Francoise schaut Fabien aufmunternd in die Augen. Langsam streckt er den Arm aus, seine Hand verschwindet unter ihrem Rock und streicht ihre Oberschenkel entlang. Aus dem Mund von Francoise dringt ein leises Stöhnen. Sie windet sich und wird rot im Gesicht. Doch plötzlich, als bemerkte sie erst jetzt, dass die Kamera läuft, ruft sie: »Das steht so nicht im Drehbuch!« Sie lächelt verwirrt und dreht sich zu Remy um. »Ja, ja, Klappe, von vorne!«

Francoise steigt fröhlich vom Heuhaufen und scheint nicht im Geringsten verlegen zu sein. In ihrem Haar und auf ihrer Bluse haben sich Halme verfangen. Ihre erhitzte Schönheit überstrahlt alles. Remy verlangt sofort nach Vordergrund. Auch der Pullover von Fabien ist am Rücken voll Stroh.

Wieder Abend. Wir hatten bloß Lust auf ein paar Kleinigkeiten gehabt und waren zeitig und leicht angeheitert in unseren Zimmern verschwunden. Ich war gut gelaunt, irgendwie kam ich mir maßgeblicher und wichtiger als die anderen Schauspieler vor, vielleicht wegen meines Alters oder wegen meiner Karriere. Wie die Tage zuvor versperrte ich meine Tür. Was war das? Ich horchte und hielt den Atem an. Aus dem Nachbarzimmer hörte man Geräusche. Bald war mir klar: Robert war nebenan – bei Jacqueline. Robert hatte mir vom ersten Augenblick an gefallen und ich wäre nicht abgeneigt gewesen. Aber seit wir die Liebesszenen gedreht hatten, insbesondere jene im Heu, war mir schmerzlich bewusst, dass ich nicht die geringste Chance hatte.

Ich war eifersüchtig, obwohl ich es mir kaum eingestehen wollte. »Wie kindisch!«, dachte ich mir. Und doch spürte ich diese Stiche im Herz. Ich war vor kurzem dreiundvierzig geworden, aber seit ich meine Haare wieder sorgsam pflegte und mich ordentlich schminkte, schien mir, als wäre mein strahlendes Aussehen von einst wieder da. Die Reife in meinem Gesicht, die mich in La Cumbre mitgenommen und verbraucht hatte wirken lassen, kam mir nicht mehr so gravierend vor. Robert war in den ersten Tagen sehr aufmerksam und zuvorkommend gewesen und hatte meine Neugier geweckt. Doch mit der Zeit war ich es leid, ständig mitanzusehen, wie Jacqueline ihn bei jeder Gelegenheit umarmte – egal ob am Set oder außerhalb. Sie war noch keine dreißig Jahre alt. Im Laufe des Drehs hatte ich mich mehr und mehr zurückgezogen ... um dann, spätabends mitanhören zu müssen, was im Nebenzimmer vor sich ging. Bis zu diesem Augenblick hatte ich diese Art von Schmerz nicht gekannt.

Wir kamen mit den Dreharbeiten gut voran, das Wetter meinte es gut mit uns. Der größte Teil der Szenen spielte im Freien. Gegen Ende war Jacques Remy sehr zufrieden. An einem der letzten Abende wandte er sich seinem Textautor zu, klopfte ihm auf die Schulter und sagte: »*Le Moulin des Andes* ist ein französisches Glanzstück, weit weg von der Heimat entstanden, und obendrein ein Gedicht.«

»Ein Gedicht über Schönheit und Anmut, verschneite Gipfel und weiße Bergriesen«, entgegnete Jules.

»Eine fieberhafte Anmut, eine fieberhafte Anmut«, wiederholte Jacques begeistert. Er war ein Meisterregisseur, bekannt für seine guten Einstellungen, und er erprobte immer wieder neue Varianten für den Vordergrund. Auch mit Spiegelbildern experimentierte er gerne. Die Darstellungsweise der Schauspieler hingegen kam mir veraltet vor und überzeugte mich nicht. Mir war es egal. Ich freute mich über meine rhythmische Stimme. Meinen österreichischen Akzent ließ man mich nicht spüren. Ich konnte mit mir zufrieden sein. Ich war eine Persönlichkeit, souverän, maßgebend, etwas manipulativ. Ich spürte, wie ich die einzelnen Szenen dominierte und für den gesamten Film tonangebend war. Nie zuvor hatte ich in einer derartigen Maske spielen müssen, aber das war eben die Herausforderung, die ich als Teil der Rolle akzeptierte. Niemand schrieb mir vor, wie ich sie zu spielen hatte, und ich versteckte mich hinter ihr. Als die Dreharbeiten zu Ende gingen, war es Herbst geworden.

Zehn Seiten in meinem Tagebuch, mit hellgrüner Tinte beschrieben. Ach, ich weiß noch so gut, wie fest ich damals im Herbst an den Frühling geglaubt habe … In einigen Wochen wird der Film als Vorpremière in Santiago unter dem Titel *La fruta mordida* vorgestellt. Ich bin neugierig, wie Jacques die Szenen geschnitten hat … die vielen Schwenks, die auf einer Wiese oder unter blühenden Bäumen beginnen, Ebenen und Flusstäler einfangen und über den gewaltigen verschneiten Gipfeln enden. Im Film finden sich einige Anspielungen auf chilenische Bräuche, wie die Musik während der Verlobung oder das Pferderennen und das Einfangen der Jungstiere. Doch in allen Szenen schimmert, zumindest für mich, diese Sehnsucht nach Europa durch, besonders in den sentimentalen Passagen und im Benehmen der Menschen. Französische Literatur nach guter alter Tradition.

Obwohl ich mir wenig von diesem Film erwarte, bin ich natürlich gespannt, was dabei herauskommen wird. Ach, ich bin so dankbar für die Tage mit diesen Verrückten. »Nora Gregor nicht länger verschwunden!« – »Da ist sie, zurück auf der Leinwand! Gealtert, aber nur künstlich.« Ich bin wieder auf dem Markt! Ja, so sage ich es mir vor, sobald der Krieg aus ist, gehe ich zurück. Es macht mir nichts aus, von vorne zu beginnen. Gleich mit Kriegsende bin ich wieder in Wien, in der alten, vertrauten Normalität. Das Publikum, das mich so geliebt hat, braucht nicht länger auf mich zu warten. Ich werde nach Hollywood gehen … allein … werde mich in Geduld üben, mich gelassen nach einem guten Angebot umschauen. Mein einziger Wunsch: Ich will voll und ganz nur ich selber sein. Vielleicht erfordert es noch ein paar Monate Zeit, aber dann …

Tag für Tag könnte ich ein Tagebuch des Wartens schreiben. Ich sehne mich so nach meiner Rückkehr, dass diese Gedanken allmählich zu einer fixen Idee werden. So wie es mir die Blumen im Garten zeigen: Jahreszeiten enden, damit alles von vorne beginnen kann. Was für eine seltsame Welt, in der im Mai die Farben des Herbstes herrschen. Eine verkehrte Welt, wo der Nordwind die Wärme bringt. Nur scheinbar verkehrt, denn auf der Südhalbkugel stehen zwar die Jahreszeiten Kopf, doch der Ablauf bleibt gleich. Zählt ohnehin nicht nur der Moment? Frühling ist Herbst: im selben Augenblick, nur an verschiedenen Orten der Welt, weit voneinander entfernt.

Viel zu oft kam mir Fabien in den Sinn – unter diesem Namen existierte Robert in meinem Kopf. Die Gedanken an ihn ließen mich nicht los und zeigten Auswirkungen. Panisch stellte ich fest, wie angreifbar und zerbrechlich ich war. Während unserer gemeinsamen Arbeit hatte ich ein unbändiges Verlangen nach diesem Mann verspürt. Ich konnte mich nicht erinnern, jemals etwas Ähnliches empfunden zu haben, nicht als Mädchen, nicht als junge Schauspielerin. Ich hatte mich in den Gedanken verrannt, endlich wieder frei zu sein, und mich dabei von der Gewalt eines Gefühls und einer Anziehung in Besitz nehmen lassen, die viel stärker war als ich. »Wenn das, wonach wir uns wirklich sehnen, zum einzigen wird, was zählt ...« Damals, vor fünfzehn Jahren, hatten Dougs Worte für mich wenig Sinn gehabt. Im Gegensatz zu Fabien war es ihm nicht gelungen, mich für sich zu gewinnen. Wie hätte ich auch jemanden begehren können, der sich mir zu Füßen wirft? Ich war zu sehr von mir überzeugt.

Mit Fabien war alles anders. Er hatte von Anfang an eine andere, eine schönere, eine viel jüngere bevorzugt. Zu mir war er nur freundlich, ein sympathischer Kollege. Der Gedanke bei der Szene im Heu an Francoise Stelle und mehr noch, im Nebenzimmer mit Fabien zusammen zu sein, hatte mich erregt. Wie eifersüchtig ich war! Dieses unerfüllte Verlangen tat mir nicht gut. Ich brachte es weder unter Kontrolle noch aus meinem Kopf. Es machte mich nervös, zusammen mit

all den anderen unausgegorenen Dingen: meine ungewisse Zukunft, nicht zu wissen, wann ich zurück nach Österreich könnte, die Sorge und Obsorge für meinen kleinen Heini, die Dankbarkeit gegenüber den Vergaras, die uns großzügig bei sich aufgenommen hatten, und zu der ich mich verpflichtet fühlte. Ich hoffte, dass sich dieser Gemütszustand im Laufe der Zeit legen würde. Sicher würde mir die Vorpremière in Santiago helfen und der fertige Film würde meine Erlebnisse relativieren. Nicht mehr als eine flüchtige Begegnung im Zuge von Dreharbeiten würde mir in Erinnerung bleiben. Nicht wert darüber zu grübeln.

Vielleicht hätte ich mich in einer anderen Verfassung befunden, hätte ich Fabien nicht am letzten Abend meine Lebensumstände eröffnet. Nach dem Essen wollte Fabien mehr über meine Pläne für die nächsten Monate wissen. Ich fing an, ihm meine Lage zu schildern. Nachdem ich eine Weile erzählt hatte, lächelte Fabien und sagte vor sich hin: »Die Fürstin im Exil.«

Nicht länger, nein! Fabien war überrascht, als ich ihm eröffnete, nicht mehr mit meinem Mann zusammen zu sein und ich ihm gestand, dass mir der Aufenthalt in Chile vor allem die Möglichkeit geboten hatte, aus einer unerträglichen Situation zu flüchten. Das war der eigentliche Grund, warum ich wieder zum Film gegangen war. »Une histoire en cours ...«, hatte Fabien nachdenklich gemeint und damit Recht gehabt. Ja, eine Geschichte, die mitten im Laufen und deren Ausgang unbestimmt war, die vielleicht unspektakulär endet, nur dafür gut, vergessen zu werden. »Schau Robert«, erklärte ich ihm »die Leute, die Menschen um mich herum waren für mich lange Zeit nur das Publikum, vor dem ich aufgetreten bin. Seit ich mich auf der Flucht befinde, empfinde ich sie anders: sie sind die Menge, die Masse auf den Plätzen, in den Straßen, auf Schiffen, in Zügen, in Dörfern ... Früher habe ich immer geglaubt, mein Leben wäre etwas Besonderes, ich wäre etwas Besonderes. Nun stelle ich fest, dass ich bloß eine von ihnen bin, eine von Tausenden, Zehntausenden, Millionen anderen. Der Beifall von ein paar hundert Leuten in einem geschlossenen Theatersaal war eine trügerische Bestätigung ... gedacht nur für diesen einen Moment. Außerhalb dieser Welt bin ich alles andere als einzig. Ich habe mir gewisse Dinge eingebildet, die in bestimmten Augenblicken für mich stimmig aber vor allem wichtig waren. Doch mein Erfolg war vergeblich, meine Tränen umsonst. Eines Tages wird es sein, als ob das alles nie geschehen wäre.«

Beim Abschied bot mir Fabien seine Freundschaft an, als Ausdruck höchster Wertschätzung, wie er sagte. Ich lächelte bloß und scherzte: »*L'amitié, mon cher, entre une femme et un homme n'existe pas!*« Ziemlich vereinfacht einer meiner belanglosen Sätze aus *La Règle du jeu*, doch er fühlte sich in diesem Moment völlig anders an.

Das letzte, was ich von Fabien hörte, war, dass er Santiago nach dem Grobschnitt im Studio verlassen hatte. Allerdings war er nicht mit den anderen nach Europa zurückgegangen, sondern nach Kalifornien weitergereist.

Viña del Mar, 1948

Heute Nachmittag war mir recht seltsam zumute. Wie lange schon habe ich nicht mehr geprobt! Das Rauschen der Eukalyptusbäume im höher gelegenen Teil der Quinta Vergara war stärker geworden und drang durch die offenen Fenster bis in jeden Winkel meines Landhauses. Ich wiederholte ein paar Passagen aus dem Gedächtnis, oft hielt ich inne, um in einem anderen Tonfall von vorne zu beginnen. In diesen Pausen erschien mir alles, was geschehen war, schlichtweg irreal und absurd.

Ich war gerade dabei, einige Gedichte und Texte von deutschen, französischen und englischen Autoren einzustudieren. In wenigen Tagen ist es so weit. Man veranstaltet mir zu Ehren eine Soirée, alle ausländischen Gäste von Viña del Mar sind eingeladen.

Gelegentlich warf ich einen Blick zum Spiegel an der Wand gegenüber: weißes Polohemd und beigefarbener Hosenrock, auf dem Sessel neben mir ein Stapel Bücher. Blieb ich im Text hängen, konzentrierte ich mich und versuchte es aufs Neue.

Amalia, meine Freundin, meine »Beschützerin«, saß im Lehnstuhl weiter hinten im Raum. In letzter Zeit besucht sie mich fast täglich. Im Ort wird sogar von einer Affäre zwischen uns geklatscht.

Hin und wieder unterbrach sie mich und mischte sich ein. Während ich im Lichtkegel der Deckenlampe stand, kommentierte sie den Text aus ihrer halbdunklen Ecke wie eine Zuschauerin aus dem Publikum.

Ich zögerte und überlegte. Dann beschloss ich, es mit einem Gedicht von Hofmannsthal zu versuchen. Ich konzentrierte mich kurz und fing an mit fester Stimme von Träumen zu sprechen, von verschlafenen Kinderaugen, die auf den blassgoldenen Mond in der Krone eines Kirschbaumes gerichtet sind, von Geisterhänden in versperrten Räumen ... um mit der Behauptung zu schließen: »Und drei sind eins: ein Mensch, ein Ding, ein Traum ... Nein, so nicht! Vielleicht sollte ich leiser sprechen ... von Terzine zu Terzine immer leiser.«

»Deine Stimme ist so schön«, bemerkte Amalia und klatschte leise in die Hände. »Deine Worte klingen manchmal, als wären sie bloß ein Seufzen und manchmal scheinst du zu stocken, als würdest du nach deinen eigenen Worten ringen, unbestimmt, nicht unsicher ... dich von Silbe zu Silbe vortastend, um das Wort mittendrin zu verwerfen und es durch ein passenderes, aussagekräftigeres zu ersetzen ... oder es im Schweigen ausklingen zu lassen ...«

Ich unterbrach sie: »Amalia, ich probe doch nur; ich versuche mich an den richtigen Tonfall zu erinnern. Aber deine Beobachtungen sind richtig. Genau das hat man in Wien über meine Stimme gesagt: ›In ihr verebbt das Wort‹, meinte jemand, › ... es ist der sanfte Ton der leisen Verschämtheit, der Schüchternheit‹, schrieb ein anderer, › ... leise aber weithin hörbar ... jede Silbe hervorgehoben.‹ Selbst Oskar Fontana war der Meinung, ich sei dazu geboren, die Worte von Dichtern zu flüstern ... Eine lyrische Schauspielerin ... Ich war keine tragische Heldin, dazu fehlte mir die Nähe zum Dämonischen und der Urlaut der Leidenschaft. Manchmal brachten mich die Theaterkritiken zum Schmunzeln.« Mit gekünsteltem Ernst und übertriebenem Ton spöttelte ich: »Ich hatte die Grazie eines Botticelli'schen Engels voll süßer Melancholie! Ja, so stand es in einer Zeitung ... Sie hielten mich für eine Italienerin, da ich aus dem Süden kam; manche meinten, ich habe nicht gespielt, sondern ich war leibhaftig einmal die glückliche, und ein anderes Mal die unglückliche Frauengestalt. Wie auch immer, dem Publikum hat die zerbrechliche Anmut meiner jugendlichen Stimme gefallen. Sie war wirklich ungewöhnlich ... tatsächlich leise, aber weithin hörbar.«

Auf der Suche nach einem anderen Text durchkämmte ich den Stapel Papier auf dem Tischchen. Ich stieß auf einen Dialog aus *Das Salzburger große Welttheater*. In diesem mittelalterlichen Mysterienspektakel hatte ich am Burgtheater die Rolle der Schönheit gespielt. Der Schlagabtausch zwischen Schönheit und Weisheit könnte auch in Viña gefallen, warum nicht … Meine Hände zitterten ein wenig. Den Regieanweisungen entsprechend trug ich den Text abwechselnd in zwei verschiedenen Stimmlagen vor.

»**Weisheit** *lächelt, wie aus der Entrückung erwacht* Was sprächest du? **Schönheit** *in der Mitte stehend, ringt die Hände* O herzzerfressend Leid! O einzig wahres Unheil ob der Welt, das unsres Daseins hohe Lust vergällt! **Weisheit** Was klagest du? **Schönheit** Die Zeit! Die Mörderin! Die Zeit! Die Zeit ist über uns mit Räuberfaust gefallen, hat böslich missgetan an dir und mir und allen! *Ein Paukenschlagen hebt an, dazu ein Windesrauschen ...*«

Nein, nein! So nicht! Ich war mit mir nicht zufrieden. Kopfschüttelnd sagte ich: »Kommen wir lieber auf meine Begrüßungsworte zurück. Sollte ich gleich zu Beginn erwähnen, dass ich seit mehr als zehn Jahren weg von der Bühne bin? Andererseits möchte ich nicht den Eindruck erwecken, um Wohlwollen und Verständnis zu bitten, ich will mich nicht vorweg rechtfertigen, außer Form zu sein, mich nicht gebührend vorbereitet zu haben.«

»Worüber zerbrichst du dir nur den Kopf?«, fiel mir Amalia energisch ins Wort. »Wenn eine Talent hat, dann hat sie es. Punkt. Und wenn eine kein Talent hat, dann hat sie eben keines. Sicher ist auch, so etwas kann man nicht verlieren.«

»Mag sein, aber seit Ende 1937 ... das sind schon mehr als elf Jahre. Davor habe ich mein Leben lang nichts anderes gekannt als Bühne und Film. Am Beginn meiner Karriere war ich pausenlos beschäftigt, ich kann mich an keine einzige Woche Freizeit erinnern. Entweder probte ich, oder ich war bei Dreharbeiten. Max forderte uns ziemlich. Max! Der große Max! Wir haben uns 1922 in Berlin kennengelernt. Ich war gemeinsam mit Pallenberg auf Tournée und spielte an der Spree in einem Lustspiel, als er zufällig auf mich aufmerksam wurde. Damals hatte er sich gerade entschlossen, die Direktion im Theater in der Josefstadt zu übernehmen. Neben der Tournée drehte ich noch *Michael* mit Carl Theodor Dreyer. Stell dir vor, an einem Vormittag brachte man mir eine Nachricht ins Filmstudio: Reinhardt, Max Reinhardt persönlich, wollte mich kennenlernen! Ich hätte ihm gefallen und er machte mir den Vorschlag, in seiner Theatergruppe zu spielen. Noch im Sommer desselben Jahres ging ich mit ihm nach Salzburg. Die erste Rolle, die er mir gab, war die Beline im *Eingebildeten Kranken* von Molière. Die Festspiele waren erst kurze Zeit zuvor aus der Taufe gehoben worden. Was hatten wir für einen Spaß! Trotz der widrigen Umstände. In Österreich fehlte es nach dem Krieg an allem, und Reinhardts Idee von Festspielen wurde kritisiert. Gerade deswegen hat jeder von uns sein Bestes gegeben. Aber was soll ich dir über Reinhardt erzählen? Er war eine Berühmtheit. Mehr gibt es dazu nicht zu sagen. Ich verdanke ihm viel. So unendlich viel.« Kurz schwieg ich, um mich zu sammeln, dann redete ich weiter.

»Oft sagte er: ›Es gibt nur einen Zweck des Theaters: das Theater.‹ Manchmal wiederholte er den Satz und vergrub dabei seinen Blick forschend in den Augen seiner Schüler und Schauspieler. Viele Jahre später erwähnte er mit breitem Lächeln, dass ihm bei unserem ersten Zusammentreffen mein glühender Gesichtsausdruck aufgefallen sei und meine weit aufgerissenen Augen hätten wie von innen heraus geleuchtet. Diese Feststellung ließ mich vor Stolz erstrahlen. Als ob er mich durch und durch verstehen würde. Ich war eine Begeisterte. Eine begeisterte Anfängerin. Ich erinnere mich noch so gut an meine erste Zeit mit Max. Auch wenn ich nur eine von hunderten war, die mit ihm gearbeitet und bei ihm studiert haben. Nie werde ich vergessen, was er in Salzburg zu mir gesagt hat: Ich war gerade aufgetreten, da blieb er hinter den Kulissen stehen, um mich heimlich zu beobachten, und er fand mich ›voll nervöser Harmonie, hell in meiner Zartheit‹. Ich war für ihn, auch das sind seine Worte ›ein Wesen von unverwechselbarem Zauber‹.«

»Habt ihr etwas miteinander gehabt?«, fragte mich Amalia grinsend.

»Aber wo! Die Verführung beschränkte sich seinerseits auf reine Freundlichkeit. Höflich und genial, das war sein Naturell. Außerdem war ich damals schon mit dem Klavierspieler zusammen. Doch ich war eine der ersten Frauen, die er für sein Wiener Projekt engagierte. Die erste wichtige Rolle, die er mich spielen ließ, war in der *Heiligen Flamme* von Maugham.«

Ich schwieg eine Weile, ehe ich weiter erzählte. »Er war ein grandioser Lehrmeister; unter seiner Leitung sind unzählige Eleven im Theater ein- und ausgegangen. Nur wenige hatten den Erfolg, den ich hatte. Oder besser gesagt: Nur wenige sind so weit gekommen, wie ich. Wir waren so viele, alle jedoch auf eine Weise privilegiert. Der Stolz, mit ihm arbeiten zu dürfen, hat uns verbunden. Aber der Satz, der mich von all seinen Aussprüchen am meisten faszinierte, fiel während einer Festrede Jahre danach. Er sagte: ›In meinem ganzen Leben habe ich nichts anderes gemacht, als meine Träume verwirklicht.‹ Ich weiß genau, woran er in diesem Moment damals dachte: Im Garten von Schloss Leopoldskron bei Salzburg hatte er soeben einen dieser Träume inmitten der alten Parkbäume wahr werden lassen. Ein wenig vom Schloss entfernt, wuchs eine Bühne aus dem Rasen empor. Ein hoher Bretterzaun, von Kletterpflanzen überwuchert, umfing den Ort wie eine Laube und schirmte ihn nach außen ab.

Reinhardt hatte von anderen Parkanlagen Unmengen an barocken Sandsteinfiguren gekauft und nach Leopoldskron schaffen lassen. Mit Pergolen überdachte Wege bildeten grüne Gänge, die durch den Garten zum Theater führten. Die Bühne selbst war nicht aus Holz, sondern aus Stein, und in ihrer Mitte flankierten zwei Putten eine mächtige Schnecke: das Versteck für den Souffleur. In diesem wunderschönen Freilufttheater, in dem die Schönheit der Natur, das österreichisches Barock, die moderne Theatertechnik und eine begnadete künstlerische Fantasie miteinander verschmolzen, schienen die Worte Hofmannsthals wahr zu werden: ›Also spielen wir Theater … Unseres Fühlens Heut' und Gestern.‹ Reinhardt wollte das Theater in die wirkliche Welt einbinden, bei Tageslicht, nicht abgeschottet in einem geschlossenen, dunklen Raum. Er wollte zeigen, dass nicht die Wirklichkeit auf der Bühne nachgestellt wird, sondern die Realität das Theater nachahmt. Jeder gibt etwas vor und spielt eine Rolle. Nur im Theater erweist es sich als Wahrheit.«

»Oh nein! Noch so ein Intellektueller!« Amalia winkte abwehrend mit der Hand.

Ich begann wieder in meinen Textvorlagen zu blättern. »Nicht zu fassen, er ist schon seit fast fünf Jahren tot … Da ist es!« Ich schwenkte das gesuchte Blatt und sagte: »Genau diese Stelle werde ich Max Reinhardt widmen, etwas aus dem *Prolog zu Anatol*, die Komödie uns'rer Seele … Das würde ihm sicher gefallen!«

Viña del Mar, 1948

Nach einem langen Spaziergang haben Heini und ich heute auf dem Strand vor Reñaca gerastet und uns eine kurze Pause gegönnt. Stundenlang könnte ich dort verweilen und das Anrollen der Wellen betrachten. Hin und wieder schloss ich die Augen und hörte dem Rauschen nur zu. In das Geräusch der Brandung mischten sich Rufe, Wiehern und Schnauben. Ein paar Reiter jagten ihre Pferde bis zum Bauch in die Gischt. Ich lag auf einem Handtuch, den Kopf seitlich auf den Ellbogen gestützt und schaute Heini zu, wie er den Strand entlang ging. Er ist schon dreizehn und schon so groß! Wenn er mich auf die Wange küsst, braucht er sich nicht mehr auf die Zehenspitzen zu stellen.

Unschlüssig schlenderte Heini auf und ab. Plötzlich streifte er Hose und Hemd ab und rannte übermütig ins Wasser. Eine mächtige Welle erfasste ihn und er verlor den Boden unter den Füßen. Wie ein Spielball wurde er vom Wasser hin- und hergeworfen. Ich fuhr hoch und rief ihn besorgt. Heini tauchte auf, erreichte den Strand und winkte vergnügt. Er lief auf mich zu. Auf den letzten Metern stolperte er, sodass er plötzlich vor mir kniete. Spontan umarmte er meine Taille und bohrte seinen Kopf in meinen Bauch, wie er es als kleiner Bub so gerne gemacht hatte. Außer Atem und hustend stieß er hervor: »Sie war enorm und hat mich mitgerissen. Ich habe viel Wasser geschluckt ...«

»Du musst lernen, mit einem Kopfsprung in die Welle zu tauchen und dabei den Atem anhalten«, sagte ich, froh dass er sich nicht weh getan hatte.

Schweigend blieben wir eine Weile nebeneinander liegen,

mit der Hand brachte ich sein nasses Haar etwas in Ordnung. Während ich ihm weiter zärtlich über die Haare strich, schaute ich wieder auf das Meer hinaus. Unwillig schüttelte Heini den Kopf, drehte sich mir zu und sah mich an.

»Du bist traurig, nicht wahr? Was hast du?«

»Heini, ich will nach Europa zurück, ich will endlich nach Hause.«

»Wo willst du hin? Wir sind doch in Viña zu Hause.«

»Nach Österreich ... nach Wien.«

»Du lässt mich alleine?«

»Nein! Selbstverständlich nehme ich dich mit.«

»Aber ich will nicht; es gefällt mir gut hier. Ich mag alles an Viña, auch die Schulfreunde in Valparaiso habe ich gern.«

»Du wirst sehen, du wirst dich auch drüben wohl fühlen.«

»Nein, nein! Ich will nicht weggehen! Fahr doch alleine zurück, ich bleibe hier!«

»Aber Heini, was redest du.« Ich überlegte, wie ich Heini beruhigen könnte, schließlich sagte ich: »Keine Angst Heini, auch ich bleibe hier. Ich möchte so gerne zurück, aber in Wien will mich niemand mehr haben. Wahrscheinlich existiert mein Wien gar nicht mehr. Ja, wahrscheinlich werde ich nie wieder heimkehren können. Schluss jetzt damit, wir müssen nach Hause ... los!«

Wir machten uns auf den Weg und ich legte den Arm auf Heinis Schulter.

»Weißt du, Heini ... mir ist, als ob ich nicht mehr lange leben werde«, sagte ich nach ein paar Minuten – und bereute im selben Moment, meinen Kleinen mit diesen Gedanken belastet zu haben.

Heini nahm mich ohnehin nicht ernst und mit einem naseweisen Lächeln fragte er: »Woher willst du das wissen?«

Ich drückte Heinis Schulter fester an mich. »Manchmal im Leben haben wir Antennen, mit denen wir gewisse Dinge wahrnehmen können, die anderen verborgen bleiben.«

Augenblicklich befreite sich Heini aus meiner Umklammerung und sagt ein wenig ärgerlich: »Wo sollen diese Antennen sein? ... Zeig sie mir! Siehst du, du kannst sie mir nicht zeigen, also gibt es sie nicht!«

Viña del Mar, 1948

Der Abend, der mir zu Ehren im Theater von Viña veranstaltet wurde, lief gut. Gleich am nächsten Tag kam Amalia zu mir, um ihn nochmals Revue passieren zu lassen. Wir saßen einander in zwei bequemen Fauteuils gegenüber und das helle Licht des Nachmittags fiel durch das offene Fenster ins Wohnzimmer. Auf dem Beistelltischchen lagen meine Hefte und ein paar Briefe.

»Beim Verlassen des Theaters habe ich von den Leuten um mich herum nur begeisterte Kommentare gehört. Ganz zu schweigen vom stürmischen Applaus unmittelbar davor, er schien gar nicht enden zu wollen! Dein Gesicht hat geleuchtet und erst dein Blick – wie strahlend er war! Ich war sehr gerührt, fast sind mir die Tränen gekommen. Ich habe mich so für dich gefreut ...«

»Amalia ...«

»Was ist?«

»Du bist die beste Freundin, die ich mir vorstellen kann. Ich mag dich ...«, flüsterte ich schließlich. Ich stand auf, um zu ihr hinüber zu gehen, blieb jedoch am Fenster stehen und schaute hinaus.

»Ich werde dafür sorgen, dass die Zeitungen ausführlich darüber schreiben«, sagte Amalia bestimmt. »Es gibt da einen jungen Mann, Tomas Leastman. Ich bin mit ihm befreundet und er ist ein großer Bewunderer von dir. Er schreibt. Weißt du, was er mir erzählt hat? Er hat dich unlängst in Valparaiso beobachtet, als du gerade in die Buchhandlung Niemeyer gegangen bist. Du hast gestrahlt, hat er gesagt. Er hat dich die Calle Prat entlang vom Zentrum zur Buchhandlung kommen

gesehen. Und diese enge, finstere Gasse mit ihren hohen, alten Prunkbauten erschien ihm durch dich plötzlich lichter.«

Ich schaute weiter aus dem Fenster und murmelte: »Lieb von ihm!«

»Ich weiß genau, was er damit meinte. Auch ich habe dich gestern, als der Applaus getobt hat, so strahlend erlebt. Das war keine Frage der Beleuchtung, man konnte spüren, dass es von innen kam. Alle haben bemerkt, wie du dich darüber gefreut hast, wieder du selbst zu sein und für dein wahres Talent bewundert zu werden: verehrt als die geborene Schauspielerin – einfach fabelhaft!«

Nun erhob sich auch Amalia aus ihrem Fauteuil und kam zu mir ans Fenster. Sie umarmte mich sanft. Dann hielt sie mich an den Händen fest und fuhr fort: »Ich hab es dir schon so oft gesagt: Du kannst stets auf mich zählen, meine Liebe. Ich hätte gerne, dass du für immer hier bei mir bleibst. Lass dir wegen Heini keine grauen Haare wachsen, er ist ein fröhliches Kind und das Gymnasium in Valparaiso gefällt ihm. Ich werde alles für ihn richten. Du wirst sehen, wir beide begleiten ihn noch bis zur Universität. Du darfst nur den Mut nicht verlieren, vielleicht dauert es tatsächlich noch eine Weile, bis du nach Europa kannst ... Aber warum eigentlich zurück nach Europa? Europa hat sich verändert, und du ... entschuldige, du wirst nächstes Jahr fünfzig. In Österreich wird nichts mehr so sein wie es war. Ich kann es mir gut vorstellen, dort gibt es nur noch Tristesse, nichts außer Erinnerungen. Ich möchte, dass du für immer hier bei mir in Viña bleibst, in unserem kleinen Königreich, aus dem wir uns nur wegbewegen werden, um ab und zu nach Santiago zu fahren. Wir werden im Crillon Hotel absteigen, ins Theater gehen und Feste besuchen.«

»Ich leide darunter, dass alle versuchen, meine Rückkehr zu verhindern. Mein Sohn, die Theaterleute in Österreich, die mich nicht mehr wollen ... und jetzt auch du! Diese unsichere Zukunft macht mich krank. Und außerdem, ja, natürlich werde ich älter. Aber auf einer Bühne kann ich noch lange stehen, weil ich spüre, dass ich nach wie vor erstklassig bin. Ich bin reifer und habe, was die menschliche Seite betrifft, mehr Einfühlungsvermögen als je zuvor.«

»Nora, die Zeit ist reif für eine Abrechnung, nicht für neue Vorhaben. Du würdest Heini und mich sehr glücklich machen, wenn du für immer hier bliebest.«

Ich streckte mich auf der Chaiselongue aus und starrte zur Decke. »Weißt du was, Amalia? Meine Wirklichkeit ist, weit weg zu sein, so weit weg von allem, was ich einmal war. Ich fühle mich, als wäre ich in ein tiefes Loch gefallen, in dem ich nun gefangen bin. Was meine Zukunft betrifft, so sehe ich nur Trübsinn und Einsamkeit vor mir. Mir fehlt die Kraft, ein Leben zu führen, das nicht mehr meines ist. Ich möchte dagegen ankämpfen, aber ich bin zu schwach.« Ich schüttelte abwehrend den Kopf und fügte schließlich hinzu: »Mein Herz fühlt sich an, als würde man ihm einen Stich nach dem anderen versetzen ... Ja, du hast recht. Man kann nicht zurück, aber ich lasse bloß Tag um Tag verstreichen.«

Ich habe schon oft daran gedacht, nach USA zu schreiben und meinen Freunden zu sagen, wie sehr es mich in meinen Beruf zurückdrängt. Aber meine Hemmungen sind zu groß. Ich möchte nicht, dass mein Name politisch ausgenützt wird. Ich hasse alles, was mit der Politik zusammenhängt – damals wie heute. Die Kunst hat nichts mit Politik zu tun – aber ist das tatsächlich so? Fast zwanzig Jahre habe ich gekämpft und meinen Idealen viele Opfer gebracht, in all den schlimmen Jahren in Wien war mir die Kunst mein größter Trost. Die Nazis haben mir alles genommen ... und die Jetzigen wollen es mir nicht zurückgeben. Nein, erst wenn ich mich aus dieser Situation befreien kann, in der ich seit Jahren lebe – sozusagen lebe, denn in Wirklichkeit vegetiere ich ja nur mit tausend widersprüchlichen Gefühlen dahin – erst dann kann ich wieder meinen geraden Weg gehen. Aber jetzt bin ich außerstande dazu.«

Mit einem Ruck erhob ich mich von der Chaiselongue und ging wieder ans Fenster. Eine derartige Wut auf alles und auf mich selbst hatte ich selten in meinem Leben verspürt. Ich wollte herausschreien, was mir durch den Kopf schoss, stattdessen schwieg ich fast zitternd. Ich war unsicher, vielleicht hätte Amalia das Ganze nur als den kindischen Groll einer

Verliererin missverstanden. »Wie kann ein Volk so dumm sein?« wollte ich laut rufen. Doch die Worte blieben mir im Hals stecken. »Wie kann ein Volk so dumm sein: Selbstmord begehen ...« dachte ich, »Sich selbst zerstören! Wie seelen- und geistlos muss ein Volk sein, das seine Besten zur Flucht zwingt, das Wertvollste vertreibt?« Ist es dasselbe Volk, das jetzt lügt und als erstes Opfer der Nazis anerkannt werden will? Wie können dieselben, die den Anschluss wollten und damit das endgültige *Finis Austriae* bewirkten, sich jetzt wieder Österreicher nennen? Warum wurden alle jene, die ich liebte, vertrieben und zu Exilanten, verdammt dazu, nicht zurückkehren zu können, so wie ich? Warum mussten Stefan Zweig, Franz Werfel, Max Reinhardt und hunderte mehr fern der Heimat sterben? Das wahre Österreich war also für das falsche Österreich nur eine Missgeburt, die es abzutreiben galt ... Wie konnte ich ein Wien so wahnsinnig lieben, welches mich über Nacht loswerden wollte und mich jetzt, zehn Jahre später, nicht mehr zurückhaben will? Oder ist meine Wut wirklich nur der heimliche kindische Groll einer Verliererin?

Amalia spürte, dass mir alles zu viel wurde. Nach einer Weile sagte sie ganz ruhig: »Es gibt Dinge, die passieren einfach. Was in Europa geschehen ist, hat höchstwahrscheinlich den Grund, dass so gut wie alle zugleich Opfer und Mittäter, Unschuldige und Mitverantwortliche waren.«

»Du versuchst mich zu trösten, aber so einfach ist es nicht. Es gibt nichts Öderes als im Leben Bilanz zu ziehen und festzustellen, nicht wieder gutzumachende Fehler begangen zu haben. Nicht die anderen führen uns in die Irre, wir selbst lassen uns täuschen und blenden. Ich war immer der Meinung, jeder bestimmt sein Schicksal selbst. Und daher schäme ich mich, wenn ich rückblickend erkenne, dass ich Teil des Geschehens war, wie ich mich auf gewisse Dinge eingelassen, wie wenig ich mich gegen sie gewehrt habe. Doch es stimmt, manchmal habe ich das Gefühl, ich hätte nicht anders handeln können. Ich wollte es so. Es war meine Art zu leben und zu sein ...«

Amalia beobachtete mich aufmerksam, wie ich mir eine Zigarette anzündete und einen tiefen Zug machte. Plötzlich war ihr danach, das Thema zu wechseln: »Gestern Abend im Theater habe ich darauf gewartet, dass du etwas aus deinen Aufzeichnungen liest, so wie du es vorgehabt hast.«

»Ja, das wollte ich eigentlich. Aber als ich dann auf der Bühne stand und nach dem Text von Molière der begeisterte Applaus losbrach, fühlte ich, dass ich an dieser Stelle Schluss machen sollte. Mit einer perfekten Leistung, mit dem Gefühl, es geschafft zu haben ... Ich wusste plötzlich, dass dies nicht der Moment für persönliche Empfindungen war. Es wäre mir peinlich vorgekommen, die Zuschauer mit meiner Geschichte zu rühren. Ihre Welt war in diesem Augenblick so heil ... Hätte ich ihnen sagen sollen, dass von meiner Welt jeden Tag ein weiteres Stück zerbricht.«

»Alle hier kennen deine Geschichte mehr oder weniger und alle stehen hinter dir. Mir hat sehr gut gefallen, wie du zu Beginn etwas über dich erzählt hast, zum Beispiel über deine Arbeit mit Reinhardt. Es wäre schön gewesen, wenn du mit ein paar persönlichen Worten aufgehört hättest. Vielleicht ... ach ich weiß nicht ... Mir jedenfalls hätte es gut gefallen.«

»Du hast Recht, ich habe daran gedacht, vor allen Leuten zu lesen und nicht zuletzt auch für dich. Ich wollte von meiner Flucht aus Europa erzählen, von einzelnen Momenten, ohne breitzutreten woher und warum ich geflüchtet bin. Ich wollte nur die Stimmung der Vertreibung und das Gefühl einer zerfallenden Welt vermitteln. Sie stürzte ein und ich bin geflüchtet, um nicht verschüttet zu werden. Ich erinnere mich an jede Sekunde an diesen Tagen. Paris empfand ich noch als eine Zeit des Überganges, ich glaubte damals, bald würde das Schlimmste vorüber sein. Doch beginnend mit Juni 1940 und mit allem was ich Tag für Tag erleben musste, realisierte ich allmählich, wie endgültig und unwiderruflich die Entwicklung der Dinge war. Ich bin aus einer Welt geflüchtet, die sich zunehmend als ein Ort des Schreckens entpuppt und gleichzeitig demaskiert hat. Doch der Geist dieser Welt verfolgt mich bis heute und lässt mich nicht los. Amalia, mehr als acht Jahre sind seitdem vergangen, doch für mich hat sich absolut nichts geändert. Nichts wird mehr so wie früher sein.«

»Du hast gerade gesagt, du wolltest vor dem Publikum ein

paar Zeilen nur für mich lesen, warum?« fragte Amalia.

Ich zögerte einen Moment, dann antwortete ich: »Weil du mir als einzige geblieben bist, du bist die einzige, mit der ich noch reden kann. Es tut mir so gut. Manchmal habe ich Hemmungen und fürchte dich zu langweilen. Manchmal bin ich versucht, dir von meinen geheimsten Gedanken zu erzählen, mich dir komplett anzuvertrauen, doch gleichzeitig fürchte ich, dich tief zu enttäuschen, und so spiele ich weiter die *princesa antinazi*.«

Amalia hatte sich wieder in ihren Fauteuil gesetzt. Ich ging zu ihr, umarmte und küsste sie und hielt sie lange fest. Dann nahm ich eines der Hefte vom Tisch und blätterte darin. Schließlich las ich ihr laut, aber ruhig die letzten Zeilen vor: »... und ich frage mich natürlich, was uns weiter erwartet. Werde ich Ernst wieder sehen? Welches Land wird uns Flüchtlinge aufnehmen? Und Heini, wird er jemals seine Zwergerln wiederfinden?«

Während ich das Heft zuschlug, fügte ich hinzu: »Inzwischen weiß ich ja, wie es weitergegangen ist.«

»Gestern Abend,« sagte Amalia leise, »hast du wirklich einen grandiosen Erfolg gehabt. Wir werden noch weitere Lesungen und Aufführungen organisieren. Du warst so einmalig. Die nächste Veranstaltung machen wir in Santiago. Auch der Süden, zum Beispiel Valdivia oder Puerto Montt, bietet sich an. Auch dort gibt es viele deutsche Familien.«

Wieder schwiegen wir für eine Weile. Dann begann Amalia von neuem: »Ich würde alles Mögliche machen, um dich glücklich zu sehen. Warte noch ein wenig, vielleicht beruhigt sich die Lage in Österreich und es wendet sich doch noch alles zum Guten. Bis es soweit ist, lassen wir es uns hier in Viña an nichts fehlen.«

»Ich weiß, wie man in Wien über mich spricht ...«, sagte ich bitter. Plötzlich fand ich den Mut, Amalia um etwas zu bitten. Schon seit einigen Tagen trug ich den Gedanken mit mir herum. Sie musste mir fest versprechen, genau nach meinem Wunsch zu handeln. Es war nur eine Kleinigkeit, aber für mich mehr als wichtig.

»Was immer du willst«, antwortete sie sofort.

Daraufhin zog ich einen Umschlag aus einem Buch. Ich erklärte ihr, dass in diesem Brief alles stünde, was ich Heini gerne sagen möchte. Zum jetzigen Zeitpunkt sei es nicht möglich, mit ihm darüber zu reden, er sei noch zu jung und würde mich nicht verstehen. Sie müsse diesen Brief für Heini aufbewahren.

Amalia nickte und gab mir ihr Wort, doch nach einer Weile meinte sie: »Du wirst Heini selber eines Tages alles genau erklären.«

»Mag sein, aber ich werde dann sicher andere Worte verwenden ... Oder ich werde nicht mehr den Mut haben, ihm wirklich alles zu sagen und ihm manche Dinge verschweigen. Du kannst den Brief lesen.«

»Wie du willst. Aber es wäre mir lieber, wenn du ihn mir jetzt vorliest. Ich möchte deine Worte mit deiner Stimme hören, nicht nur lesen«

»Gerne, aber es ist ein sehr langer Brief ...«

»Ich habe Zeit, Nora. Für dich habe ich immer Zeit.« Ich schaute Amalia fest in die Augen und strich ihr mit der Hand zärtlich über die Schulter. Sie lächelte mir zu und schien zu warten. Ich ging zum Fenster zurück, öffnete den Brief und blätterte ihn durch. Schließlich begann ich zu lesen:

»Lieber, lieber Heini, ... wie sehr wünsche ich mir, dass diese Zeilen möglichst lange erhalten bleiben und Du sie eines Tages findest. Sie lesend und, wie ich glaube, abermals lesend wirst Du vielleicht besser verstehen, was ich Dir jetzt sagen will. Etliche Male war ich in letzter Zeit versucht, Dir alles zu erzählen, doch ... Dann sah ich Dich, wie Du mir die letzten Meter auf dem Heimweg von der Schule fröhlich entgegengelaufen bist. Du hast mich umarmt, ich spürte, wie unbeschwert Du warst, und da hörte ich Dir einfach nur zu, hörte mir Deine stolzen Berichte an, was Du den ganzen Tag über gemacht hast. Plötzlich hatte ich Angst, irgendetwas zu sagen oder zu tun, das Deine Geborgenheit hätte zerstören können, denn ich fühlte, wie Du jedes Mal mit allem, was Du mir anvertraut hast, ruhiger geworden bist. Wie gerne hätte auch ich Dir berichtet! Manchmal hatte ich ohnehin das Gefühl, dass Du sehr viel über mich weißt und mich verstehst, und dass Du mich mit Deinem Verhalten nur trösten, mich von meinen Gedanken lösen willst. Gewiss, Du solltest nur glauben, dass es für mich, für mein Glück genügte, mit Dir zusammen zu sein.

Gerade eben kommt mir vor, als ob ich zu Dir sprechen würde, während Du unten am Strand von Reñaca spielst. Du kannst mich aber nicht hören, weil das Geräusch der Wellen meine Stimme übertönt.

Tatsächlich hast Du mich schon vor einigen Jahren öfters gefragt ›Mama, was hast du? Was ist los mit dir?‹, wenn ich still am Fenster stand und nach draußen schaute. Ich antworte, bloß müde zu sein, die Alten seien eben manchmal müde. Da hast Du entrüstet protestiert: ›Du bist nicht alt, nein, du wirst niemals alt sein, du bleibst immer jung!‹ Du hast Dich vor mich gestellt, Deine Arme um meine Beine geschlungen und Dein Gesichtchen in meinem Schoß vergraben ... Und ich habe nicht aufgehört aus dem Fenster hinaus auf das Meer zu schauen ... und die Tränen zurückzuhalten. Die Wärme Deines kleinen Körpers, die körperliche Nähe, die Du so sehr gebraucht hast, hat mich beinahe verleitet, ihnen freien Lauf zu lassen, aber ich habe mich beherrscht.

Wie viele Jahre ist das her? Vermutlich ist es egal. Fühlst Du nicht, wie mein Brief die Zeit auslöscht? Ich spreche immer noch mit Dir und Du hörst mir immer noch zu. Ich schreibe Dir für allezeit, und Du liest es für allezeit. In der Vergangenheit, jetzt, in der Zukunft.

Heini, Heini, mein geliebter Heini! Du wirst wahrscheinlich bald einiges über mich hören, und dann vielleicht anders über Deine Mutter denken. Deine Gefühle werden sich bestimmt verändern. Oder auch nicht – hoffentlich nicht. Weißt Du, manchmal denke ich, nichts hätte anders kommen können, als es tatsächlich gekommen ist. Ich glaube, dass meine Fehler und Irrtümer genauso wie mein Leid und mein Unglück unausweichlich waren. Ich verlor den Boden unter den Füßen, kaum fing ich mich irgendwo, rutschte ich sofort weiter, und irgendwann verlor ich jeglichen Halt auf diesem brüchigen Terrain. Ein Stürzen ohne Ende.

Ich hoffe so sehr, dass Du eines Tages begreifst, wie ich

wirklich gewesen bin, und vor allem wie ich hätte sein wollen. Schauspielerin zu sein, war stets das Wichtigste für mich. Ich war eine Bühnenschauspielerin, keine aus einem billigen Film oder zweiter Klasse. Ich bin am Theater groß geworden und habe alles erreicht, was ich, ehrgeizig genug, angestrebt hatte. Der Rest zählt nicht. Hat man das Höchste einmal erreicht, dann währt es für immer. Man hat mir applaudiert, mein Talent erkannt, mein Können und meine Leidenschaft gepriesen. Auch das kann mir niemand mehr nehmen.

Ich weiß es nur zu gut, aber es tröstet mich nicht. Es steht in keinerlei Widerspruch zu diesem Seelenballast, den ich mit mir schleppe, seit meine Welt ins Wanken geraten ist. Das Bewusstsein, eine einmalige Schauspielerin gewesen zu sein, ist dem Gefühl gewichen, wie ein Blatt im Wind herumzuwirbeln, eines von Millionen Blättern in einem Sturm, der die Küste entlangfegt, der die Blätter so weit verweht, bis sie sich verlieren und aus der Ferne eines dem anderen gleicht.

Ich möchte Dir mein Unbehagen besser erklären, Dir im Umgang damit helfen, Dich darauf vorbereiten, falls auch Du Dich eines Tages damit auseinandersetzen musst.

Mein jetziger Seelenzustand wurzelt in der Erkenntnis, einige nicht wieder gut zu machende Fehler begangen und mir meinen Kummer selbst bereitet zu haben. Meine Karriere war keine Frage von Glück, nein, ich hatte auch das nötige Talent. Doch plötzlich sah die Welt vollkommen anders aus, wie in einem schnellen Szenenwechsel, von strahlend und ruhmvoll in dunkel, unbegreiflich und beängstigend. Heute weiß ich, es war weder Schicksal noch Pech, nur ich allein war schuld daran, weil ich nichts unternommen, nichts verhindert habe. Ich habe mich zu sehr ausgesetzt, war viel zu unbedacht. Lieber hätte ich, koste es was es wolle, meine Unabhängigkeit verteidigen sollen.

Ich gebe schon zu, manche dieser Fehler sind mir aus purer Eitelkeit passiert, andere aus Naivität oder Dummheit. Ich merkte zu spät, dass ich mich auf das Zutrauen und auf die Bewunderung von Leuten verließ, die sich als etwas anderes entpuppten, als ich erwartet hatte. Mein Unfrieden mit mir selbst rührt daher, dass ich viel zu lange an Menschen geglaubt habe, die mich bitter enttäuschten. Jemanden für etwas lieben, was er gar nicht ist! Aber das, was mir am meisten zu schaffen macht, ist die Einsicht, dass *ich* Fehler begangen habe. Nicht die anderen haben mich getäuscht, *ich* habe mich geirrt. *Ich* habe nicht nur blind an die falschen Menschen, sondern auch an die falschen Dinge geglaubt. An etwas, was nicht echt war, an Dinge, die in Wirklichkeit grundverschieden zu meiner Wahrnehmung waren. Wie soll ich es bloß nennen? Entzauberung, ein kalter Schauer der Ernüchterung, der eisige bittere Frost der Enttäuschung?

Bis zu einem bestimmten Zeitpunkt in meinem Leben und in meiner Laufbahn, habe ich immer die richtigen Entscheidungen getroffen. Der Erfolg gab mir Recht. Der Entschluss, als junges Mädchen nach Wien zu gehen, war für mich zwingend und goldrichtig, ebenso wie etwas später jener, in Berlin Filme zu drehen oder danach Reinhardt wieder nach Wien zu begleiten und in der Folge die Angebote aus Hollywood anzunehmen. Obwohl ich auch in Amerika erfolgreich war, wollte ich nur eines: nach Wien zurück. Immer habe ich den richtigen Weg eingeschlagen.

Als richtig erwies sich auch die jugendliche Selbstüberschätzung, mit der ich das Engagement an der Burg antrat. Doch gerade als ich alles erreicht hatte, was eine Schauspielerin erreichen konnte, begann mein Leben wie ein Kartenhaus in sich zusammenzustürzen.

Ja, es war mehr Eitelkeit als Liebe. Am Gipfel des Erfolgs habe ich mich von Schmeicheleien verführen lassen. Diesen hätte ich widerstehen müssen. Alles ist innerhalb weniger Monate passiert. Die Tore des Burgtheaters haben sich gleichzeitig mit den Türen der Starhemberg'schen Schlösser geöffnet. Sehr bald folgten jene einer Wohnung auf der Hohen Warte. Schon bei meinen ersten wichtigeren Auftritten an der Burg trug ich Dich, Heini, auf der Bühne unter dem Herzen. Es folgten ein paar Monate, in denen ich vom Wiener Parkett verschwand. Du wurdest geboren und für die erste Zeit hielt ich Dich geheim.

In dieser Zeit lernte ich zudem ein neues Empfinden

kennen: Die Faszination der Macht, die alle Türen öffnet. Wenn ich heute daran denke, komme ich mir lächerlich vor. Jetzt weiß ich, dass dieses Machtempfinden, wiewohl stark und einnehmend, im Vergleich zu meiner Kunst nichts war. Es war nur eine vorübergehende Überheblichkeit, die auf etwas Zerbrechlichem und Illusorischem aufbaute, auf etwas gefährlich Zerbrechlichem und tragisch Illusorischem ... Ich habe die Rechnung dafür bekommen. Ich kann mein Leben nicht rückgängig machen und muss damit leben, dass niemand in Österreich mich zurückhaben will.

Die Schauspielerin – Deine Mutter – eine Schauspielerin, fähig verschiedene Rollen zu spielen, fähig jede Regung einer weiblichen Seele nachzuempfinden und wiederzugeben, war bald auch im privaten Leben mit allzu Menschlichem konfrontiert. Allem voran mit der Härte, dem Narzissmus und dem Egoismus Deines Vaters. Natürlich litt er darunter, wie aus dem Jubel um seine Person und seine zentrale Stellung schrittweise Verachtung wurde, natürlich traf es ihn hart, verleumdet und ruiniert zu werden.

In Argentinien wandelte sich seine Unduldsamkeit, sein Gefühl gescheitert zu sein, in Verdruss über unser gemeinsames Leben, ein Leben in den bescheidensten Verhältnissen und ohne Zukunftsaussichten. Auch verstand ich ihn nicht mehr. Am meisten erschütterte mich seine Gleichgültigkeit, ja fast Missachtung, für mein Opfer und für meine Loyalität. Es schien, als wollte er die Vergangenheit einfach abschütteln und mit ihr auch mich. Ich habe ihn respektiert, er hingegen respektierte und schätzte mich nicht. Beide hatten wir verloren, woran jeder von uns am meisten gehangen war: unsere beiden Welten.

Mein liebster Heini, ich glaube es ist richtig, Dir meine Wahrheit zu erzählen, besser gesagt, Dir zu erzählen, was ich für meine Wahrheit halte. Ich glaube, es ist ein Beweis meiner Liebe, Dir nichts vorzumachen, was Deinen Vater betrifft. Am Anfang fühlte ich mich von ihm sehr angezogen, doch geheiratet habe ich ihn auch aus einem anderen Grund. Ich wollte, dass Du zu Deinen legitimen Rechten kommst.

Von seinen politischen Widersachern werden bis heute

schreckliche Anschuldigungen gegen Deinen Vater erhoben. Aus meiner Sicht sind sie allesamt verleumderisch und falsch, geradezu unglaublich jene des Hochverrates! Frage Dich immer, wer am Ende unser Österreich verraten hat: Dein Vater, der in einer französischen Fliegeruniform öffentlich gegen Hitler gekämpft hat, oder die überwiegende Mehrheit der ›Österreicher‹, die ›Ja‹ zum Dritten Reich gesagt haben. Ich kreide Deinem Vater nur an, wie er sich mir gegenüber benommen hat. Ich schaffe nicht, ihm zu verzeihen, dass er meine Solidarität, meine Freundschaft und meine Verbundenheit eiskalt zurückgewiesen hat und selbst die Tatsache, einen gemeinsamen Sohn zu haben, nichts daran ändern konnte. Nur weil er glaubte, versagt zu haben.

Mein Heini, während ich Dir schreibe, habe ich das Gefühl, ins Dunkel zu sprechen. Von der Bühne ins Dunkel des Parketts, in dem ich nur Dich sitzen weiß. Ich kann Dich nicht sehen, aber Du bist da. Das erste Mal in meinem Leben spiele ich keine Rolle, spreche ich nicht auswendig Gelerntes, sondern sage frei heraus, was ich empfinde. Der Grund dafür ist mein brennender Wunsch, Dir hier und jetzt mein Herz auszuschütten. Ich weiß, dass dafür der Zeitpunkt nicht passt. Das ist kein Brief für ein Kind. Vielleicht sollte eine Mutter überhaupt nicht so offen mit ihrem Sohn sprechen. Nichts ist schwerer zu ertragen als der Unmut und der Groll des eigenen Kindes.

Ich bin glücklich, dass Dir Chile so gut gefällt. Doch wie sehr litt ich darunter, wenn ich sah, wie wütend Du wurdest und wie heftig Du protestiert hast, sobald ich davon sprach, nach Hause, nach Europa, zu gehen.

Selbst wenn ich meine Sehnsucht nach Wien nur angedeutet habe, warst Du eifersüchtig und hast geschmollt. Für Dich war Österreich nicht mehr als eine vage Erinnerung, Du warst noch ein Kleinkind, als wir Wien verließen, es hat Dir wenig bedeutet, für Dich war es nichts – für mich ist es alles.

Ich wollte an die Burg zurück, in meine wahre Welt. Die Welt einer Schauspielerin ist nun einmal die Bühne. Aber wieder habe ich mir etwas vorgemacht. Niemand rührte einen Finger für mich. Ich war für die anderen keine Schauspielerin mehr, ich war bloß eine in Ungnade gefallene Fürstin Starhemberg.

Das gesamte von den Nazis enteignete Hab und Gut Deines Vaters wurde bisher nicht restituiert. Wir leben bis heute von der Großmut unserer Freunde. Wie riesig ist Deine Freude, wenn ich Dir eine Einladung bei den Vergaras in Aussicht stelle, denn dort kannst Du so viel essen, bis Du keinen Hunger mehr hast.

Trotzdem hätte ich all das ertragen, mich nicht so gedemütigt gefühlt, wenn mein Talent und meine Gefühle zumindest ein wenig geschätzt worden wären.

Nie werde ich diesen Tag in La Cumbre vergessen. Ich hatte Dir Pinsel und Wasserfarben geschenkt. Dein Vater nahm Dir beides weg, warf es in den nächstbesten Mistkübel und meinte, Du solltest Deine Zeit nicht mit solchen Kindereien vergeuden. Ich war wie versteinert, nie zuvor war ich Zeuge eines solchen Aktes der Barbarei. Nie zuvor war Dein Vater so unerreichbar weit weg von mir. Ich empfand nur noch Abscheu für ihn. Nicht einmal das Exil hatte uns zusammenschweißen können, nicht einmal unser Sohn. Ich hatte die Seele einer Künstlerin, die Deines Vaters war geprägt durch das männliche Imponiergehabe eines steifen, aristokratischen Soldaten, für den die Kunst weniger als nichts zählte.

Du bist das einzige, was mir geblieben ist, der einzige, dem ich es erzählen kann. Ich will, dass Du es weißt. Weil ich möchte, dass Du auf meiner Seite stehst, dass Du mir eines Tages ähnlich wirst, ohne in die gleichen Fallen zu tappen. Das ist meine Art Dich zu lieben.

Was meine ich, wenn ich sage, wir müssen unsere Selbständigkeit bewahren? Ich meine damit: Verzichte nie darauf, Deine ureigensten Träume früher oder später zu verwirklichen, selbst wenn Dir vorkommt, Du opferst zu viel für sie! Nur so kannst Du über Dich hinauswachsen und die anderen lieben. Aus bloßem Egoismus, um wiedergeliebt zu werden? Nein! Oder doch, ein wenig, genau das ist eben die Egozentrik einer Künstlerin: fühlen, wie du mit deiner Kunst Dinge erschaffst, wie sie vollkommener nicht sein können, auch um den Preis, die Menschen um dich herum zu vernachlässigen. Merk Dir, ein Künstler gibt auf seine Art meistens mehr, als er zurückbekommen kann – unvergleichlich mehr als seine Eitelkeit, sein Ehrgeiz und sein Bedürfnis, sich darzustellen, verlangen. Letztendlich bewirkt ein Künstler Größeres, als nur ein paar Stunden auf der Bühne zu stehen.

Vielleicht bin ich keine gute Mutter. Vielleicht bin ich bloß eine Mutter. Jedenfalls bin ich aber eine Mutter, die nichts vortäuschen kann, wie es doch einer Schauspielerin im Blut liegen müsste. Ich fühle, dass ich Dir vor allem Aufrichtigkeit schulde, aber mir fehlt die Kraft dazu. Nur wenn man mit sich selbst im Reinen ist, kann man andere uneingeschränkt lieben. Wer von sich selbst enttäuscht ist, kann nicht wirklich lieben und spürt, dass seinem Gefühl etwas fehlt, dass sein Gefühl weniger Wert hat und gerade deshalb abgelehnt wird. Sein Bestes geben kann nur, wer nicht vor sich flüchtet, wer sich nicht ständig versteckt. Man kann aus der Zeit, in die man geboren wurde, nicht einfach heraus. Ich habe in meiner Zeit gelebt, ohne sie wirklich verstanden zu haben, weil ich mich von Ehrgeiz, von Eitelkeit und, ja, von Illusionen habe ablenken lassen.

Erst jetzt spüre ich es klar und deutlich. Ich habe mein ganzes Leben fest an etwas geglaubt, das in Wirklichkeit vergänglich und trügerisch ist: an das Schöne! Sowohl die Schönheit in der Kunst als auch die mancher Menschen habe ich für vollkommen, für eine große, unbesiegbare Kraft gehalten. Sie hat sich angesichts der Gewalt, der Barbarei und des kriminellen Wahnsinns als äußerst brüchig erwiesen. Auch die Welt des Theaters erschien mir in sich gefestigt und mächtig – ein Zufluchtsort, ein Spiegelsaal, ein Unterschlupf für Verschwörer? – weil sie scheinbar über dem Leben stand, es darstellte, zugleich verurteilte, erklärte oder einfach nur aufzeigte. Die wahre Spielregel? Die Schönheit begegnet jedem von uns. Jeder von uns wird aber im Lauf der Zeit Zeuge ihrer Vergänglichkeit. Jeder von uns muss das Verwelken, die Entstellung oder sogar ihre Zerstörung miterleben. Darin besteht ihre Unvollkommenheit, und das ist der Grund, weshalb sie sich letztlich in Wehmut wandelt.

Seit mehreren Tagen schon schreibe und schreibe ich an diesem Brief, während Du, mein kleiner, über alles geliebter Heini, im Bett liegst und schläfst. Draußen weht der Wind. Lässt er ein wenig nach, so dringt das Rauschen der Brandung bis zu mir herauf. Am Südhimmel funkeln die Sterne so hell und vom Balkon unseres Zimmers erahne ich den einen oder anderen Lichtpunkt weit draußen im dunklen Ozean. Ich denke an meine Heimkehr. An meine einzige mögliche Heimkehr. Eines Tages, wenn Du diese Zeilen lesen wirst ... mit jedem Mal des Wiederlesens ...

Wie gerne möchte ich Dich jetzt fest an mich drücken. Aber im Moment ist das nicht möglich. Ich würde Dich nur wecken.

Santiago de Chile, einige Monate später

Das Getöse des Verkehrs und das Lärmen der Menge an der Kreuzung Ahumada-Huerfanos wurde zunehmend lauter. Im Salon der Suite von Donna Blanca Erràzuriz Vergara im Hotel Crillon stand das Fenster weit offen. Donna Blanca erhob sich und schickte sich an, es zu schließen. Dann nahm sie auf dem kleinen Diwan Platz und schaute nachdenklich zur Tür, die sich vor einigen Wochen mitten in der Nacht geöffnet hatte.

Als man ihr den Buben in den Morgenstunden geschickt hatte, hatte sie ihn umarmt und lange und fest an sich gedrückt. Er hatte Tränen in den Augen, und sie spürte sein Herz heftig pochen. Schließlich fing er zu schluchzen an und war nicht mehr zu beruhigen. – Weine nur, weine nur Heini, das ist das einzige, was du jetzt machen kannst, mein Liebes – hatte sie wiederholt und ihm dabei über das Haar gestrichen ...

Nora starb gegen vier Uhr morgens ... Man hatte Donna Blanca, sofort geweckt und sie war in Noras Zimmer geeilt. Noras Züge erschienen ihr ruhig und entspannt. Sie war so schön, dass keiner sie für tot hielt. Der Arzt machte noch einen Herzstich, um ganz sicher zu sein, dass sie tot war. In Santiago muss das Begräbnis innerhalb von vierundzwanzig Stunden nach amtlicher Feststellung des Todeszeitpunktes stattfinden. So will es das Gesetz. Amalia hatte sofort alles in die Wege geleitet, um sie in der Familienkrypta der Vergaras beisetzen zu lassen.

Donna Blanca Erràzuriz Vergara war eine lebende Legende: stolze Haltung und Augen, die gewohnt waren, aufs Meer zu schauen. Vier Sprachen konnte sie fließend, in jeder parlierte sie prägnant, ätzend und witzig. Den Kopf voll der Erinnerungen an Landschaften und Städte in aller Welt, belesen und gebildet, erguida la cabeza, al aire la melana, *war sie in ihren Entscheidungen resolut und bestimmt. Wer sie nur vom Hörensagen kannte, hatte eine Heldin á la Proust vor Augen. Andere wiederum sahen in ihr eine Prinzessin aus einem Roman Dostojewskis. Doch jetzt kämpfte sie mit der Rührung.*

In den letzten Jahren hatte sie Nora wenig gesehen, aber Amalia hatte ihr immer wieder von ihr erzählt. Dadurch war ihr Nora auf gewisse Weise nahe gewesen. Sie hatte gehört, dass Nora sehr niedergeschlagen war. Wie alle hatte auch sie gedacht, der Grund sei das Telegramm, das Nora kürzlich aus Europa erhalten hatte. Die Mutter war gestorben ... Zudem ging es Nora seit einiger Zeit auch gesundheitlich nicht gut. Sie klagte über Beschwerden beim Atmen und hatte sich von einem Herzspezialisten untersuchen lassen.

Einige Tage vor Noras Tod ging Blancas Nichte in das Landhaus in Viña, um nach Heini zu fragen. Nora war im Garten mit der Vorbereitung eines asado *beschäftigt und sagte, Heini sei mit seinen Freunden am Strand. Am Abend erzählte die Kleine dann, dass sie über Noras traurigen Blick sehr erschrocken gewesen war. Ihre schönen Augen hätten schwermütig und grau gewirkt.*

Es war allen ein Rätsel, wie die Gerüchte über einen Selbstmord entstehen konnten. ›Von Fürstin zu Bettlerin‹ lautete die Aufmachung eines Wiener Blattes, das zwei Wochen nach Noras Tod erschienen war. Der österreichische Botschafter hatte es ihr besorgt. Unglaublich, wie gewisse Österreicher die Wirklichkeit verfälschten. Ein scheußlicher Zeitungsartikel, der einen Selbstmord brachte und vom tiefsten Elend sprach. Nur, um eine politische Sache gegen Ernst Starhemberg daraus zu machen. Sie weigerte sich zu glauben, dass Nora auch nur einen Augenblick daran gedacht haben könnte, Heini völlig alleine und im Stich zu lassen ... Zu gerne hätte sie genauer gewusst, worum sich an diesem Abend mit Noras russischen Freunden das Tischgespräch gedreht hatte. Heini hatte mit den anderen Kindern gespielt. Laut schluchzend hatte er ihr in jener Nacht erzählt, dass seine Mutter plötzlich die Runde verlassen hatte und mit einem leidenden Ausdruck im Bad verschwunden war. Dort sei sie ziemlich lange geblieben. Als sie wiederkam, war sie kreidebleich und wollte nur noch ins Hotel.

Natürlich hätte Nora in diesen Minuten im Bad etwas genommen haben können ... Aber warum auf diese Art, warum so plötzlich?

Donna Blanca hatte einen kurzen Brief an Noras russische Freunde geschrieben – auch sie waren Exilanten. Die Antwort kam umgehend, brachte aber keine Klärung. Sie schilderten den Abend bis ins kleinste Detail, aber auch sie konnten es kaum glauben und waren fassungslos. Nora machte auf sie an jenem Abend einen müden Eindruck. Das Gespräch kreiste zuerst um die Revolution und das Leben in Moskau und schließlich um die russische Besatzung in Wien. Letztere würde wohl so schnell keine Lösung zulassen, oder anders formuliert, sie könnte unter Umständen noch Jahre dauern. – Vielleicht sogar für immer – so der allgemeine Tenor – um das Wiederaufleben des Nationalsozialismus zu verhindern. – Was war Nora nur durch den Kopf gegangen?

Selbst Heini hatte an diesem Tag bemerkt, dass seine Mutter total erledigt war. Der Kleine sollte die Ferien in Argentinien bei seinem Vater verbringen. Nora wollte ihn ein paar Wochen später holen und zurück nach Viña begleiten. Um ihre Papiere für die bevorstehende Reise zu erneuern, waren sie den ganzen Tag zu Fuß durch die Stadt geirrt und dabei auf Widrigkeiten ohne Ende gestoßen. Im Sommer sind die Straßen in Santiago wie ein Backofen, zudem hatte man sie von einem Amt zum nächsten verwiesen. Österreich hatte seine Botschaften wieder geöffnet, sowohl in Argentinien als auch in Chile, aber um gewisse Papiere zu erlangen, musste man einen Spießrutenlauf mit nicht enden wollenden bürokratischen Hürden hinter sich bringen. Heini, der arme Bub, hatte ihr erzählt, wie seine Mutter oft mitten auf der Straße eine Pause eingelegt hatte, um Kraft zu sammeln und Atem zu holen. Sie gaben einander die Hand und schleppten sich zur nächsten Bank oder Nora rastete kurz im Schatten an eine Hausmauer gelehnt. Dabei klagte sie unentwegt über starke Schmerzen in der Brust.

Vielleicht wäre noch etwas zu retten gewesen, hätte man gleich einen Arzt gerufen. Aber man führte sämtliche Symptome auf die Nerven zurück. Nora hatte also ein Taxi genommen und war zum Hotel Crillon gefahren, wo man sie als liebe Freundin von Amalia kannte. Man brachte sie in einem Raum am anderen Ende des Ganges in einer Art Krankenzimmer unter. Nora hatte vermutlichen einen Herzanfall, obwohl der Arzt nichts Genaues feststellen konnte. Sie fühlte sich sogar etwas besser und wollte in der Früh nach Viña zurückfahren. Trotzdem ließ Amalia einen anderen Arzt holen, der ihr Coramin spritzen sollte. In der Nacht hatte sie einen weiteren schweren Anfall. Wieder rief man nach dem Arzt, doch der konnte nichts anderes mehr für sie tun, als ihr eine Injektion gegen die Schmerzen zu geben. Als die Wirkung der Spritze nachließ, setzten die Schmerzen wieder ein und sie musste erbrechen. Nur einmal schaffte sie den Weg ins Bad bis zum Waschbecken. Danach legte sie sich nieder, seufzte und wachte nicht mehr auf. Schließlich hatte die Direktorin des Hotels, Frau Margots, zu Nora aufs Zimmer geschaut, doch mehr als zurückzukommen und resignierend zu stammeln: »Jemand muss es dem Kind sagen!«, konnte sie nicht tun.

Amalia hatte in den letzten Monaten Noras Stimmungen miterlebt und ab und zu geäußert, dass Nora eine Dummheit machen könnte, aber es schien allen Vergaras undenkbar, dass Nora ihr Kind, allein zurücklassen würde. Alle hatten sie doch unterstützt so gut es ging.

Donna Blanca Errázuriz Vergara stand auf, um das Fenster wieder zu öffnen. Das Getöse des Verkehrs und das Lärmen der Menge an der Kreuzung Ahumada-Huerfanos schwappten erneut in das Zimmer herein. Blanca fing an, die Lade ihres Schreibtisches zu durchstöbern, in der sie diverse Fotos, Hefte und Papiere verwahrte. Schließlich zog sie ein dickes, geschlossenes Kuvert heraus. Darauf stand groß in grüner Tinte »Für Heini« geschrieben. Kurz zögerte sie. Amalia hatte ihr diesen Brief Noras anvertraut und sie gebeten, ihn sorgfältig zusammen mit allen Aufzeichnungen und Notizheften aufzubewahren, die Nora nach Santiago mitgebracht hatte. Seit ihre gesamte Korrespondenz mit Ernst Starhemberg spurlos verschwunden war, war Nora vorsichtig geworden. Amalia hatte betont, wie lange Nora mit diesen Zeilen gekämpft, wie oft sie sie verworfen und neuerlich geschrieben hatte und auch erzählt, wie Nora schließlich Seite um Seite laut vorgelesen hatte.

Einige Monate später, an diesem Tag, war Donna Blanca alleine mit dem Brief. Unschlüssig hielt sie ihn in der Hand. Hin und wieder schüttelte sie den Kopf, doch sie widerstand der Versuchung, das Kuvert zu öffnen. Schließlich verstaute sie das Schriftstück dort, wo es zuvor gewesen war, in einer Lade ihres Schreibtisches zusammen mit den anderen Schriftstücken Noras. Ehe sie sich setzte, schüttelte sie noch einmal den Kopf. Dann rückte sie sich in ihrem Fauteuil im Salon der Suite des Hotels Crillon zurecht, um so auf den Besuch von Heini zu warten, der dieser Tage aus Argentinien zurückgekehrt war.

Die letzte österreichische Diva mit multikulturellem Hintergrund

Nachbemerkungen von Robert Sedlaczek

Dieser Roman ist das fein ziselierte Portrait einer erfolgreichen und später in Vergessenheit geratenen Diva. Da es unter anderem auf Texten basiert, die Nora Gregor selbst geschrieben hat, mit grüner Tinte übrigens, erhebt es den Anspruch, die Wirklichkeit getreu nachzuzeichnen – obwohl es sich um ein literarisches Werk handelt, das auch hohen künstlerischen Ansprüchen gerecht wird. Nur bei einigen Auszügen aus Briefen Nora Gregors war dem Autor die Authentizität wichtiger als die schriftstellerische Eleganz.

„Weit weg von Wien" kann auch als ein aufklärerisches Buch verstanden werden, das mit populären Irrtümern rund um die Person dieser letzten österreichischen Diva aufräumt. So mutet es merkwürdig an, dass sich eine von den Nationalsozialisten verbreitete Lüge bis heute erhalten hat: Die gefeierte Schauspielerin sei eine Jüdin gewesen. Damit wollte man sie zum doppelten Feindbild erklären: Es genügt nicht, dass sie die Frau des Heimwehrführers Ernst Starhemberg ist, machen wir aus ihr eine Jüdin!

Außerdem wird ihr Tod oft als Selbstmord dargestellt – weil Wiener Tageszeitungen im Jahr 1949 dieses Gerücht verbreiteten. Bei den Recherchen des Autors zu diesem Roman hat sich herausgestellt, dass Nora Gregor an Herzversagen gestorben ist. Es gibt keinen Hinweis, dass sie sich für den Freitod entschieden hat.

Oder ist sie an gebrochenem Herzen gestorben? Jedenfalls hat sie erkannt, dass ihr Heimatort Görz nie wieder das sein wird, was er vor dem Ersten Weltkrieg gewesen war: Egal ob italienisch, slowenisch oder deutsch gesprochen wurde – die Völkermelange im altösterreichischen Görz ist vielleicht das beste Beispiel dafür, dass eine multikulturelle Gesellschaft funktionieren kann, wenn es die gesellschaftlichen Verhältnisse zulassen und die Menschen gewillt sind, einander zu verstehen.

Nach dem Ende der Nazi-Barbarei konnte oder wollte Nora Gregor nicht nach Wien zurückkehren. Als eine ehemalige Fürstin Starhemberg – und vielleicht auch als eine angebliche Jüdin – war sie im Wien der Nachkriegszeit nicht willkommen. Niemand hat sich damals bemüht, die Emigranten in ihre Heimat zurückzurufen. Jene, die geflüchtet waren, aus welchem Grund auch immer, wurden im Falle einer Rückkehr als unliebsame Konkurrenten angesehen – vermutlich auch am Wiener Burgtheater.

Außerdem fühlte sich Nora Gregor als zu arm, um ein neues Leben in einer schwer zerstörten Stadt zu beginnen – mit ungewissen Jobaussichten, wie man heute sagen würde. Ihr Sohn war in Chile bereits tief verwurzelt, sie hätte ihn aus den sozialen Kontakten seiner zweiten Heimat herausreißen müssen, welche einfühlsame Mutter macht das? Während eine Rückkehr nach Wien in ihren Wunschvorstellungen ganz oben rangierte, spielte sie nur selten mit dem Gedanken, nach Hollywood zu gehen, wo ihre früheren Filmpartner die Fäden zogen. Sie war vom Herzen her keine Amerikanerin, sondern eine Wienerin.

„Weit weg von Wien" kann auch als ein Spiegelbild der geschichtlichen Ereignisse des zwanzigsten Jahrhunderts gelesen werden: die Machtergreifung Hitlers im Jahr 1933, das Erstarken autoritärer Regierungen in vielen Ländern Europas, die sozialdemokratische Gegenwelt im „Roten Wien", die Polarisierung der politischen Landschaft durch die Existenz zweier paramilitärischer Organisationen in Österreich – die Heimwehr auf der rechten Seite des Spektrums, der Republikanische Schutzbund auf der linken. Dann die Strategie der Christlichsozialen, in einer Art Staatsstreich eine milde Form der Diktatur zu errichten, um den agressiven Nationalsozialismus aus Deutschland nicht nach Österreich schwappen zu lassen. Im Februar 1934 überschlugen sich dann die Ereignisse. Der Republikanische Schutzbund war teilweise entwaffnet worden, nach dem zu erwartenden Aufruhr wurden einige militante Sozialdemokraten standrechtlich zum Tode durch den Strang verurteilt, Tausende andere wurden verhaftet – bis hinunter zu den Bezirksfunktionären der Kinderfreunde oder des Arbeitersamariterbundes. Damit wurden potentielle Bündnispartner im Kampf gegen den Nationalsozialismus in die Illegaliät getrieben. Wie hätten sich verfolgte Sozialdemokraten mit dem neu errichteten „Ständestaat" und mit seiner Einheitspartei „Vaterländische Front" identifizieren sollen?

Wobei auch die Fehler der Sozialdemokratie nicht übersehen werden sollen. Eine eher kompromisslerische Realpolitik kontrastierte mit einer programmatischen Radikalität, die in die Forderung nach einer „Diktatur des Prolatariats" mündete – das war eine Rechtfertigung für die Existenz von Starhembergs Heimwehr. Bündnisangebote der Christlichsozialen wurden von den Sozialdemokraten mehrere Male abgelehnt.

Da dieser Roman aus der Sicht Nora Gregors geschrieben ist, wird das Spiegelbild der geschichtlichen Ereignisse zwangsläufig zu einem Zerrbild. Die Diva, zuvor längere Zeit in Hollywood erfolgreich tätig, hat sich mit der österreichischen Politik nie befasst. Sie weist auch immer wieder darauf hin, dass sie in der Welt der Kunst, nicht in der Welt der Politik zuhause ist. Wenn sie sich dennoch politisch äußert, gibt sie unreflektiert die Meinungen ihres Ehemannes Starhemberg wieder. Ihr „Ritter Toggenburg" – ein schönes Bild aus einem wenig bekannten Gedicht Schillers – war ein enger Freund Starhembergs und sein Trauzeuge bei der Hochzeit mit der Schauspielerin.

Ernst Starhemberg wurde 1930 Bundesführer der Heimwehr, die sich wenig später in einen christlichsozialen Flügel unter dem Major Emil Fey und einen austrofaschistischen Flügel unter Starhemberg spaltete. Aus den Berichten Nora Gregors entsteht der Eindruck, dass die Sozialdemokraten die einzigen Verfechter eines Anschlusses an Deutschland gewesen seien: Tatsächlich glaubte nach 1918 keine der großen österreichischen Parteien daran, dass das in Saint-Germain auf eine kleine Alpenrepublik zusammengestutzte Österreich lebensfähig ist. Die Sozialdemokraten erhofften sich durch den Anschluss an die stärkere deutsche Arbeiterbewegung einen strategischen Vorteil, doch als Hitler 1933 in Deutschland an die Macht kam, verwarfen sie diese Idee. Nur Karl Renner blieb auf deutschnationalem Kurs und empfahl 1938 in einem Zeitungskommentar den in die Illegalität getriebenen Parteigenossen, sie mögen nach dem Einmarsch der Hitler-Truppen in der von den Nationalsozialisten organisierten Volksabstimmung für den Anschluss stimmen.

Ernst Starhemberg war natürlich kein Fürst, Adelstitel wurden in Österreich nach dem Zusammenbruch der Monarchie abgeschafft, und Nora Gregor war keine Fürstin. Im gesellschaftlichen Leben Wiens – und auch in Lateinamerika – zählte dieser Titel allerdings weiterhin, wie die Tagebucheintragungen der Nora Gregor beweisen. Dass Ernst Starhemberg nur wegen seiner heimlichen Beziehung mit der Diva nicht Bundeskanzler werden konnte, ist ebenfalls nur die halbe Wahrheit. Seine allseits bekannten Bordellbesuche standen einer Nominierung genau so im Wege. Außerdem hatte er sich in seiner eigenen Gesinnungsgemeinschaft viele Feinde gemacht und Bundespräsident Wilhelm Miklas hätte ihn nie als Kanzler akzeptiert.

Einige Szenen dieses Romans lassen die Hirtenberger Waffenaffäre durchschimmern, ohne dass die Details angesprochen werden. Im Jänner 1933 wurde bekannt, dass auf Initiative Starhembergs aus Italien rund 40 Eisenbahnwaggons mit Gewehren und Maschinengewehren auf dem Gelände von Fritz Mandls „Hirtenberger Patronenfabrik" eingetroffen waren. Die Waffen waren aus ehemaligen Beständen der k.u.k. Armee – die Italiener hatten sie 1918 den Österreichern abgenommen. Sie sollten in Hirtenberg überholt und dann weiter in das von Miklos Horthy autoritär regierte Ungarn transportiert werden. Ein kleiner Teil der Waffen war für die Heimwehr bestimmt.

Frankreich und Großbritannien sahen in dem Waffenschmuggel einen Versuch, Ungarn aufzurüsten und reklamierten einen Verstoß gegen die Verträge von Saint-Germain und Trianon. Die Affäre löste auch heftige Debatten im Parlament aus, während einer dieser Sitzungen kam es zu der bekannten Geschäftsordnungspanne, die Dollfuß dazu nutzte, das Parlament auszuschalten und die „Ständediktatur" zu errichten.

Wir können darüber spekulieren, was gewesen wäre, wenn Nora Gregor nicht diese unsägliche Liaison mit dem Heimwehrführer eingegangen wäre und ihn nicht – mit Rücksicht auf das uneheliche Kind – geheiratet hätte. Oder wenn sie nach Kriegsende versucht hätte, in Wien als Schauspielerin wieder Fuß zu fassen.

Es wäre billig, dieses Buch unter dem Aspekt „Aufstieg und Fall einer Diva" zu lesen. Vielleicht ist die Lebensgeschichte dieser erfolgreichen Schauspielerin ein eindrucksvolles Beispiel dafür, dass politische Macht, hier personifiziert durch Ernst Starhemberg, und künstlerische Sensibilität, hier personifiziert durch Nora Gregor, kein Auskommen miteinander finden. Wenn das anfängliche Faszinosum des einen für den anderen erlischt, zerbricht die Kunst an der Macht.

Tatsache ist: Wenn Nora Gregor nicht so früh in Chile an gebrochenem Herzen gestorben wäre, hätte sie einige Überraschungen erlebt. Ernst Starhemberg bekam nach einem langen Tauziehen in den 1950er Jahren doch noch seine österreichischen Güter zurück. Und der Film „La règle du jeu" (deutsch: „Die Spielregel"), zunächst ein Flopp, gilt heute als einer der wichtigsten Werke des gesamten Filmzeitalters. Damit hätte wohl auch Jean Renoir nicht gerechnet.

R.S.

BILDNACHWEIS

Der Verlag Braitan dankt

Archiv des Fürstlich Starhemberg'schen Familien- und
Stadtmuseums, Eferding

Archiv von Franz Xaver Setzer und Marie Tschiedel, Wien
(Verwaltung der Rechte IMAGNO brandstätter images
GesmbH, Wien)

Archiv Igor Devetak, Görz

*Nora Gregors Portrait auf dem Cover stammt
von Edith Barakovich*

Gedruckt im November 2014
von Poligrafiche San Marco
Cormons (Gorizia)